ライセンス亜種と
知財信託

知財デューデリジェンスにおける
特許の価値評価

齊藤尚男［著］

成文堂

はしがき

　特許のライセンス実務の世界に飛び込んでから、早いもので20年の歳月が流れた。その間に米国、欧州、中国、日本、の主要な特許法は様々に変化し、また実務も大きく動いた。筆者が特許ライセンスの実務に就いた頃は、まだ標準必須特許（Standard Essential Patents, "SEP"）について議論した公的な文献は少なかった。ところが今は、SEPに関する裁判例が全世界で出され、また、各種公的機関が編集したガイドラインが発行され研究者や実務家がSEPを研究した論文もおびただしい数が出されている。2014年に筆者が執筆した「特許法における『権利不主張』をめぐって―権利不主張の法的性質と当然対抗制度について―」は、当時実務界に浸透していたものの学術論文等ではあまり言及されることのなかった「権利不主張」をめぐる議論について取り上げた。さらに、筆者がライセンス亜種と呼ぶ権利不主張や発生的ライセンス（springing license）、時効完成猶予の合意（standstill）など様々な契約形態が現れてきており、それらを概観した論文を執筆した。また、20年前はさほど活発ではなかった特許譲渡の実務がここ十数年の間に様々に発展している。このように、ここ20年のライセンス実務をめぐる発展は多岐に渡っており、それを網羅的に示したテキストや論文集などはまだまだ少ないと言わざるを得ない。本書では、そのような筆者が経験してきたライセンス実務の中における論点として、権利不主張や特許譲渡、または他のライセンス亜種、そして知財信託やSEP関連の実務的な論点について整理をし、かつ課題を抽出して今後のライセンス実務の発展に貢献していきたいと考える。

　本書の刊行に際しては多くの先生方にお世話になった。とりわけ、著者の博士論文の主査を引き受けて下さり、親切なご指導を賜った京都大学の愛知靖之先生には深く感謝したい。また、博士課程の初期の頃からテーマの設定に際して様々なアドバイスをくださったワシントン大学の竹中俊子先生の学恩にも心から感謝したい。さらに筆者の同志社知財研究会の過程の中で発表の機会を与えてくださった、同志社大学の井関涼子先生及び山根崇邦先生に

もその貴重なご助言についてお礼を申し上げたい。

　私は、パナソニック株式会社知財部門での在職期間中に京都大学にて博士課程での研究を開始した。在職中に、日米のライセンスに関する諸問題につき課題の提起と実務上のヒントを示唆いただいた桂均氏に感謝の意を表させていただきたい。ニューヨーク勤務時代、私に米国特許ライセンスおよび訴訟実務を日々のプラクティスの中で叩き込んでくださった 故 Morton Amster 米国弁護士に謝意を表したい。また、パナソニック株式会社在職中および退職後を通じて米国のライセンス実務を通して私を指導し、また研究にも好意を持って接していただいた Joseph M. Casino 米国弁護士にも謝意を表したい。事業構想大学院大学・特任教授、株式会社羽神（はがみ）の森代表取締役の早川典重氏には同氏が三井物産在職時より大変お世話になり、特に知財商業化について一緒に取組ませていただいた。数千年を生きる縄文杉を観た後、早川氏が屋久島の深い静かな森の中に構える「杜の宿羽神の郷（もりのやどはがみのさと）」にて AI の発展から日本の経営に対する課題、そして次世代の知財のあり方を語り合ったことは記憶に新しい。併せて本書の刊行に当たって多大な協力をいただいた成文堂の飯村晃弘編集長にも御礼を申し上げる。また、齊藤国際知財事務所の事務所スタッフとして原稿に目を通していただき、丁寧に口述筆記のディクテーション原稿を仕上げ、編集にも協力してくださった事務所スタッフの方に感謝の意を表させていただきたい。

　私事に渡るが家族にも感謝の意を示すとともに、本書を父母とともに、亡くなった祖母小西須麻に捧げたい。

2024 年 10 月吉日

齊藤　尚男

目　次

はしがき　i
初出一覧　ix

第1章　特許法における「権利不主張」——権利不主張の法的性質と当然対抗制度について—— ……………………………… 1
Ⅰ．問題の所在 ……………………………………………………………… 1
Ⅱ．米国における権利不主張をめぐる議論 ……………………………… 4
　　1．定　義 ……………………………………………………………… 4
　　2．*TransCore* 事件前の米国特許実務 …………………………… 7
　　3．TransCore 事件の判示事項 ……………………………………… 9
　　4．*TransCore* 判決以降の判決 …………………………………… 13
Ⅲ．ドイツにおける権利不主張をめぐる議論 ………………………… 15
　　1．ドイツ特許法を考察する意義 …………………………………… 15
　　2．ドイツにおける単純ライセンスの法的性質 …………………… 16
　　3．ドイツにおける権利不主張をめぐる学説 ……………………… 17
　　4．ドイツにおける権利不主張をめぐる裁判例 …………………… 19
Ⅳ．我が国における権利不主張をめぐる議論 ………………………… 21
　　1．通常実施権の法的性質 …………………………………………… 21
　　2．権利不主張の法的性質 …………………………………………… 23
　　3．その他の問題 ……………………………………………………… 27
Ⅴ．結びにかえて ………………………………………………………… 28

第2章　特許法における Standstill（時効完成の合意）——債権法改正を契機に—— …………………………………………… 33
Ⅰ．はじめに ……………………………………………………………… 33
Ⅱ．Standstill とは ……………………………………………………… 34
Ⅲ．米国での取り扱い（消尽論と laches） …………………………… 36

Ⅳ．我が国における示唆（債権法改正を契機に） ……………………… 36
　　Ⅴ．その他の課題 …………………………………………………………… 42
　　Ⅵ．結びにかえて …………………………………………………………… 43

第3章　特許法における発生的ライセンス（"Springing icense"）の研究——特許流通に平和をもたらすか—— …… 45
　　Ⅰ．はじめに ………………………………………………………………… 45
　　Ⅱ．発生的ライセンスとは ………………………………………………… 46
　　Ⅲ．英米不動産法上の発生的将来権 ……………………………………… 47
　　Ⅳ．米国における取扱い …………………………………………………… 48
　　Ⅴ．大陸法における取扱い ………………………………………………… 51
　　Ⅵ．留意点 …………………………………………………………………… 53
　　Ⅶ．結びにかえて …………………………………………………………… 55

第4章　特許権譲渡における価値評価——知財デューデリジェンスを通してみる特許権の価値—— …………………………………… 57
　　Ⅰ．はじめに ………………………………………………………………… 57
　　Ⅱ．特許権譲渡の必要性 …………………………………………………… 57
　　Ⅲ．知財デューデリジェンス ……………………………………………… 60
　　Ⅳ．特許権の価値評価 ……………………………………………………… 62
　　　　1．3つのアプローチ …………………………………………………… 62
　　　　2．DCF法 ………………………………………………………………… 65
　　　　3．特許権譲渡に特化したアプローチ ………………………………… 65
　　Ⅴ．今後の課題：どう使うのか？ ………………………………………… 68
　　Ⅵ．結びにかえて …………………………………………………………… 69

第5章　米国特許判例に基づく特許権譲渡契約——適法な特許権譲渡と当事者適格の検討を中心に—— ………………………… 71
　　Ⅰ．はじめに ………………………………………………………………… 71
　　Ⅱ．原告適格とは …………………………………………………………… 72

1．概　　要 ··· 72
　　　2．具体的要件 ··· 74
　Ⅲ．特許権譲渡の場合 ··· 76
　　　1．原告適格肯定例（*Suffolk* 事件）······································ 76
　　　2．原告適格否定例（*Clouding IP* 事件）································ 78
　Ⅳ．独占的ライセンスの場合 ··· 81
　　　1．原告適格肯定例（*Speedplay* 事件）·································· 82
　　　2．原告適格否定例（*WiAV* 事件）······································ 84
　Ⅴ．考　　察 ·· 87
　Ⅵ．結びにかえて ·· 92

第 6 章　知財商業化——紙の公報が商品に変わるとき—— ······· 93
　Ⅰ．はじめに ·· 93
　Ⅱ．知財商業化とは ·· 95
　Ⅲ．知商業化のためのステップ概観 ·· 97
　　　1．シーズ発掘 ··· 98
　　　2．グランドデザイン策定 ··· 99
　　　3．マーケット調査と知財調査 ··· 101
　　　4．知財商業化プロモーション ··· 101
　　　5．ライセンス交渉 ··· 104
　　　6．アフターケア ·· 105
　Ⅳ．各プロセスにおける検討課題 ··· 106
　　　1．知財デューデリジェンス ·· 106
　　　2．追加研究と改良発明 ·· 107
　　　3．知財ファンディング ·· 113
　　　4．投資回収 ·· 114
　　　5．品質保証、特許補償 ·· 115
　Ⅴ．具体例 ··· 116
　　　1．川崎モデル ··· 116
　　　2．ipCreate/ipCapital Group ·· 117

3．Xinova/MKnext モデル……117
　　　4．三井物産モデル……118
　　　5．Piece Future モデル……119
　Ⅵ．結びにかえて……120

第7章　日米における知財信託の考察——特許権信託を中心として——……123
　Ⅰ．はじめに……123
　Ⅱ．知財信託とは……123
　Ⅲ．信託制度の淵源……125
　Ⅳ．信託制度の基本的な枠組み……127
　Ⅴ．日本における知財信託……130
　Ⅵ．米国における知財信託……132
　Ⅶ．知財信託をめぐる諸問題とその検討……136
　　　1．なぜあえて知財信託なのか……136
　　　2．原告適格の問題……137
　　　3．知財信託財産の価値評価……139
　　　4．受託者の信認義務違反の効果……142
　　　5．PAE 化の懸念……144
　　　6．会計上の連結会社か……147
　　　7．準拠法に関する課題……149
　　　8．特許法102条1項・2項問題……150
　　　9．消尽の迂回……152
　　　10．知財信託の障害は何か……153
　Ⅷ．結びにかえて……154

第8章　「ライセンス亜種」とウェブ3.0時代の知的財産——知的財産法と契約法の交錯の中で——……157
　Ⅰ．はじめに……157
　Ⅱ．知的財産権の排他権的構成の「契約による相対化」……161

1．権利の本質論（排他権的構成の妥当性） ……………………… 163
　　2．「契約による相対化」………………………………………………… 193
　　3．「消尽の迂回」………………………………………………………… 235
　　4．小　括………………………………………………………………… 246
　Ⅲ．ウェブ3.0時代における知的財産 ……………………………………… 248
　　1．データ保護をめぐる契約法と知的財産法との緊張関係 ………… 254
　　2．データ保護をめぐる各国における議論 …………………………… 257
　　3．サブスク時代における知財課題 …………………………………… 272
　　4．小　括………………………………………………………………… 274
　Ⅳ．従来の知的財産法体系とその問題点 ………………………………… 276
　　1．知的財産法の「保護の間隙」と「債権的」知的財産権による
　　　補充 …………………………………………………………………… 277
　　2．知的財産法上の保護に値する無体物の価値 ……………………… 278
　　3．手続法上の変化 ……………………………………………………… 282
　Ⅴ．結　論 …………………………………………………………………… 284

おわりに ……………………………………………………………………… 291

事項索引 ……………………………………………………………………… 295

初出一覧

本書の一部は、以下の既発表の拙稿を加筆修正したうえでまとめた。

第1章
* 「特許法における『権利不主張』をめぐって―権利不主張の法的性質と当然対抗制度について―」知財管理64巻6号（2014年）916-935頁
  — Analysis of "Non-assertion" Clause in the Patent Law – Focusing on legal nature of non-assertion clause and protection of licensee in case of patent assignment, Intellectual Property Management 64（6），916-935, 2014-06.

第2章
* 「知的財産権におけるStandstill（時効完成猶予の合意）―債権法改正を契機に―」Law & Technology 91号（2021年）58-64頁
  — Standstill in Intellectual Property Licensing – Considering Japanese Contract Law Reform, Law & Technology（L & T）Vol. 91, 58-64, 2021-04.

第3章
* 「発生的ライセンス（"Springing License"）の研究―特許流通に平和をもたらすか―」Law & Technology 78号（2018年）33-38頁
  — Study on "Springing License" – Does it bring a peace to IP Monetization? Law & Technology（L & T）Vol. 78, 33-38, 2018-01.

第4章
* 「特許権譲渡における価値評価―知財デューデリジェンスを通してみる特許権の価値」パテント72巻2号（2019年）49-55頁
  — Evaluation of Patents for Transfer – Patent Evaluation Through IP Due Diligence, Patent, Vol. 72 No. 2, 49-55, 2019-02.

第5章
* 「米国特許判例に基づく特許権譲渡契約の留意点―適法な特許権譲渡と当事者適格の検討を中心に―」知財管理65巻7号（2015年）873-887頁
  — Overview and Practical Notes Regarding Patent Assignment Agreements Based on US Patent Case Law, Intellectual Property Management 65（7），

873-887, 2015-07.

第 6 章
* 「知財商業化入門―紙の公報が商品に変わるとき」パテント 70 巻 7 号（2017 年）40-53 頁
― A Beginner's Guide to IP Commercialization – From patent gazette to commercial products, Patent, Vol 70, 40-53, 2017-07.

第 7 章
* 「日米における知財信託の研究―特許権信託を中心として―」知財ぷりずむ 260 巻 5 月号（2024 年）1-23 頁
― Study of Intellectual Property Trust – Patent Trust, Chizai Prism Vol. 260, 1-23, 2024-05.

第1章　特許法における「権利不主張」
――権利不主張の法的性質と当然対抗制度について――

Ⅰ．問題の所在

　権利を主張しないということはどういうことか。これが、本章[1]におけるテーマである。世界各国における特許制度では、特許権を、発明の公開の代償として一定の期間付与される「権利」としている[2]。この特許権という「権利」に基づいて、特許権者自らが一定の条件の下、他人に業としてその特許発明の実施をする権利を許諾するということがしばしば行われる―実施権の許諾である。

　我が国の通説は、通常実施権を不作為請求権と説明し、特許法の目的の一つである発明の利用の促進を図るため、一定の範囲で他人に実施の権原を与えることにより、他人による特許権の実施を特許権者が許容するものとする。これに対し、平成23年改正特許法（平成23年6月8日法律第63号）が成立し、通常実施権の当然対抗制度の導入に伴い、通常実施権の法的性質の見直しを示唆する意見もある[3]。

---

1) 本章の初出は、「特許法における『権利不主張』をめぐって―権利不主張の法的性質と当然対抗制度について―」知財管理64巻6号（2014年）916-935頁であり、10年以上前の記載になる。本書の発刊に合わせて、現在の判例や学説などの動向を検討し、大幅に記載の内容を見直した。

2) 玉井克哉「特許権はどこまで『権利』か―権利侵害の差止めに関するアメリカ特許法の新判例をめぐって―」パテント59巻9号（2006年）45頁以下は、eBay Inc. v. MercExchange, LLC., 547 U.S. 388（2006）を詳細に分析し、一定の場合に特許権の限界を認め、「特許権の行使が市場の機能を損い、多大の社会的損失をもたらす場合に、差止請求のみは権利濫用とすることも、けっして不可能ではない」とする。

3) この点で、田村が「従来は、このような特別な制度がなかったので、通常実施権は、特許権の不行使を求める債権に過ぎないと理解して、何でもかんでも通常実施権に当たると考えて差し支えないだろうという考え方がほぼ通説化しておりましたが、今後はその見直しが必要であるという議論がなされるかもしれません。」と述べているのは示唆的である。中山信弘ほか「座談会・特許法改正の意義と課題」ジュリスト1436号〔田村発言〕（2012年）20頁。また、高林龍『標準特許法（第8版）』（有斐閣、2023年）223頁は、「一方で単に通常実施権者は特許権等の譲受人から特許権侵害の主張をされない（禁止権不行使）というのにとどまるというのも極端であり、特許権の通常実施権者が譲受人に権利の効力をどこまで主張できるかは個々の事案ごとに判断していくほかはない」としている。

一方、特許権という権利を、一定の条件の下、特許権者自らがあえて主張しないということも行われる。本書中ではこれを「権利不主張」として論じていきたい。この「権利不主張」は、「非係争契約（"covenant not to sue"）」を含み、特許ライセンスの世界でしばしば話題となっている。たとえば、我が国において、知的財産権法と私的独占の禁止及び公正取引の確保に関する法律（以下、「独禁法」という）との関係においてライセンス契約におけるいわゆる「非係争契約」が注目を集めた事例として、マイクロソフト事件審決[4]がある。同事件では、「非係争契約」が取引市場における公正な競争秩序に悪影響を及ぼすおそれを有するものであり、公正競争阻害性を有し、一般指定告示第13項に該当し、不当な拘束条件付取引とされるため、独禁法19条に違反するとされた。また、「権利不主張」が世界的に注目された事案として、2011年3月31日にニューヨークで行われた特許オークションでは、Round Rock Research社の"covenant not to sue"という契約枠組み自体が取引され、公開オークションの場において3,850万ドルで落札されている[5]。

この「権利不主張」は、特許権者自らがあえて特許権を主張しないという点において通常実施権と同じものなのか——あるいは何か別のものなのか。「権利不主張」が通常実施権と同じものならば、特許消尽の対象となるものなのか、当然対抗制度の対象となるものなのか。

4）公取委審判審決平成20年9月16日（審決集55巻380頁）〔マイクロソフト事件審決〕。石田英遠＝山田達夫「ライセンス契約と非係争条項（NAP条項）独占禁止法上の留意点の検討」知財管理60巻6号（2010年）897頁参照。そのほか類似の事例として公取委命令平成21年9月28日（審決集56巻65頁）〔クアルコム事件審決〕では、CDMAに関連する知的財産権のライセンスを行う際にライセンシーに課していた非係争条項が独禁法19条に違反するとして米国クアルコム社に対して排除命令が出ている。泉克幸「クアルコムに対する公正取引委員会の排除措置命令（2009年9月28日）」SLN121号（2009年）1頁以下、鈴木孝之「携帯無線通信の技術ライセンス契約における非係争条項等が拘束条件付取引とされた事例」ジュリスト1391号（2009年）116頁など参照。なお、奈良野太＝伊達智子「債権法改正と知的財産法（特許法におけるライセンシー保護を中心に）」知財ぷりずむ9巻97号（2010年）73頁は、債権法改正を参考に特許法においても、ライセンシーの利益を不当に害する条項を不当条項としてその効力を否定するとともに、不当条項とみなす条項や推定する条項の例を明記し、紛争の予防と解決を図ることの必要性を示唆している。

5）ICAP Ocean Tomo社が主催したオークション形式での特許権などの知的財産権の取引。非係争約束そのものがオークションの対象となり、話題を呼んだ。たとえば、PR Newswire 2011年4月11日記事（http://www.prnewswire.com/news-releases/round-rock-research-llc-covenant-not-to-sue-sells-for-385-million-at-icap-ocean-tomo-spring-2011-live-ip-auction-in-new-york-city-119068454.html、2024年1月17日最終閲覧）参照。

我が国でこのことを真正面から判断した裁判例はないため、本書では、米国における従来の実務と近年の判例の動向を踏まえた上で、ドイツにおける学説と裁判例を挙げて大陸法系の国での取り扱いに言及し、比較法的考察を行う。

　上述のとおり、平成23年の特許法改正により実施権の当然対抗制度の導入に伴い、通常実施権の法的性質自体について見直しの議論が出ている背景には、我が国において大型のM&A案件や知的財産権の流通が加速している現実がある。2009年7月には改正産業活力再生特別措置法に基づく株式会社産業革新機構が設立され、これにより、業界再編につながるような大型のM&A案件や自社技術のみならず他社の技術を活用するオープンイノベーションが盛んになり、製品だけでなく技術自体や事業そのものがグローバルに流通する時代になった。企業の知的財産部門においても、従来のライセンス一辺倒の知財活用から、これまで一般的でなかった特許権の譲渡や証券化[6]や知財信託[7]、さらには特許ライセンスを対象とする証券取引所[8]など、知財活用をめぐる新しい枠組みが実務の中に押し寄せている。

　このような新しい枠組みを構築する上では、対象物の価値評価が不可欠だが、特許権や著作権などの知的財産を対象とする場合も権利自体に関する価値評価、いわゆるデューデリジェンスがますます重要になってくる。具体的

6）2010年から2012年の数億から数百億ドル規模の代表的な大型知財売買事例については、TMI総合法律事務所＋デロイトトーマツファイナンシャルアドバイザリー株式会社編『M&Aを成功に導く　知的財産デューデリジェンスの実務（第2版）』（中央経済社、2013年）272頁、273頁に詳しい（なお、同書（第3版）（2016年）では当該事例は掲載されていない）。いわゆるfee sharingとして、元の特許権者と活用会社との間で獲得されるロイヤリティの配分が行われることもある。

7）たとえば、Limelight Networks, Inc. v. Allied Security Trust 特許権非侵害確認訴訟事件（判例集未掲載）の訴状においては、被告Allied Security Trustは、特許権を売買しライセンスすることを目的とするデラウェア州法上の「信託」であるとされている。日本においても、日本で初めての特許権等の産業財産権を専門に扱う信託会社「株式会社パソナ知財信託」が設立されている。2021年1月18日付同社プレスリリース記事（https://www.pasonagroup.co.jp/news/index112.html?itemid=3717&dispmid=798、2024年1月17日最終覧）。日米における知財信託については本書第7章参照。

8）経済産業省「産業技術NEWS」2013年2月28日第10号は、知的財産取引所インターナショナル（IPXI、米国イリノイ州シカゴ）について紹介していた。（http://www.meti.go.jp/policy/economy/gijutsu_kakushin/innovation_policy/b-number-130228.htm、2013年10月23日最終閲覧）しかしながら、同社は2015年3月23日に運営中止を発表している。

には、既存のライセンスや各種担保権などが偶発債務の原因とならないかを予防法務的に確認することがデューデリジェンスの中心的な調査項目となる。権利不主張と通常実施権の法的性質の違いを明らかにすれば、このような知財デューデリジェンスにおいて、「権利不主張」は果たして通常のライセンス、すなわち、許諾による通常実施権と同様と扱うべきなのか、違うのであればどのように評価すべきなのか。本書の意義は、従来必ずしも意識されなかった点を改めて議論し、かつ、そこに若干の比較法的考察を加えたところにある。

Ⅱ．米国における権利不主張をめぐる議論

1．定　義

　本書のテーマである「権利不主張」の定義は各国の特許法にはなく、論者によって若干内容に幅があるため整理を要する。本書では、多くの場合、国際特許ライセンス契約がニューヨーク州法やカリフォルニア州法などの米国州法を準拠法として締結されることが多いことから、まず英文契約を例にとって検討する。具体的な契約文言としては、以下のようなものが典型例としてある（本書では、英文特許ライセンス契約のドラフティングの際によく参照される Brunsvold による雛型を検討に用いる）。

> Ex. 1：Company A hereby covenants not to sue Company B under any patent listed in Exhibit A for infringement based upon any act by Company B of the manufacture, use, sale, offer for sale, or import that occurs after the effective date of this Agreement. Company A hereby represents that it owns full legal and equitable title to each patent listed in Exhibit A. Company A further promises to impose the covenant of this paragraph to any third party to whom Company A may assign a patent listed in Exhibit A[9]．

(日本語訳)

例1：会社Aは、会社Bに対し、別表Aに列記された特許権に基づき、契約発効日以降に行われた会社Bの行為による生産、使用、販売、販売の申し出又は輸入による特許権侵害について提訴しないことを約する。会社Aは、別表Aに列記された特許権それぞれにつき完全なコモンロー上又はエクイティ上の権原を保有していることをここに表明する。さらに、会社Aは、本項における約定につき、別表Aに列記された特許権を会社Aが移転する第三者に対しても課することを約する。

> Ex. 2：Licensor will not assert against Licensee, or its direct or indirect customers, any claim for infringement of any U.S. patent that Licensor now or hereafter owns or can license to others, based on the manufacture, use, sale, offer for sale, or import of any Licensed Product made or sold by Licensee under the license granted in this Agreement and upon which royalty has been paid in accordance with the provisions of Article [　]10)．

(日本語訳)

例2：ライセンサーは、ライセンシー又はその直接又は間接的な顧客に対し、本契約に基づくライセンス許諾が行われるとともに、本契約[　]条に従ってロイヤリティが支払われ、かつ、ライセンシーによって生産され又は販売されたライセンス許諾製品の製造、使用、販売、販売の申し出又は輸入に基づく特許権侵害であって、ライセンサーが現在又は今後保有する又は他人にライセンスすることができる米国特許権の侵害に対する権利主張を行わないものとする。

上記例1のようないわゆる"covenant not to sue"につき、英米商事法辞典は、「不提訴特約」と訳し、「他の者に対して訴訟を提起する権利を有するものが当該権利を行使して訴訟を提起しないことを合意する特約」と定義する[11]。この定義では、不提訴、すなわち訴訟を提起しないという点に焦点が

---

9) Brian G. Brunsvold & Dennis P. O'Reilley, Drafting Patent License Agreements, 61 (9th ed. 2020).
10) Brunsvold・前掲<注9>59頁。
11) 鴻常夫＝北沢正啓編『英米商事法辞典（新版）』（商事法務研究会、1998年）246頁。なお、田中英夫『英米法辞典』（東京大学出版会、1991年）215頁は、covenant not to sueを「訴不提起契約」または「不起訴の合意」と訳している。

当たっている。"covenant" という用語は、広く「約定」、「契約」、「契約条項」、「特約」、「約款」などの意味があるが[12]、"not to sue" を字義通り訳せば、「不提訴」となるのであながち誤りではない。しかしながら、一般に "covenant not to sue" と呼ばれる条項も契約文言を詳細に検討すると往々にして不提訴のみならず、上記例2のように権利行使（assert）という文言を使って、広く特許権の行使一般を指し、特許権侵害の警告状の送付やライセンス交渉における権利主張などの裁判外の権利主張も行わない "Non-Assertion of Patents"（いわゆる「NAP 条項」）と呼ばれる文言例もあり[13]、「不提訴特約」という訳語を「権利不主張」と同義とすることはやや不正確であろう。なお、上記マイクロソフト事件審決で独禁法上問題となった権利不主張は、NAP 条項であった。

ここで、「知的財産の利用に関する独占禁止法上の指針（以下、「独禁法上の指針」という）」は、「非係争義務」を定義し、「ライセンサーがライセンシーに対し、ライセンシーが所有し、又は取得することとなる全部又は一部の権利をライセンサー又はライセンサーの指定する者に対して行使しない義務」として議論している[14]。この定義は、まずライセンサーがライセンシーに対

---

12) covenant を「契約」と訳している用例として、旧約聖書では、ノアの洪水の後、神が人間に対し、「わたしがあなたがたと立てるこの契約（covenant）により、すべて肉なる者は、もはや洪水によって滅ぼされることはなく、また地を滅ぼす洪水は、再び起こらないであろう」と約した（新共同訳「創世記」9章11節）。ここでは Kings James 訳の "covenant" が「契約」と訳されている。この covenant は、ノアの洪水後、神との和解により許諾された人類初の「権利不主張」であろう。法律上の用例として、田中・前掲＜注11＞『英米法辞典』216頁は、covenant を「約款」と訳している。また、英米法における不動産法（Real Property Law）においては、不動産売買における売主の保証（General Warranty）として、Deed（捺印証書）に記載される、不動産の title に瑕疵がないことを担保する約款として歴史的に covenant of seisin（不動産保有担保約款）、covenant of right to convey（譲渡権担保約款）、covenant against encumbrances（負担不存在担保約款）、covenant of quiet enjoyment（平穏享有担保約款）、covenant of warranty（担保約款）、covenant of further assurance（担保責任拡張約款）が認められており、これらを「約款」としている。なお、International Covenants on Human Rights は、通常「国際人権規約」と訳されている。

13) covenant not to sue を字義どおり不提訴特約と狭く解し、裁判外での権利不行使などを含む権利不主張を指す "non-assertion" とは区別する実務者もいる。たとえば、Brunsvold・前掲＜注9＞58頁 footnote 18 は、promise not to sue は訴訟を提起しないことを意味し、promise not to assert は、訴訟提起の脅威を与えることをしないことをも含むとし、両者に違いがあり得ることを指摘している。

14) 公正取引委員会「知的財産の利用に関する独占禁止法上の指針」（平成19年9月28日制定、平成22年1月1日改正、平成28年1月21日改正）23頁。なお、知的財産ガイドラインの前身であり、知的財産ガイドの策定とともに廃止された「特許・ノウハウライセンス契約に関する独禁法上の指針」にも同様の定義が存在した。

し実施権を許諾したことが前提になっており、その上でライセンシーがライセンサー等にライセンシーの保有する特許権等を行使しないというケースを想定したものであり、独禁法上問題となり得る「非係争義務」に限定して議論されている。しかしながら、一般の「権利不主張」は、必ずしもクロスライセンスの文脈でのみ議論されるものではなく、一方向のライセンスでも議論されることがある。したがって、クロスライセンスのライセンシーからライセンサーに対する「非係争義務」に議論を絞った独禁法上の指針の定義は、一般的な「権利不主張」の性質を議論する本書にはなじまない。

上述のとおり、"covenant not to sue"も契約の一種であることから、本書では、"covenant not to sue"を「非係争契約」と呼ぶとともに、当該条項が意図的に不提訴のみを特約した場合を除き、"covenant not to sue"や"non-assertion"を総称して「権利不主張」と呼ぶものとする。

2．TransCore事件前の米国特許実務

この権利不主張は、当事者の合意によって成立するものであり、その目的や内容により、さまざまなバリエーションが考えられる。たとえば、①ある権利をある人には行使しないと規定する場合、②ある権利をある対象製品には行使しないと規定する場合、③ある権利をある時期には行使しないと規定する場合などがある。①ある人には行使しないといったときに、その人から製品を購入した顧客に権利行使できるのか——②ある対象製品には権利行使しないといったときに、その対象製品を組み込んだ製品については権利行使できるのか——③ある時期には権利行使しないといったときにその時期を過ぎた後に遡って権利行使できるのか——これらの問題を考えるとき、権利不主張とはいっても契約の一種であるから、原則としては当事者の合理的意思を解釈してその内容を決めるべきであろうが、特許消尽や当然対抗など、当事者の意思とは別に考えなければならない場合もある。

この権利不主張の法的性質をいかに解するかについて、米国においては判決が分かれ実務が混乱していたところ、連邦巡回区控訴裁判所が*TransCore*事件においていわゆる特許消尽との関係でこの問題を取り上げた[15]。後述す

---

15) TransCore, LP v. Electronic Transaction Consultants Corp., 563 F. 3d 1271, 90 U.S.P.Q. 2d 1372（Fed. Cir. 2009）.

るとおり、TransCore 事件を引用し、特許権の移転との関係でこの問題を取り上げた下級審判決も出た[16]。さらに、連邦倒産法との関係でもこの問題に触れた第 3 巡回区控訴裁判所で判決が出た[17]。

ここでは、まず、この権利不主張が、TransCore 事件前に実務上どのように取り扱われてきたかについて概観する。

TransCore 事件前の従来の米国特許ライセンス実務では、通常の非独占的ライセンス（non-exclusive license）と権利不主張とは異なるものだと解し、非独占的ライセンスの場合は特許消尽（patent exhaustion）や特許権移転の場合の第三者への対抗力があるのに対し、権利不主張の場合は当事者間の対人的な（personal）契約上の約束であると解し[18]、必ずしも特許消尽しない[19]、あるいは、必ずしも特許権移転の場合の第三者への対抗力がない[20]とする実務者が多かった（以下、「対人的権利説」という）[21]。しかしながら、TransCore

---

16) Innovus Prime, LLC v. Panasonic Corp. & Panasonic Corp. of N. Am., Inc., No. C-12-00660-RMW（N.D. Cal. July 2, 2013）.
17) In re Spansion, Inc. et al, Case Nos. 11-3323 & 11-3324（3rd Cir. 2012）.
18) 田中・前掲＜注 11＞215 頁は、一般的な covenant not to sue につき、「狭義では release（権利放棄）と区別され、一般的にある特定の者に対する単なる訴不提訴の契約、すなわちある cause of action（訴訟原因）を一般的に放棄する効果を持たない契約という意味で用いられる」とし、「ある特定のものに対する訴不提訴」という側面を強調する。
19) Sharper Image Corp. v. Honeywell Int'l, Inc., Nos. 02-CV-04860, 04-CV-00529（N.D. Cal. Aug. 31, 2005）は、「非係争契約は、製造者とその顧客を明記していない限り、顧客に対する潜在的な侵害主張を妨げられない」とする。一方、Minebea Co., Ltd. v. Papst, 374 F. Supp. 2d 202, 206-07（D.D.C. 2005）は、「製造者のみを明記する非係争条項であっても、一定の状況においては、その顧客を保護する」とする。
20) Brian G. Brunsvold & Dennis P. O'Reilley, Drafting Patent License Agreements（6th ed. 2008）23 頁は、特許権の譲受人は、必ずしも covenant not to sue に拘束されるものではないとしていた。この記述は Transcore 事件以前のものであり、Brunsvold・前掲＜注 9＞(9th ed.) 64 頁では、下級審における判例を引用し、特許権の譲受人は、過去の権利不主張を伴って（subject to）特許権を譲り受けると記載を改めている。"Innovus Prime, LLC v. Panasonic Corp. Panasonic Corp. of N. Am., Inc., 2013 U.S. Dist. LEXIS 93820（N.D. Cal. July 2, 2013）(holding an assignee acquires a patent subject to an undisclosed, previously granted covenant not to sue)；V-Foundation, Inc. v. Benetton Group, SpA, 2006 U.S. Dist. LEXIS 13652（D. Col. March 10, 2006）(holding an assignee acquires the patent subject to a previously granted covenant not to sue). See also Pratt v. Wilcox Mfg. Co., 64 F. 589, 592（N.D.Ⅲ. 1893）(finding that corporate successor to unincorporated entity is bound by latter's agreement not to sue another entity)."
21) Jung and Mollo, "TransCore and Freedom of Contract 2",（Bloomberg Law Reports, 2009）は、「最近まで、多くの実務者が非係争条項を、許諾者から非許諾者に対する、対人的な、契約上の約束（a personal, contractual commitment）であると考えていた。対照的に、特許ライセンスは、特許権に基づく正当な権原または権利の許諾（a grant of authority or rights）であり、ライセンスされたものの下流のユーザー（downstream users）にも拡張されるものであると理解していた。」と TransCore 事件以前の実務者の理解を概観する。

事件以前の判決でも会社合併の事例では、権利不主張を含む契約上の義務を合併後の新法人が引き継ぐとしているものはあった[22]。

また、非係争契約は、契約で定められた期間においてのみ提訴しないという契約上の約束であって、当該契約が解約された場合には、特許権者は相手方に対し当該契約期間中の侵害についての救済を求めることが可能と理解されていた[23]。

このように、TransCore事件前は、権利不主張と非独占的ライセンスは違うものと解され、あたかも契約のドラフトの仕方——すなわち、権利不主張または非独占的ライセンスのいずれを選ぶか——によって特許消尽するか否か、あるいは特許譲渡の際に対抗できるか否かを、特許権者が自由にコントロールできるかのような考え方が実務界にはあった。

しかしながら、たとえば、特許消尽を特許ライセンス契約の書き振りによって特許権者が自由にコントロールできることになると、取引の安全を害し、下流の顧客にとって極めて不安定な状態に陥らせることになり、特許権者に二重の利得を得る機会についてのコントロールを与えることになってしまう。

2008年に出されたQuanta最高裁判決[24]で、特許消尽論が、あくまで特許権者によって許可された販売（authorized sales）によってのみ生じる、と判断されたことにより、米国における特許消尽論適用の要件は、ある程度明確になった。このことを契機に、2009年に出されたTransCore事件は、権利不主張と特許消尽論との関係について検討し、従来の対人的権利説を否定した。これについては、次の項で詳説する。

3．TransCore事件の判示事項

TransCore事件は、本書のテーマにとって非常に重要な意義を持つため、

---

22) たとえば、Pratt v. Wilcox Mfg. Co., 64 F. 589, 592 (N.D.Ill. 1893) は、会社合併の場合、合併後の新法人は、合併前の権利不主張契約（right to interfere with the manufacture）が有効に継続している限り、同契約を承継する旨判示し、承継しないとすれば以前負っていた義務に反してより優れた権原を与えることになり、衡平に反するとしている。
23) Jung and Mollo・前掲＜注21＞。
24) Quanta Computer, Inc. v. LG Electronics, Inc., 553 U.S. 617 (2008).

連邦巡回控訴審判決に記載された事実および法律論の論理構成を、以下のとおり、詳細に議論する。

　TransCore 社は、米国で E-ZPass と呼ばれる高速道路の自動課金システム（日本では ETC と呼ばれる）の製造販売およびシステムの設置を業として行う会社であり、関連技術について複数の特許権を有していた。

　2000 年、TransCore 社は、Mark IV 社を複数の TransCore 社の特許権を侵害するとして提訴した。この訴訟は和解するに至り、Mark IV 社は、無条件の権利不主張および全ての請求の取下げを条件として、450 万ドルを TransCore 社に支払った。ここで問題となった権利不主張の文言は、以下のとおりである。

> In exchange for the payment set forth in paragraph 1, TCI hereby agrees and <u>covenants not to bring any demand, claim, lawsuit, or action against Mark IV for future infringement</u> of any of United States Patent Nos. 5,805,082；5,289,183；5,406,275；5,144,553；5,086,389；5,751,973；5,347,274；5,351,187；5,253,162；and 4,303,904, or any foreign counterparts of the aforesaid United States Patents, for the entire remainder of the terms of the respective United States Patents and their foreign counterparts. This Covenant Not To Sue shall not apply to any other patents issued as of the effective date of this Agreement or to be issued in the future.（下線は筆者）

（日本語訳）
パラグラフ 1 に基づく支払いを条件として、TCI（TransCore 社）は、Mark IV 社に対し、米国特許番号 5,805,082、5,289,183、5,406,275、5,144,553、5,086,389、5,751,973、5,347,274、5,351,187、5,253,162、および 4,303,904 とその外国における対応特許権に基づく将来の特許権侵害について、それらの米国特許権又は対応外国特許権の残余の存続期間において、<u>いかなる要求、請求、訴訟又は法的措置もとらないことを約する</u>ものとする。この権利不主張は、本契約の発効日時点における又は将来に発行する他の特許権には適用しない。

> TCI, TII and GRAVELLE, for themselves and their respective predecessors, successors, heirs and assigns, <u>fully and forever release, discharge and dismiss all claims, demands, actions, causes of action, liens and rights, in law or in equity</u> (known, unknown, contingent, accrued, inchoate or otherwise), existing as of June 26, 2001, that they have against MARK IV, and its officers, directors, employees, representatives and attorneys of MARK IV, but excluding any claims for breach of this Agreement. <u>No express or implied license or future release whatsoever is granted to MARK IV or to any third party by this Release.</u>(下線は筆者)

(日本語訳)
TCI（TransCore 社）、TII および GRAVELLE は、それら自身、先行者、後継者、相続人および承継人らのために、2001 年 6 月 26 日時点において存在する MARK IV に対する、本契約の違反に基づく請求を除く、<u>コモンロー上又はエクイティ上のいかなる請求、要求、法的措置、訴訟原因、担保権および権利</u>（知って、知られないで、不確定の、又は発生済み、未完成その他の場合を含む）<u>も、完全かつ永久に免責、取下げおよび免除するものとする。この免責によっては、いかなる明示的又は黙示的ライセンスその他の将来に対する免責も MARK IV 又はいかなる第三者に対しても許諾されない。</u>

　数年後、料金集計システムに関するコンサルティングおよびシステム統合を業とする ETC 社は、イリノイ州の高速料金所公団に対し、新型の公道料金システムを設置し、テストする案件に入札し、これを落札した。その際、契約の一部として、ETC 社は、Mark IV 社から同公団が購入した新型の料金システムを設置し、テストすることに合意していた。

　そこで、TransCore 社は、以前 Mark IV 社に対し提起した特許侵害訴訟で使用した 3 件の特許権と同じ特許権に加え、TransCore 社と Mark IV 社との以前の和解時には登録になっていなかった関連特許権を 1 件追加し、ETC 社に対し、テキサス州北部連邦地裁において特許権侵害訴訟を提起した。地裁の公判では、TransCore 社と Mark IV 社との和解契約の法的インパクトが議論となり、両当事者にこの争点についての意見提出を要求する命令が出た。

ETC社は、同地裁に略式判決を申し立て、特許消尽論、黙示的ライセンスおよび禁反言などの法理論に基づいて同社の活動は同和解契約により認められると主張した。

地裁は、ETC社の申立てを認め、TransCore社の請求を棄却。TransCore社はこれに対し、連邦巡回控訴裁判所に控訴した。

連邦巡回控訴裁判所は、*Quanta*判決[25]を引用し、「特許消尽の法理とは、(特許権者により)最初に認められた特許製品の販売が、当該製品に係る全ての特許権を終了させることである」という特許消尽の定義を受けて、「特段限定の付されていない権利不主張が、相手方による販売を認めたものであるかどうか」の問題であると整理した。連邦巡回控訴裁判所が適用した三段論法は以下のとおりである[26]。

*TransCore*判決は、人は自ら所有しないものを他に譲り渡すことはできないことを大前提に、小前提として、特許権の付与が特許権者に積極的利用権を与えるものではないこと(米国特許法154条(a)項(1))を当てはめ、特許権者は、ライセンスによってであれ、その他の形態によってであれ、生産、使用、販売等により特許発明を実施する積極的利用権を付与することはできず、特許権者は訴訟からの自由を付与するに過ぎないとした。さらに、連邦巡回控訴裁判所は、*De Forest*最高裁判決[27]を引用し、「ライセンスは、独占する権限を付与するものではなく、単に特許権者による訴訟する権利の放棄というに過ぎない」とし、ある契約が、「ライセンス」という表現を用いようが、「訴えない」という表現を用いようが、それは形式の違いに過ぎず、実質は、いずれも「許可(authorization)」であり、特許発明の実施一般を許諾したこととなり、実施品の流通につき特許権は消尽すると判断した[28]。

ここで、特許権の付与が特許権者に積極的利用権を与えるものではないとの上記の小前提について若干補足する。この小前提については、米国特許権

---

25) Quanta Computer, Inc. v. LG Electronics, Inc.・前掲<注24>。
26) 西美友加「非係争約束を根拠に消尽を適用した米国連邦巡回控訴裁判所2009年4月8日判決」知財管理59巻9号(2009年)1071頁は、本判決の論旨を詳細に分析する。
27) De Forest Radio Telephone & Telegraph Co. v. United States, U.S. 236, 242 (1927) ("As a license passes no interest in the monopoly, it has been described as a mere waiver of the right to sue by the patentee").
28) 西・前掲<注26>1070頁。

の権利の本質がさらに前提として存在する。すなわち、米国特許権は、特許権の本質を「排他権」(right to exclude) であると理解している (米国特許法154条)。一方、日本を含む大陸法系の国では、特許権の本質を「専用権」(日本特許法68条) と理解する考え方がある[29]。専用権説と排他権説は、発明を実施する権利 (「積極的利用権」(right to work)) の存否により分別し、積極的利用権を肯定するのが専用権説であり、それを否定するのが排他権説[30]である。両者の違いは、たとえば、利用関係 (日本特許法72条) や裁定通常実施権 (日本特許法92条) 等に現れる。パリ条約5条A(2)は、この両説の違いによる「特許に基づく排他的権利の行使から生ずることがある弊害」を認識し、各同盟国に対し「たとえば、実施がされないことを防止するため、実施権の強制的設定について規定する立法的措置をとることができる」とする。したがって、この小前提②について相違する国の特許法において、同様の議論ができるかどうかは検討を要する。

4．TransCore 判決以降の判決
(1) 特許権譲渡との関係 (*Innovus Prime* 事件)

この *TransCore* 判決は、米国特許ライセンス実務に大きな影響を与えた[31]。たとえば、カリフォルニア北部連邦地裁は、特許消尽との関係において「特段限定の付されていない権利不主張は非独占的ライセンスと同様である」という *TransCore* 判決の判示事項に依拠し、特許権の譲渡との関係でも、権利不主張は、非独占的ライセンスと同様であって、特許権の譲受人は既存ライセンスに服する (subject to) という古くからの原則[32]に基づくと判

---

29) 中山信弘『特許法 (第五版)』(弘文堂、2023年) 346頁は、「特許権を含めた知的財産権の本質は排他権にある。特許権は独占権であるのか排他権であるのか、という点をめぐっては古くから論争があるが、この議論は実益のあるものとは思えない。特許権の対象は技術的情報であり、情報というものの性格からして、その本質は基本的には排他権と解すれば足りる。独占権であれば排他性が認められるし、排他権であれば独占権であることが多い」とする。
30) 田辺徹「特許権の本質」パテント56巻10号 (2003年) 58頁以下参照。
31) 本判決の影響については、西・前掲＜注26＞のほか、Jung and Mollo・前掲＜注21＞、Marc Malooley, Patent Licenses versus covenant not to sue：What are the consequences、(https://www.brookskushman.com/wp-content/uploads/2015/06/131.pdf 最終閲覧2024年1月17日) など。
32) Keystone Type Foundry v. Fastpress Co., 272 F. 242, 245 (2d Cir. 1921).

断した[33]（*Innovus Prime* 事件）。本件は、1982年に、被告のパナソニック社が、フィリップス社から受けていた権利不主張により、特許権の実施製品を製造販売等することについて authorization を受けていたといえるため、特許権の譲受人にも当然に対抗できるとした。なお、*Innovus Prime* 判決では、同1982年契約が2007年に修正され、2005年1月1日よりも前に発行されたオーディオやビデオの特許権に限るという限定を付したため、「特段限定の付されていない権利不主張」とはいえないとした原告の議論を退けている。

(2) 連邦倒産法との関係（*In re Spansion* 事件）

また、連邦倒産法との関係では、*In re Spansion* 事件[34]がある。

本件は、2008年にSpansion社が、フラッシュメモリ製品に関して、アップル社とサムスン社に対し、アメリカ国際貿易委員会（International Trade Committee, ITC）で特許侵害を理由に輸入差止めを求めていた事案であり、2009年に請求人および被請求人間で和解が成立し、請求人はレター契約にて、被請求人に対し、将来製品について、同じ特許権に基づいて訴訟をしない旨を約していた。

その後、Spansion社は、連邦倒産法第11章（Chapter 11 U.S.C.）に基づく再生手続きの申立てを、デラウェア州破産裁判所に行った。Spansion社は、同法第365条(a)項に基づき、未履行契約としてレター契約を拒絶したところ、2009年9月、同破産裁判所は、Spansion社の主張を認容した。他方、アップル社は、同法第365条(n)項に基づき、同レター契約をライセンス契約であるとして、当該契約に基づく権利の保持を選択する申立てを行った。一方、Spansion社は、9月の破産裁判所の命令をデラウェア連邦地方裁判所に申し立てたが、同連邦地方裁判所は、同レター契約を不提訴の約束（promise not to sue）であるからライセンスと同様に扱うとして、アップル社の主張を認容した。

第3巡回区控訴裁判所は、デラウェア州破産裁判所の判断を退け、*De Forest Radio* 最高裁判決および *TransCore* 判決を引用し、同レター契約をライ

---

33) Innovus Prime, LLC v. Panasonic Corp. & Panasonic Corp. of N. Am., Inc.・前掲＜注16＞。
34) In re Spansion, Inc. et al.・前掲＜注17＞。

センス契約であるとしてデラウェア州連邦地裁の判断を認容し、第365条(n)項に基づき、アップル社の当該契約に基づく権利の保持を選択する権利を認めた。

本件で興味深いのは、デラウェア破産裁判所と、デラウェア地方裁判所が、不提訴の約束（promise not to sue）をライセンス契約と解するかどうかで真っ二つに分かれた点であろう。第3巡回区控訴裁判所の結論としては、非係争条項をライセンス契約と同等と解することで判断の混乱を統一し、画一的な処理が進められることになったが、従来特許権者側が想定していた範囲を超える効果を持つものと解釈され得ることになり[35]、当事者間の内心の不一致として、契約の準拠法となるべき州法において「契約目的の不達成の法理」（frustration）や「双方錯誤の法理（mutual mistake）」の適用があるか否か[36]という課題を残す。

III. ドイツにおける権利不主張をめぐる議論

1. ドイツ特許法を考察する意義

次に、ドイツ特許法における権利不主張について検討する。その理由は、①権利不主張をめぐっては、前述のとおり、米国において先進的な判決が出されているが、特に特許権の本質を排他権と捉える英米法系の米国法の中の権利不主張の位置づけを、大陸法系の日本法にそのまま持ち込むことができるのかという点があること、②また、特許法改正のため通常実施権の当然対抗が我が国において議論された際に、ドイツ法上の考え方を大いに参考にしたこと、③さらに、同じく大陸法系のドイツ法において権利不主張と特許権

---

[35] この点について西・前掲＜注26＞1072頁は、「本判決により、最早、『争わない旨消極的に約束しただけで積極的にライセンスを付与したわけではない』といった発想は通用しない」と警告する。

[36] Jung and Mollo・前掲＜注21＞4頁参照。州法によって要件に若干の違いはあるが、コモンロー上、「契約目的の不達成の法理」は、①当事者が予期できない不測の事態であること、②当事者間の契約において危険の負担がなされていないこと、③契約の履行が契約の誘引となった利益を供給することが最早ないこと、を要件とする。「双方錯誤の法理」も、州によって要件が異なり、「法の錯誤」と「事実の錯誤」を区別し、前者を保護しないとするものもあれば、両者を区別しないものもある。Krantz v. Univ. of Kansas, 21 P.3d 561, 567 (2001), Restatement 2d Contracts, Ch. 6 §152, cmt. b.

譲渡との関係を判断した判決が下級審で出たこと、さらにドイツ最高裁にて"covenant to sue last"（権利不主張ではないが、訴訟をするならば最後に訴訟するという約束）に関して新たな判例[37]が出たこと、などである。

2．ドイツにおける単純ライセンスの法的性質

　まず、ドイツにおける権利不主張の取り扱いについて検討する前に、その前提となるライセンス契約（Lizenzvertrag）の法的性質について概観する。ドイツ旧特許法においては、ライセンス契約について明文の定めはなかったが[38]、1981年の法改正により非排他的ライセンスを明文で認めた（ドイツ特許法15条2項）。我が国における通常実施権に相当するドイツ特許法上の「非排他的ライセンス」や著作権法上の「単純利用権」（ドイツ著作権法31条1項）は講学上、まとめて「単純ライセンス（einfache Lizenz）」と呼ばれ、非典型契約であって、用益賃貸借に近いとされる[39]。

　単純ライセンスの法的性質をどう見るかについては、①不作為請求権説と、②積極的利用権説の両説が対立している、とされる。すなわち、①単純ライセンス契約は、ライセンサーが禁止権の行使を放棄して受忍義務を定める不作為請求権に過ぎない、とみる考え方と、②ライセンサーがライセンシーに積極的な利用を許諾するという積極的な利用権を許諾するものである、とする考え方に分かれる[40]。両説の違いは、①の不作為請求権説では、ライセンサーの瑕疵担保責任が否定され、②の積極的利用権説では肯定される点で実質的に問題になる[41]。

　この単純ライセンスの法的性質についていずれの説に立つかは、そもそも特許権の本質を消極的禁止権とみるか、積極的利用権を含むものとみるかの

---

37) IP Bridge v. HTC, Bundesgerichitshof, Docket no. X ZR 123/20, 24. Januar 2023.
38) ドイツ旧法下における学説の変遷については、佐藤義彦「特許実施権の性質」於保不二雄還暦『民法学の基礎的課題（下）』（有斐閣、1976年）319頁以下。
39) 相山敬士ほか『ビジネス法務大系I ライセンス契約』（日本評論社、2007年）28頁。
40) 相山・前掲＜注39＞28頁。駒田泰土「ドイツ法におけるライセンシーの保護」知的財産法政策学研究 Vol.12（2006年）153頁。
41) ドイツにおいて、ライセンサーの瑕疵担保責任を肯定した例として、ドイツ連邦通常裁判所1954年11月26日判決（GRUR 1955, S. 338）。野口良光「79 発明の瑕疵に対する実施許諾者の担保責任」別ジュリ No.23「ドイツ判例百選」（1969年）217頁。

いずれに立つかによっても異なり、ドイツにおいても特許権の本質についてはいまだ議論が決着していないとの指摘[42]があるが、単純ライセンスの法的性質については積極的利用権説が優勢である[43]。なお、同じく大陸法系の国でも、国によって消極的禁止権説と積極的利用権説のいずれに立つかは議論が分かれる[44]。

さらに、ライセンスの対抗要件の問題として、ドイツにおいては、単純ライセンスを物権的な性格を有する「積極的ライセンス（positive Lizenz）」と債権的な性格を有する「消極的ライセンス（negative Lizenz）」に分類し、1986年の特許法改正により新たに追加されたドイツ特許法15条3項により、非排他的ライセンスを含む「単純ライセンス」については、特許権者から特許権を譲り受けたものにも当然にライセンスの効力を主張できる、いわゆる承継的保護（我が国でいう当然対抗）が認められる[45]。

3．ドイツにおける権利不主張をめぐる学説

ドイツにおいては、単純ライセンスが積極的利用権を含み得るものであるのに対し、権利不主張は消極的な禁止権の不行使であって、単純ライセンスとは異なるため、ドイツ特許法15条3項による当然対抗の対象とならないとする Peter Mes 連邦裁判所判事の見解が通説的な見解[46]となっていたようであり、元連邦裁判所判事の Eike Ullman マンハイム大学教授のコンメンタールの中でも Mes 判事の見解が取りあげられていた[47]。これに対し、

---

42) 駒田・前掲<注40>155頁は、ドイツにおいては、特許権の本質として特許権禁止権説と積極的利用権説の両説があることを指摘する。一方、田辺・前掲<注30>69頁は、独特許法9条が、その規定振りから権極的使用権と、消極的禁止権の両方を含むというドイツにおける学説を紹介し、ドイツ特許権の本質を「専用権」とする。

43) 判決としては、RG, 18.8 1937, RGZ155, 306, 313, 324. ドイツにおける学説については、松井和彦「通常実施件の本質と実施許諾者の侵害排除義務」金沢法学49巻2号（2007年）288頁以下参照。

44) たとえば、今西頼太「実施不能の場合における特許権者の法的責任」知財研紀要15巻（2006年）136頁以下は、フランス特許法における通常実施権の法的性質について、特許侵害から免れる権利であり「特許発明の実施に関して特許権者に対する積極的な権利を見出すことはできない」とし、不作為請求権説が通説であると説く。

45) 駒田・前掲<注40>143頁以下参照。

46) Peter Mes, Patentgesetz, 3. Aufl., 280, 2011, §15, marg. Note 43.

47) Georg Benkard, Patentgesetz, 10. Aufl., 584, 2006, §15, marg. Note 111.

48) Baritta Bartenbach, Die Patentlizenz als negative Lizenz, 214, 2002.

Bartenbach は、反対説を述べているが通説には至っていないとされる[48]。少なくとも、後述する最高裁判決が出るまでの通説的な見解では、権利不主張は、「不起訴の合意」(pactum de non petendo) であるとされていた。pactum de non petendo とは、ラテン語で「無方式の免除約束」という意味である。

　従来のドイツにおける単純ライセンスと権利不主張の違いを検討するにあたっては、ローマ債権法上における「免除行為」の概念が参考になる。すなわち、ゲオルク・クリンゲンベルク（瀧澤栄治訳）「ローマ債権法講義」によると、ローマ債権法においては、「要式免除行為」と「無方式の免除約束 (pactum de non petendo)」が区別され、「要式免除行為」では、「債務関係が市民法上消滅し、債権者が訴権を失う」一方、「無方式の免除約束」は、「債務関係は依然として存在し、債権者は訴権を持ち続けるが、債務者は法務官法上一定の保護を受ける。もし、債権者が無方式の免除約束にもかかわらず訴えるならば、法務官は申し出に基づき債務者に抗弁を付与する[49]」。たとえば、連帯債務の消滅事由として、無方式の免除約束も「対世的なもの」(Pactum de non petendo in rem) と「対人的なもの」(Pactum de non petendo in personam) とがあり、全債務者のためのものと特定債務者のためのものが区別されている[50]。このようにローマ債権法においては、「免除行為」は、方式や対世効の有無により厳密に区分され、それぞれ違った効果を有するものとして扱われていた。

　このようなローマ法の流れを汲むドイツ法において、消極的ライセンスは、ドイツ民訴法306条の不提訴の合意とされていた[51]。

　これらの学説を踏まえた上で、マンハイム地方裁判所で数件の判決が出ており、いずれの事件でも権利不主張を単純ライセンスとは異なるものであると判断している。しかしながら、先述のとおり、近年ドイツ最高裁では、covenant to sue last をライセンス同様とみなし、消尽の迂回はできないとする判決も出ている。以下、ドイツにおける裁判例を検討する。

---

49) ゲオルク・クリンゲンベルク（瀧澤栄治訳）『ローマ債権法講義』（大学教育出版、2001年）119頁。
50) クリンゲンベルク・前掲＜注49＞134頁。
51) 松井・前掲＜注43＞292頁、301頁。

4．ドイツにおける権利不主張をめぐる裁判例

(1) 米国州法上のCovenant not to sue条項を *pactum de non petendo* であると判断した例

マンハイム地方裁判所 2010 年 4 月 23 日判決（事件番号 7 O 145/09）[52]は、米国州法を準拠法とするライセンス契約における covenant not to sue 条項につき、契約の準拠法としては米国州法であるが、その効果についてはドイツ法によるとし、当該 covenant not to sue 条項は、*pactum de non petendo* であって、積極的利用権を含む単純ライセンスとは区別されるから、ライセンシーは特許の譲受人に当然に対抗できると規定するドイツ特許法15条3項は適用されない、と判示した。

本判決は、ドイツ物権法が、絶対権である物権は譲受人との関係では登記により決せられるという原則を採用していることを強調し、「売買は賃貸借を破る（Kauf bricht Miete）」というローマ法以来の原則に対し、「売買は賃貸借を破らず（Kauf bricht nicht Miete）」とするドイツ民法 566 条は例外的規定であるとする。さらに、①前述の Ullman のコンメンタールを引用し、積極的利用権であるライセンスと消極的禁止権である *pactum de non petendo* は区別されること、②ドイツ特許法 15 条第 3 項の立法趣旨は、1982 年 3 月 23 日の連邦通常裁判所判決における単純ライセンスの当然対抗の否定を立法的に解決[53]し、単純ライセンスに当然対抗が認められることの確認であること、および③ドイツ特許法 15 条第 3 項は、例外的規定として厳格に解するべきであってライセンスにのみ適用されるべきであることから、消極的禁止権たる covenant not to sue には、当然対抗の効果は認められないことを判示した。

(2) FRAND 宣言を *pactum de non petendo* であると判断し特許権の譲受人に対抗できないとした例

マンハイム地方裁判所 2009 年 2 月 27 日判決（事件番号 7 O 94/08）[54]は、原

---

52) LG Mannheim Urteil vom 23.4.2010, 7 O 145/09.
53) ドイツ特許法 15 条 3 項の立法過程については、駒田・前掲＜注 40＞144 頁以下に詳しい。
54) LG Mannheim, judgment of 27.2.2009, 7 O 94/08.

特許権者のボッシュ社が「公正・合理的かつ非差別的な」(Fair, reasonable and non-discriminatory) 条件（いわゆる FRAND 条件。RAND 条件とも呼ばれることもある）をヨーロッパ電気通信標準化協会 (ETSI) に行っていたところ、ボッシュ社より当該特許権の譲渡を受けていた IPCom 社が原告として特許侵害訴訟を提起した事案である。

本判決も、前述の Ullman のコンメンタールを引用し、積極的利用権であるライセンスと消極的禁止権である *pactum de non petendo* は区別されることから、FRAND 宣言はドイツ特許法第 15 条第 3 項における「ライセンス」には該当しないため、新権利者は FRAND 宣言に拘束されないと判断した[55]。

本件は、FRAND 宣言を消極的な禁止権不行使とみなしたことで FRAND 宣言の法的性質を一種の権利不主張と見ている点で示唆的であり、特許権譲渡との関係で当然には対抗できず、特許権譲渡に際しては別途契約で何らかの形で FRAND 宣言として約した義務についての承継が必要となる。

(3) covenant to sue last（権利不主張ではないが、訴訟をするならば最後に訴訟するという約束）を約していたとしても、「消尽の迂回」はできないとした例

連邦最高裁 *IP Bridge v. HTC*, Bundesgerichitshof, Docket no. X ZR 123/20, 24. Januar 2023. 判決では、必ずしもその理由を明確に記載しているとはいえないが、covenant to sue last 及び covenant not to sue（不提訴の約束）によっては、ともに「消尽の迂回」はできないとする[56]。ただし、本判決で

---

55) 事件の詳細は、財団法人 知的財産研究所平成 22 年度 特許庁産業財産権制度問題調査研究報告書「権利行使態様の多様化を踏まえた特許権の効力の在り方に関する調査研究報告書」(2011 年) 66 頁以下。
56) 「控訴裁判所が行った検討は、最後に訴えるという約束に基づいて市場に出された製品に関して消尽をもたらさないという結論を裏付けるものではない。」"Die vom Berufungsgericht angestellten Erwägungen tragen nicht die Schlussfolgerung, dass ein covenant to be sued last nicht zur Erschöpfung im Hinblick auf Erzeugnisse führt, die auf der Grundlage einer solchen Vereinba-rung in Verkehr gebracht worden sind." IP Bridge v. HTC, 前掲＜注 37＞判決 42 段落。「控訴裁判所の見解に反して、不提訴の約束は、通常、これに基づいて市場に投入された製品に関する権利の消尽につながる。」"Entgegen der Auffassung des Berufungsgerichts führt ein covenant not to sue in der Regel zur Erschöpfung der Rechte im Hinblick auf Erzeugnisse, die auf dieser Grundlage in Verkehr gebracht werden." 前掲＜注 37＞判決 43 段落。

は、特許権者が特許に基づくいかなる権利も主張しないが、そのような権利を主張する権利を明示的に留保すると宣言する契約は、個別の場合において、特許権者が特許権を放棄しないことを意味すると解釈される可能性がある[57]、とする。このような契約がどのような契約を意味するのか具体例は提示されていないが、本書第2章にて後述するstandstillのような権利行使の一定期間の留保も含まれるのではないかと考える。

Ⅳ. 我が国における権利不主張をめぐる議論

1. 通常実施権の法的性質

我が国の通説・判例は、通常実施権の法的性質を特許権者に対する不作為請求権であるとする[58]。また、我が国においては、許諾による実施権を専用実施権（特許法第77条）と通常実施権（特許法第78条）に分けて議論することが一般的であるが[59]、いずれも特許法の目的である発明の利用の促進を図

---

57)「ただし、特許権者が特許に基づくいかなる権利も主張しないが、そのような権利を主張する権利を明示的に留保すると宣言する契約は、個別の場合において、特許権者が特許権を放棄したくないことを意味すると解釈される可能性がある。」"Ein Vertrag, in dem der Patentinhaber erklärt, keine Rechte aus dem Pa-tent geltend zu machen, sich die Geltendmachung solcher Rechte aber ausdrück-lich vorbehält, kann im Einzelfall allerdings dahin auszulegen sein, dass der Pa-tentinhaber seine Rechte gerade nicht aufgeben will." IP Bridge v. HTC、前掲＜注37＞判決53段落。

58) 最高裁昭和48年4月20日判決（民集27巻3号580頁）〔墜道管押抜工法事件〕は、「…実施権者側からみれば、許諾による通常実施権の設定を受けた者は、実施契約によつて定められた範囲内で当該特許発明を実施することができるが、その実施権を専有する訳ではなく、単に特許権者に対し右の実施を容認すべきことを請求する権利を有するにすぎないということができる（傍点は筆者）」とし、また、大阪地裁昭和59年4月26日判決（無体集16巻1号271頁）〔架構材の取付金具事件〕は最高裁の議論を一歩進め、実用新案権に基づく通常実施権について「通常実施権の許諾者は、通常実施権者に対し、当該実用新案を業として実施することを容認する義務、すなわち実施権者に対し右実施による差止・損害賠償請求権を行使しないという不作為義務を負うに止まりそれ以上に許諾者は実施権者に対し、他の無承諾実施者の行為を排除し通常実施権者の損害を避止する義務までを当然に負うものではない（傍点は筆者）」とする。中山信弘「第78条（通常実施権）」中山信弘編『注解特許法 上巻（第1条～第112条の3）〔第3版〕』（青林書院、2000年）826頁は、同地裁判決を「極めて妥当な解釈であり、これ以外の解釈は誤りというべきであろう」とする。そのほか、中山・前掲＜注29＞562頁。ただし、松井・前掲＜注43＞308頁は、「『特許権者に対して差止請求権と損害賠償請求権を行使させないという不作為請求権』とか、『実施許諾者に対し実施を容認することを請求する権利』であるというが、ドイツの議論からも明らかなとおり、厳密には両者は異な」り、「わが国の不作為請求権説の中には、両者を混同しているものがある」と指摘する。

るため、一定の範囲で他人に実施の権原を与えることにより、他人による特許権の実施を特許権者が許容するという性質には変わらない。

これに対し、平成23年改正特許法（平成23年6月8日法律第63号）の成立を契機に、通常実施権の当然対抗について、前提となるライセンス契約のライセンサーとしての契約上の地位の承継の問題、債権法改正が及ぼす影響、サブライセンスの問題、破産法第56条との関係など数多くの議論が非常に活発に行われており[60]、通常実施権の法的性質の見直しを示唆する意見もある[61]。

一方、少数説[62]は、通説に対し、「専用実施権は無体財産権であるが、通常実施権は無体財産権ではない（通常の債権である）ということにならざるをえ」ず、通常「実施権は債権ではなくて、排他性のない直接支配権というべきではないのか」という疑問を投げかけている。

またかつては、明細書の記載だけでは特許発明を実施できない事例で契約の要素の錯誤（民法第95条）を適用し実施権者の救済を図った裁判例[63]や、

59）特許庁編『工業所有権法（産業財産権法）逐条解説〔第22版〕』（発明推進協会、2022年）293頁、295頁は、専用実施権を「用益物権的な権利を設定すること」と解し、通常実施権は「債権的な性格を有するので、同時に同一内容の通常実施権を二人以上の者に許諾することができ、かつ、通常実施権の許諾後においても特許権者自らが実施をすることは差し支えない」とする。その他、中山・前掲＜注58＞825頁。この通説に対する疑問として、佐藤・前掲＜注38＞279頁、339頁以下は、通説によると、「専用実施権は無体財産権であるが、通常実施権は無体財産権ではない（通常の債権である）ということにならざるをえ」ず、通常「実施権は債権ではなくて、排他性のない直接支配権というべきではないのか」としている。ライセンサーは、ライセンシーに特許発明の利用を積極的に享受させる義務を負うと解する説もある。一方、米国においては、実施権を exclusive license（我が国における独占的通常実施権に相当する概念）と non-exclusive license に分けて議論することが一般的であるが、exclusive license の内容も non-exclusive license と同様に契約によって定まり、用益物権的な性格を有する日本法上の専用実施権とは異なる。

60）中山ほか・前掲＜注3＞20頁以下。岩坪哲「当然対抗の実務的観点からの諸問題」牧野利秋傘寿『知的財産権 法理と提言牧野利秋先生傘寿記念論文集』（青林書院、2013年）719頁以下、松田俊治「当然対抗制度の特許権の通常実施権への導入と今後に残された問題について」牧野利秋傘寿『知的財産権 法理と提言牧野利秋先生傘寿記念論文集』（青林書院、2013年）737頁以下。

61）中山ほか・前掲＜注3＞〔田村発言〕20頁など。

62）佐藤・前掲＜注38＞279頁、339頁。

63）東京控訴院昭和13年10月27日判決法律新聞4359号8、満田重昭「70 実施契約における実施不能と要素の錯誤」別ジュリ No.86『特許判例百選〔第二版〕』（1986年）147頁。知財高裁平成21年1月28日判決（判時2044号130頁、判タ1303号277頁）〔石風呂事件〕。中山信弘ほか編『特許判例百選〔第四版〕』（有斐閣、2012年）190頁。

実施許諾者は売主と同様の担保責任を負うとし瑕疵担保責任を負うとする学説[64]や裁判例[65]もあった。これらのかつての裁判例や学説は、通常実施権の法的性質を単に消極的な禁止権の不行使にとどまらず、積極的利用権を含むものと解していると考えられ、実施できない場合の通常実施権者の利益を保護する。通常実施権は、不作為請求権である、と一般に言われる。すなわち、「通常実施権とは、当該発明を業として実施しても差止請求や損害賠償請求を受けることがない権原」といわれている[66]。実務上は、通常実施権はライセンス契約によって許諾される。このライセンス契約では、通常実施権の他にも、定義条項や、守秘条項、一般条項など、様々なことが規定される。中山は、「具体的には不作為請求権以上の内容をもつ契約、たとえば実施しうるように協力する義務、ノウハウ提供義務、侵害排除義務等々の規定が設けられることもあるが、これは通常実施権それ自体から当然に発生するものではなく、個別の契約の問題である。…このような種々の形態の実施権がすべて通常実施権であり、その共通項が特許法上の通常実施権ということになる[67]」と説明する。この説明は、確かに、種々の通常実施権の共通項としての不作為請求権という内容であり、説明として非常にわかりやすい。特許権の本質を禁止権として観念する排他権説の立場からも整合するといえよう。

2．権利不主張の法的性質

本書で詳細に検討してきたように、権利不主張について、明確に通常実施権と同様とする米国判例と、通常実施権とは異なる禁止権の不行使であると

---

64) 代表例として、染野義信「特許実施契約」石本雅男還暦『契約法大系Ⅳ特殊の契約(2)』（有斐閣、1963年）381頁など。瑕疵担保肯定説に対する有力な反対説（信義則説）としては、今西・前掲＜注44＞136頁以下。
65) 専用実施権の例であるが、第三者特許権侵害の場合に、ライセンサーの責任として「担保責任の規定が準用されると解する余地がある」としたものとして、大阪地裁平成元年8月30日判決（特許と企業250号60頁）〔ミネラルウォーター生成器事件〕。ただし、本件は「第三者より原告に対して特許並びに実用新案製品について侵害行為の通告ありたる時は、被告は責任をもってその排除を行う」との特約があった。嶋末和秀「ライセンス製品が第三者の特許権を侵害する場合におけるライセンサーの責任」山上和則還暦『判例ライセンス法』（発明協会、2000年）171頁以下。
66) 中山・前掲＜注29＞562頁。
67) 中山・前掲＜注29＞561-562頁。

する従来のドイツの判例で明確に考え方が分かれているが、我が国において この問題を正面から判断した裁判例はない。一方、学説としては当然対抗導入に伴い、権利不主張が通常実施権と同様に当然に対抗できるのかについて、さまざまな議論がなされている。中山は、「通常実施権の許諾と特許権の不行使契約とは、従来の判例・通説では異なった解釈をする必要性は乏しかったが、今後は異なった意味合いを持つ可能性もあり、注意を要する」とし、既存の説を見直すべき可能性を指摘している[68]。

一つ目の説は、米国型の「同一説」である。この説では、我が国で有力な通常実施権の法的性質を不作為請求権とする説に立ち、権利不主張も通常実施権と同様に不作為請求権であるから、このような性質の権利が許諾された場合には、「契約上の文言の如何にかかわらず、特許法上の通常実施権が許諾されたものと評価し、等しく当然対抗制度を適用するというアプローチ」である[69]。さらに、権利不主張のみならず、いわゆるFRAND条項についても単に特許権者に誠実交渉義務を課すにとどまらず、「特許権者の状況から反射的に生じる第三者の地位も『通常実施権』に該当すると解し、当然対抗の対象となるという解釈も不可能でない」とする見解がある[70]。

この同一説は、通常実施権の法的性質についての我が国の通説とは親和性

---

[68] 中山・前掲＜注29＞579頁注（36）。なお、中山の注（36）は第3版（2016年）に挿入された（中山信弘『特許法〔第3版〕』（弘文堂、2016年）522頁注（34）。それ以前の第2版の同様の個所には「特許権の不行使契約」の記載はない（中山信弘『特許法〔第2版〕』（弘文堂、2012年）476頁）。「黙示の通常実施権」の記載があるのみである。中山の立場である通説的な排他権説に立てば、通常実施権も権利不主張も禁止権行使に対する不作為請求権であるということになり、そうであれば、「今後は異なった意味合いを持つ可能性」があるという趣旨の記載を追加する必要はなく、その方が同氏の主張に論理的な整合があるように思われる。ところが、2016年に挿入されたこの注の記載ぶりから推測するに、同氏が、権利不主張に通常実施権とは「異なった意味合い」がある可能性を認識されていると考えられる。

[69] 中山信弘＝小泉直樹『新・注解　特許法〔上巻〕』（青林書院、2011年）1238頁。松田・前掲＜注60＞759頁。田村善之「標準化と特許権—RAND条項による対策の法的課題」知財研フォーラム90号（2012年）24頁。なお、飯田圭「当然対抗制度—解釈上の課題と実務上の留意事項」ジュリスト1436号（2012年）55頁は、「経緯・目的・規定内容等の如何によっては」99条1項の類推適用を肯定する余地ありとする。

[70] 田村・前掲＜注69＞24頁。同一説といっても、通常実施権と同一なのは権利不主張までであり RAND条項までは含まないという見解もあり得るであろう。RAND宣言と通常実施権との関係について、中山・前掲＜注69＞1231頁は、「かかる宣言がなされていた場合であっても、合理的な条件というだけでは条件が一切具体的に特定されていないので、通常は、通常実施権許諾の効果が直接に生じると解することはできないであろう」とする。

があるものの、契約時における当事者の意思とは異なる場合が多く、さらに、特許消尽や当然対抗の結果、権利者が意図していなかった範囲まで実施権者側の保護が厚くなるという結果を生じる。また、FRAND 条項の締結を通常実施権の許諾と解してしまうと[71]、特許消尽との関係で実務と整合しないこととなる。すなわち、標準化団体への加入時に FRAND 宣言を行い、その後当該標準技術が普及してきた際にパテントプールなどを通じて通常実施権を許諾する実務（通常、標準技術を確定する標準化団体の設立時と、特許権者の集まりであるパテントプールの設立時もしくは実施許諾時は時系列的にタイムラグがある）を鑑みると、標準化団体への加入時に FRAND 宣言をしてしまうとその時点で通常実施権を許諾したことになってしまい、後にパテントプールを設立した際には許諾すべき特許権が消尽しているという奇妙な結末になりかねない。

したがって、FRAND 宣言を通常実施権の許諾と完全に同視してしまうことは行き過ぎだといえ、米国やドイツなどの判例実務とも整合しない。

二つ目の説は、従来のドイツ型の「相違説」である。すなわち、権利不主張は当事者の意思として特許権を行使されないように請求する「契約上の権利」を確保するが、特許法上の通常実施権ではないとする。当事者の意思や産業界における使い分けの実態及び利益を強調し、同一説に対しては、「法律上保護される通常実施権を与えるのを望まない権利者の意思に反した過度の保護を与えることにならないだろうか」と疑問を呈し、当然対抗制度の導入後も実務的な選択の余地が狭められるべきではないとする[72]。この説では、裁判外の権利不主張、裁判上の和解における不起訴条項、FRAND 宣言など通常実施権とまでいえない消極的な権利を通常実施権と区別し、当然対抗や特許消尽の対象とはしないという帰結になろう。

相違説は、当事者の意思を反映し権利不主張は当然には新権利者には対抗できないものとするが、通常実施権の法的性質を不作為請求権とする我が国での有力説に立つと、権利不主張という「契約上の権利」の中身がはっきり

---

71) なお、知財高判大合議平成 26 年 5 月 16 日〔判タ 1402 号 166 頁、判例時報 2224 号 146 頁〕〔アップル対サムスン事件〕は、フランス法を準拠法とする FRAND 宣言の法的位置づけにつき、ライセンス契約の申込みには該当しないと判断している。
72) 飯塚卓也「当然対抗制度」ジュリスト 1437 号（2012 年）77 頁。松田・前掲＜注 60＞759 頁。

せず、権利不主張とはどのような権利なのかが不明確である。また、特許消尽の場合を考えると、特許権者が実施権者に通常実施権を許諾するか、権利不主張を与えるかによって特許権が消尽するか否かをコントロールすることができることになる。BBS 最高裁判決[73]が指摘したとおり、「仮に、特許製品について譲渡等を行う都度特許権者の許諾を要するということになれば、市場における商品の自由な流通が阻害され、特許製品の円滑な流通が妨げられ」、「仮に、…円滑な流通が妨げられ」ることを防ぐという特許消尽論の趣旨は、このようなコントロールを特許権者に与えることにより、没却される可能性がある。

　三つ目は、「折衷説」であり、権利不主張の法的性質を権利不主張条項の締結に至る当事者の合理的意思解釈の問題として処理する。すなわち、裁判上の和解など、たとえば特許侵害訴訟の和解として、その対抗手段としての特許無効審判を取り下げるとともに権利不主張を条件として約する場合などの例を挙げ、この場合においては「権利不主張を不起訴合意とみて当事者限りのものと見るのが自然」とする。一方で、権利不主張に一時金などの解決が支払われるような場合は、「権利不行使条項の性格は、イニシャルのみ・ランニング無しの通常実施権の許諾契約（当然対抗の対象）に限りなく近づく」とする[74]。

　この折衷説に対しては、当該契約が通常実施権の許諾を目的とするか否かは契約解釈の問題であるから権利不主張の法的性質についても究極的に権利不主張条項の締結に至る当事者の合理的意思解釈の問題として処理することは当然であるが、この説によると裁判外の和解については当事者限りとすることにつき、「口頭弁論終結後の承継人に既判力を拡張する民事訴訟法115条1項3号によって新権利者も和解条項に拘束されると考えれば、当然対抗を認めたのと同じ結論を導き得る」という指摘がある[75]。また、権利不主張が有償の場合と無償の場合で性質が変わるとするのは、現実に、無償での通常実施権の許諾も存在しており、現行法の通常実施権が対価を要件としていない以上解釈として無理があろう。

---

73) 最高裁平成 9 年 7 月 1 日第三小法廷判決（民集 51 巻 6 号 2299 頁）〔BBS 並行輸入事件〕。
74) 岩坪・前掲＜注 60＞735 頁。
75) 松葉栄治「論説・解説/改正特許法とライセンス契約～当然対抗制度を中止に～」Law & Technology 第 56 号（2012 年）49 頁。

このように我が国における学説はいずれの説も一長一短があり、十分な裁判例の蓄積を待たなければはっきりした結論を導くことは困難である。特に日本での権利不主張の法的性格の議論は、法改正によって導入された当然対抗に焦点が当たっているように見えるが、当然対抗のみならず特許消尽の観点からも検討されなければならない。特許消尽を踏まえた権利不主張の日本における議論は、いまだ十分とはいえない。

3．その他の問題

残された問題として、①共有特許権の場合の権利不主張、②商標権に基づく禁止権の不主張、③著作者人格権の不行使特約の法的性質、要件・効果がある。

①は、特許権が共有に係る場合（特許法第73条1項）に、共有者のひとりが特許権を行使しないと約する場合が考えられる。たとえば、大学と事業会社が特許権を共有している場合に、ライセンスや訴訟などの積極的な権利主張の権原を事業会社にのみ享有させる趣旨で、大学が共有特許権に基づいて権利行使しない、と約することが考えられる。当事者の意図としては、権利者は大学と事業会社の双方であるが、大学は実施料の受領などの消極的な権利行使のみを行い、訴訟やライセンス許諾などの積極的な権利活用は、事業会社に享有させる意図であることが多い。この場合、この大学による権利不主張を通常実施権と解すると、他の共有者である事業会社が権利主張しようとする際には、すでに大学の権利不主張により通常実施権が許諾されており、事業会社は権利行使できないという当事者の意図とかけ離れた奇妙な帰結となってしまう。相違説に立って、共有者による権利不主張と通常実施権とは異なるとしなければ、このような実務上の不整合を生むことになる。

②は、商標権のように専用権の範囲と禁止権の範囲がずれる権利において権利不主張にどのような効果があるかという問題である。商標においては、特許と異なり、実務上、一つの製品について多数の商標ライセンス契約が締結されているといった複雑な状況は考えられず、第三者（譲受人）が、意に反して通常使用権の付いた商標権を取得してしまった場合、当該商標が出所識別機能や品質保証機能等を発揮できなくなるおそれがあること等、通常使

用権の商標権に対する制約は、特許権の場合と比較してはるかに大きいと考えられ、商標法へは通常使用権についての当然対抗制度を導入しないこととし、今後の検討課題とされた[76]。当然対抗制度が導入されていない商標法では従来どおりの登録対抗制度が適用される。

仮に、通常使用権と権利不主張は同一という説に立つと、専用権と禁止権を区別する商標権の独自性[77]の説明に窮することになる。すなわち、商標権者は自己の商標権と類似の範囲で禁止権（商標法37条1項）を有するが、通常使用権の許諾＝禁止権の不行使と解してしまうと、禁止権が認められる自己の商標権と類似の範囲においても通常使用権の許諾が可能となると考えられ、専用権の範囲でしか通常使用権を認めない商標法（同法第31条1項）の定めとの整合が取れなくなる。他方、相違説に立ち通常使用権と権利不主張とは相違すると解すると、専用権と禁止権を区別する商標制度と整合する。

③は、著作者人格権の不行使特約とは、著作権の譲渡契約などにおいて、たとえば著作者人格権のうち、氏名表示権を行使しない特約などをいう。著作者人格権は、著作権法第59条で著作者への一身専属性が謳われ、明確に譲渡禁止規定が設けられている。また、同一性保持権の不行使特は人格権の放棄であって無効という議論もあり、権利の不行使という言葉だけで特許権の不主張などとは混同することはできない[78]。

上記のうち、③については残り2つとかなり異なる性質を有するものであるが、少なくとも①および②について相違説に立たなければ特許法や商標法の体系と整合的な理解は難しいだろう。

V．結びにかえて

本章で検討してきた米国、従来のドイツ、日本の学説・判例の状況を一覧

---

76) 特許庁工業所有権制度改正審議室編『平成23年特許法等の一部改正　産業財産権法の解説』（発明協会、2011年）29頁。特許庁編・前掲＜注59＞1664頁。
77) 特許庁編・前掲＜注59＞1645頁。
78) 著作者人格権の不行使特約については、田中宏和「著作者人格権に関する課題と検討―著作者人格権の不行使特約と放棄の問題を参考に―」岡山大学大学院社会文化科学研究科紀要第29号（2010年）122頁以下に詳しい。

	米国	従来のドイツ	日本
特許権の本質	排他権説	専用権説と排他権説に分かれる。	通説：排他権説[79] 従来の説：専用権説[80]
通常実施権の本質	排他権の不行使（不作為請求権説）	積極的利用権説が判例・通説。さらに、積極的ライセンスと消極的ライセンスに分類する考え方がある。	通説：不作為請求権 少数説：積極的利用権説
権利不主張の本質	排他権の不行使なので、通常実施権と同様（同一説）	通常実施権と相違（相違説）。	学説は、同一説、相違説、折衷説などに分かれる。 自説（折衷説）では、原則として、ライセンス同様に消尽すると解するが、例外的に、合理的な解釈により当事者効にとどめるという当事者の意思が明確であり、当該意思が流通先に公示されている場合は消尽しないと解すべき[81]。
権利不主張の当然対抗	当然対抗	当然には対抗できない	原則として、当然に対抗できると解するが、例外的に、当然対抗は任意規定のため、契約で当然対抗しない旨を特約した場合は、当然対抗の対象外[82]。

表1　各国における通常実施権と権利不主張の異同

にすると表1のようになる。

　米国は、特許権の本質を明確に排他権とするところが他国の特許制度とは一線を画した制度である。この徹底した排他権説に基づく制度が、排他権の行使のみを事業とする職業的侵害訴訟提起者も生み出す土壌があるのではな

---

79) 鈴木將文「第68条（特許権）」中山信弘＝小泉直樹編『新・注解特許法 中巻（第66条～第112条の3）〔第2版〕』（青林書院、2017年）1139-1140頁。
80) 拙稿・前掲＜注1＞929頁では、「専用権説が有力」と記載したが、現在の主流は「排他権」となっているため（中山・前掲＜注29＞346頁、竹田稔「特許ライセンス契約と当然対抗」高林龍ほか編集代表『現代知的財産法講座Ⅳ（知的財産法学の歴史的鳥瞰）』（日本評論社、2012年）364-367頁、田村善之「特許権の存続期間延長登録制度の要件と延長後の特許権の保護範囲について：アバスチン事件最高裁判決・エルプラット事件知財高裁大合議判決の意義とその射程」知的財産法政策学研究 Vol.49（2017年）400頁注（10）など、この点を改めた。
81) 後掲＜注83＞に記載のとおり自説を改め、本表のとおり記載を改めた。
82) 拙稿・前掲＜注1＞929頁では、権利不主張の当然対抗について「不明」と記載していたが、本書での検討を経て当然対抗の任意規定性を考慮し、本表のとおり記載を改めた。

いかという指摘もあながち的外れなものではないと考えられるが、制度としては論理的に一貫している。すなわち、排他権説から論理的に導かれる不作為請求権としての通常実施権は、禁止権の不行使である権利不主張と全く同一であって、消尽もすれば当然対抗の対象ともなるとの考え方は論理的にシンプルで美しい。

一方、特許権の本質を専用権寄りに取り扱う従来のドイツにおいては、適用された実績はほぼないとしても裁定実施権による実施の確保という伝家の宝刀を有している点で我が国の特許法に似ており、通常実施権を積極的利用権と考え、発明実施を維持する義務を伴う積極的ライセンスと禁止権放棄に止まる消極的ライセンスに区別し、権利不主張やFRAND宣言を後者に含め当然対抗を認めない。

他方、我が国では、特許権の本質を専用権とするが、通常実施権については不作為請求権と考えるのが通説であるため、権利不主張の法的性質を通常実施権と区別して体系的に導くことができない。

私見としては、折衷説が妥当と考える。原則として権利不主張も、ライセンスと同様に消尽の対象となると解しつつも、権利不主張の中身を契約の文言に従って合理的に解釈し、当該権利不主張が当事者効にとどまるという意思が明確であり、当該意思が流通先に公示されているなどの場合は消尽しないと解すべきであると考える。特許消尽の適用の有無を個別具体的に判断すべきと考えることで当事者の意思に基づいた判断ができるからという点と、当該意思が流通先にも開示されていることで取引の安全を害することにもならないからである[83]。しかし、いずれにしてもそのような法的不安定さを有する権利不主張を、従来のようにそのままの形で契約に盛り込むよりも、新たな枠組みとして、後述のstandstillなどを用いるべきではないかという流

---

[83] 拙稿・前掲＜注1＞929頁では、通常実施権と権利不主張の異同について、折衷説を取りつつも、「権利不主張の中身を契約の文言に従って合理的に解釈し、積極的な利用権まで含むものなのか、消極的な禁止権の放棄に止まるのかを実質的に判断し、単に特許消尽を免れるために形式的に通常実施権ではなく権利不主張としたようなものは脱法行為として特許消尽を適用するなど、特許消尽の適用の有無を個別具体的に判断すべき」としていたが、本書での検討を経て、「原則として、ライセンス同様に消尽すると解するが、例外的に、合理的な解釈により当事者効にとどめるという当事者の意思が明確であり、当該意思が流通先に公示されている場合は消尽しないと解すべき」との立場に改めた。

V. 結びにかえて

れが実務上表れてきているのは不思議なことではない。なお、「消尽の迂回」については、本書第7章で後述する。

　上記のとおり、我が国には裁判例の蓄積が充分ではないため、本章では、米国における判例及びドイツにおける裁判例を検討した。しかしそれでも、権利不主張の法的性質や効果などを、決定的に解明するには至らなかった。「権利を主張しないということはどういうことか」が本書におけるテーマであったが、結果として「権利を主張するということはどういうことか」を改めて検討することになった。今後は、我が国においても実際の裁判例をとおした分析が可能になると考えられ、その際にわずかでも本章が参考になればと祈るばかりである。

第 2 章 特許法における Standstill（時効完成の合意）——債権法改正を契機に——

I．はじめに

　知的財産権における standstill（時効猶予の合意）とは何か——端的に、これが本章のテーマである。2017 年に米国で *Lexmark* 最高裁判決[1]が出されるよりも遥か以前から、ライセンス許諾製品の販売が特許消尽のトリガーとなることは、知財業界の常識であった。しかし、それはあくまでライセンス許諾製品の販売ということをトリガーとするものであって、ライセンスではなく、特許権を行使しない（covenant not to sue、あるいは non-assertion）という形であれば、いわゆる権利不主張として、特許消尽の対象とはならない、と理解されていた時期があった（本書第 1 章参照）。しかしながら、米国においては、2009 年の *TransCore* 判決[2]を契機に、権利不主張も特許消尽のトリガーとなってしまうことが明らかになると、特許ライセンス実務は混乱した。当事者間で、①ある権利をある人には行使しない、②ある権利をある対象製品には行使しない、③ある権利をある時期には行使しないという形で、権利不主張を約することにすれば、特許権は消尽せず、製品の下流のカスタマーには、権利主張をすることができると考えられていたからである。このうち、*TransCore* 判決以降、①②の態様は通常のライセンス許諾と変わらず、特許消尽のトリガーとなることが明らかになった。そこで、③の態様、すなわち、時間的に権利主張を制限するという場合には、未だ特許権の行使としてのライセンス許諾はなされていないのだから特許消尽は起きない、と考える実務家が現れ出した[3]。この③の態様を文言で具現化したものが、standstill（時効猶予の合意、以下単に「standstill」という）である。本章では、この

---

1) Impression Prod., Inc. v. Lexmark Int'l, Inc., 137 S. Ct. 1523, 198 L. Ed. 2d 1 (2017).
2) TransCore, LP v. Elec. Transaction Consultants Corp., 563 F. 3d 1271 (Fed. Cir. 2009).

standstill とは何なのかを考察したい。

Ⅱ．Standstill とは

　知的財産権法の分野において、特に実務上問題となる特許権についての standstill については、まだ確立した定義や考え方があるわけではない。
　先述のとおり、権利不主張の態様として、①ある権利をある人には行使しないと規定する場合、②ある権利をある対象製品には行使しないと規定する場合、③ある権利をある時期には行使しないと規定する場合、があると述べた。この③の態様が standstill と呼ばれる。
　すなわち、standstill とは、合意による時効の中断を意味し、一定期間、特許権の行使をしない旨の約定を指す。通常のライセンスや上記①あるいは②の権利不主張とは異なり、一定期間経過すると、その時点から過去の実施分にも遡って請求をすることを約するものをいう。
　以下に、実務上使われる英文の standstill 条項の具体例を掲載する。

>Sample Standstill Provision
>Section X. 1　Standstill During the term of this Agreement, the Parties, on behalf of themselves and their Subsidiaries, hereby agree that the Company and its Subsidiaries shall not sue or threaten to sue [　　], or any of its Subsidiaries, for infringement of any Company Patents by [　　]'s products made, have made, used, sold, offered to sell, and/or

---

3）例えば、特許庁産業財産権制度問題調査研究報告書「標準必須特許を巡る国内外の動向について（裁判及び調停・仲裁による紛争解決の実態）の調査研究報告書」（2019 年）66 頁によると、「Qualcomm は、2006 年から 2008 年頃にチップセットメーカーへのライセンス契約の締結を拒絶するようになり、代わって①非係争契約（covenant not to sue）：特許権者が実施者を相手に特許権を主張しないとする契約上の合意、②補充的権利行使契約（covenant to exhaust remedies）：特許権者は、まず実施者の製品を使用する第三者を相手に特許侵害を主張して、最終的な救済手段として、実施者に対する特許侵害を主張することができ、実施者は一種の連帯責任を負うことになる、③一時的提訴留保契約（standstill）：特許権者が一定期間のみ特許権を主張しないという契約上の合意（特許権者は、一定期間の経過後はいつでも実施者に特許侵害を主張することが可能）などの制限的な契約のみを締結した。（二又俊男、Sehwan CHOI「韓国におけるクアルコムの独禁法違反事件～2 つの独禁法事案からみえるもの～」、LES JAPAN NEWS Vol. 60 No. 4 （Dec. 2019）, 3.2（4）を参考)」としている。

> imported by [　　], or its Subsidiaries.
> **Section X. 2** If the Company, or its Subsidiaries transfers, assigns, or otherwise disposes of any Company Patents to a third party, the transferring Party shall ensure that such transfer of any Company Patent is made subject to this Agreement.
> **Section X. 3** The Parties shall not assert the statute of limitation, laches, equitable estoppel, willfulness or any other equitable claim, counterclaim and/or defense in any future cause of action but only to the extent such claims, counterclaims, and/or defenses are based on any activity or inactivity pursuant to the terms of this Section X during the term of this Agreement.

　これは、*Lexmark*判決や*TransCore*判決以降、ライセンスや①あるいは②の権利不主張が、特許消尽のトリガーになることが明確になってしまった後、それでも消尽を回避する方法がないか、という思惑のために主に米国ライセンス契約実務の中から登場してきた概念である。

　上記の例について簡潔に述べると、Section X. 1 では、本契約の期間中、Companyおよびその子会社は、相手方に対して、特許権侵害訴訟をしないことを約する。この条文のみを見れば、権利不主張と何ら変わらないようにも思われる。

　これに続くSection X. 2 では、対象の特許権が第三者に譲渡等された場合であっても、この契約の約定に拘束される。すなわち、本契約の義務が承継されることを明記している。これは、当然対抗制度で権利不主張条項やstandstill条項が保護されるのかが不明であるため、当事者間の約定としても明記しておく趣旨である。

　最後のSection X. 3 は、当事者が時効や禁反言、後述するlaches（懈怠）などの主張を行わないことを明記するものである。この時効を主張しないという約束が権利不主張とは異なるstandstillの特徴をなす部分といえる。

Ⅲ. 米国での取り扱い（消尽論と laches）

これまでの学説や実務では standstill と消尽論の関係について、法的性質に踏み込んだような議論は、あまりなされて来なかった。standstill 条項は、ライセンスや権利不主張ではなく、権利救済の遅延であり、何もまだ許諾していないことを建前とする。そのため、まだ authorized sale は発生しておらず、消尽のトリガーにならないということで米国法を準拠法とする国際契約実務家の間で徐々に浸透しつつある。

他方、standstill に対するディフェンスに有効なものとして、英米法上は、laches（懈怠）の適用があり得る。すなわち、standstill 合意の下、特許権者が、侵害を知ったとき（あるいは、侵害を知り得たとき）から不合理な期間侵害者に対する権利行使を怠り、それにより侵害者を害した場合、laches の法理により救済が妨げられるリスクがあるといえる。*SCA Hygiene Products* 判決[4]により、特許侵害については laches の法理の適用はなくなったが、契約法上の衡平法的救済としての laches の法理はまだ残っていると考えられ、standstill 条項との関係で再び laches の法理が取り上げられる可能性はある。このリスクを防ぐには、契約段階において、両当事者でコモンロー上の時効の中断を約することに加え、laches の不行使を約する必要があろう。

Ⅳ. 我が国における示唆（債権法改正を契機に）

日本法の文脈では、standstill とは何を意味するだろうか。そもそも日本においても、standstill に対するニーズが存在するのかがまず問題となろう。実務における位置づけとしては、まずワールドワイドな包括ライセンスなどで、米国特許や日本特許など特許権者が有する全世界における特許権を対象としたライセンス契約の中で standstill が登場する場合である。この場合、英文の契約書が用いられ、契約の準拠法は英米法となる可能性が高いが、そ

---

4) SCA Hygiene Prod. Aktiebolag v. First Quality Baby Prod., LLC, 137 S. Ct. 954, 197 L. Ed. 2d 292（2017）.

れでも日本国の特許権を含む standstill が合意されることも想定できる。

次に、日本企業同士の包括クロスライセンス契約などで、英米法に準じた standstill と同じような合意が実務上なされることが想定される。日本では、権利不主張が特許消尽のトリガーとなってしまうのかどうかが判例上明らかではない。しかしながら、米国などと同じく、権利不主張が特許消尽のトリガーとなってしまうというリスクをおそれ、実務上、権利不主張ではなく standstill 同様の規定が求められるということを想定することに実務との乖離は少ない。

従来の日本の民法では、standstill 条項のような合意による時効の中断あるいは更新が認められていなかった[5]。先に挙げた standstill 条項を例とすると、期間を限定した不起訴合意と、時効利益の放棄（あるいは時効期間延長の合意）の組み合わせ、とみることもできよう。不起訴合意はともかく、日本法での制度上、この時効利益の放棄の効力は必ずしも認められるとは限らない。

一方、2020 年 4 月 1 日施行の民法の一部を改正する法律（平成 29 年法律第 44 号、以下、「改正民法」という）により、期間に上限はあるものの、協議を行う旨の合意による時効の完成猶予が新設された（改正民法 151 条）。本条は、当事者間で協議を行う旨の合意がなされた場合に、時効の完成が猶予される制度を新設し、それに必要な規定を定めたものである[6]。この改正民法 151 条の趣旨は、①協議を行う旨の合意における権利者の義務者に対する権利行使の意思と、②自主的な紛争解決の促進の要請である[7]。

> 改正民法 151 条
> 権利についての協議を行う旨の合意が書面でされたときは、次に掲げる時のいずれか早い時までの間は、時効は、完成しない。
> 一　その合意があった時から一年を経過した時

---

5) 香川崇「協議を行う旨の合意による時効の完成猶予」佐賀大学経済論集（栗林佳代准教授追悼号）52 巻 4 号（2020 年）1 頁は、旧法について、「時効期間を延長する合意、時効の起算点を遅らせる合意、中断や停止条件を追加する合意などはいずれも無効」としている。

6) 野村豊弘「［法改正の動き］民法改正と知的財産法制」高林龍ほか編『年報知的財産法 2017-2018』（日本評論社、2017 年）7 頁。

7) 香川・前掲＜注5＞15 頁。大村敦志＝道垣内弘人『民法（債権法）改正のポイント』（有斐閣、2017 年）76 頁［石川博康］。

>   二　その合意において当事者が協議を行う期間（一年に満たないものに限る。）を定めたときは、その期間を経過した時
>   三　当事者の一方から相手方に対して協議の続行を拒絶する旨の通知が書面でされたときは、その通知の時から六箇月を経過した時
>   2　前項の規定により時効の完成が猶予されている間にされた再度の同項の合意は、同項の規定による時効の完成猶予の効力を有する。ただし、その効力は、時効の完成が猶予されなかったとすれば時効が完成すべき時から通じて五年を超えることができない。
>   3　催告によって時効の完成が猶予されている間にされた第一項の合意は、同項の規定による時効の完成猶予の効力を有しない。同項の規定により時効の完成が猶予されている間にされた催告についても、同様とする。
>   4　第一項の合意がその内容を記録した電磁的記録（電子的方式、磁気的方式その他人の知覚によっては認識することができない方式で作られる記録であって、電子計算機による情報処理の用に供されるものをいう。以下同じ。）によってされたときは、その合意は、書面によってされたものとみなして、前三項の規定を適用する。
>   5　前項の規定は、第一項第三号の通知について準用する。

　この協議を行う旨の合意による完成猶予は、知的財産権の行使にも適用され得るため、英米法のstandstillと似た効果を有するといってよい。したがって、本改正民法と特許消尽との関係や当然対抗との関係を検討することは意義があると考えられる。ただし、民法151条第1項の合意がstandstill条項と似た効果があったとしても、standstill条項がすなわち改正民法151条第1項の合意と解されると直ちに結びつくものではないことには留意を要する。個別の協議の状況や合意の内容を吟味して判断されるべきものであるからである。

　また、この改正民法151条は、原則としては1年未満の「協議を行う旨の合意」であり、再度の合意があれば最大5年まで協議ができるというものであり、相手方との協議を前提とし、その消極的効力として時効の完成を猶予するものである。他方、standstillは、相手方との協議を前提とせず、積極的に時効完成の猶予を認めるものである。したがって、この改正民法151条第

1項の合意は、英米法にいうところのstandstillとは少し異なる。

改正民法上の協議を行う旨の合意は、ライセンスでもなく、権利不主張でもないため不作為請求権の付与もなされておらず、もともとの特許権に何らの制約をするものでもないので、特許消尽のトリガーにはなり得ず、当然対抗の対象にもならないと解される。

ここで、グローバル企業などが締結する全世界（ただし、実際の効果は特許保有国に限られる）を対象としたワールドワイドなstandstill契約と、改正民法151条の「協議を行う旨の合意」との関係について考えてみる。先にも述べたように、改正民法での時効猶予期間は最大で5年間である。一方、英米法ベースでの実務上のstandstill契約は10年にも及ぶ場合がある。ライセンス交渉はワールドワイドということで特許取得国の全てを対象とした包括的なライセンス契約が結ばれることがある。とすると、ワールドワイドに10年間のstandstillを締結すると、日本改正民法の5年の上限を超えた時効猶予契約がなされてしまうことになる。これをいかに解するか。

具体的な説例を下記のとおり示す。

> 説例
> 2020年4月に特許権者A社は、半導体メーカーB社の米国特許権侵害を知り、B社の製品とA社の米国特許の関係を示したクレームチャートを、B社に提示した。A社の特許権は、WiFi技術に関連するものである。
> その後、2020年9月に、A社とB社は和解に至り、書面によりstandstill契約を締結した。このstandstill契約の契約期間は、10年間であり、契約の準拠法はカリフォルニア州法であった。standstill契約の対象特許は、米国特許以外にも日本特許を含む特許ファミリー全てを含んでいた。
> A社はその後、B社半導体製品の顧客であるスマホメーカーC社に対しても、同じ米国特許を行使した。
> A社は、2027年5月に日本において、B社に対して権利行使をすることができるか。

このような事例は、電機業界では今後しばしば起こり得ると予測される。まず、本件のような場合、どの国の法律によって解決が図られるべきであ

ろうか。国際私法上の準拠法が問題となる。standstill 契約の準拠法は、当事者の合意により、カリフォルニア州法となっている。一方で、特許権侵害は侵害製品が製造販売されている国の法律で判断されることになろう。その場合、時効はどの国の法律で決するべきか。

平成 18 年 6 月に「法例」が改正され、「法の適用に関する通則法（平成 18 年法律第 78 号、平成 19 年 1 月 1 日施行。以下、「通則法」という。）」が施行された。米国特許権侵害の準拠法が問題となった、カードリーダー最高裁判決[8]は、通則法施行前の法例時代の判決ではあるが、特許侵害に基づく損害賠償請求を法例 11 条の不法行為の問題と法性決定している[9]。通則法施行後の下級審判決[10]も、特許権侵害に基づく損害賠償請求権を法例下と同じく不法行為の問題と法性決定し、通則法 17 条を適用している。通則法 17 条に従うと、不法行為によって生ずる債権の成立及び効力は、加害行為の結果が発生した地の法によるため、日本国の特許権の侵害が行われた日本法ということになろう[11]。損害賠償請求や不当利得返還請求の時効の問題についても、不法行為によって生ずる債権の成立及び効力として加害行為の結果が発生した地と解釈してよいのではなかろうか[12]。

とすると、たとえ standstill 契約についてカリフォルニア州法を準拠法としていたとしても、日本法（改正民法）が適用されることとなる。

上記の前提で、改正民法が適用されるとして、standstill 契約の期間が 10 年であるのに対し、改正民法上は協議を行う旨の合意の期間は原則 1 年であり、再度の合意による完成猶予の延長は、本来の時効期間の満了から起算し

---

[8] 最高裁平成 14 年 9 月 26 日判決（民集 56 巻 7 号 1551 頁、判時 1802 号 19 頁）。
[9] 法改正による様々な変更が加えられた通則法の諸規定の下で、法例時代になされたカードリーダー判決による法性決定や解釈論がそのまま妥当するかについて論じたものとして、申美穂「法の適用に関する通則法における特許権侵害」特許研究 57 号、(2014 年) 21 頁以下参照。
[10] 東京地裁平成 25 年 2 月 28 日判決（判タ 1390 号 81 頁）〔アップルサムスン事件〕。
[11] なお、法例時代は、不法行為も不当利得もその原因事実の発生地の法とされていたが（法例 11 条）、通則法では、不法行為と不当利得は別の規定となり（通則法 14 条・17 条）、不法行為については加害行為の結果発生地国の法となった。
[12] 中西康ほか『国際私法（LEGAL QUEST［第 3 版］第 2 刷）』（有斐閣、2023 年）253 頁は、「17 条以下の不法行為の準拠法に関する規定は、不法行為能力、不法行為の成立…、損害賠償請求権者、不法行為の効力（賠償方法、賠償範囲、過失相殺、時効…など）に適用される」として、「時効」も列挙している。

て最長で5年とされている（改正民法151条2項）。この点をどう解するべきかが問題となる。

　この規定が上限を5年としているのは、「余りに長い期間協議の合意を継続できることを認めると濫用の恐れ（原文ママ）があるから」とされる[13]。しかし、10年だと濫用のおそれがあり、5年だとそれがないという根拠はあまりないと思われる。この規定が強行規定なのか任意規定なのかは立法経緯を見てもはっきりしないが、濫用のおそれを防ぐ趣旨からすると強行規定であると解されよう。また、再度の合意による完成延長の上限が到来したにもかかわらず、当事者がこれを看過し交渉を継続する場合であって、当該交渉によって、訴えを提起しなくとも債務の履行が期待できるという債権者の誤信を債務者が強めていた場合については、禁反言の原則により債務者が時効の援用を認められないという可能性も指摘されている[14]。

　上記設例では、2020年4月に特許権者A社は、半導体メーカーB社の米国特許権侵害を知ったとある。同じ時期に対応する日本特許の侵害も知ったとするならば、そこから時効が起算されるが、2020年9月に締結されたstandstill契約が原則としては改正民法上の「協議を行う旨の合意」であると判断されると、1年間は時効が完成しない。この説例では、日本において「再度の協議」が行われていないので、完成猶予の期間は1年ということになるという判断もあり得よう。「再度の協議」があれば最大5年まで協議ができることになる。

　改正民法の5年の上限を超えないが、侵害を知った日から3年を超えた期間、すなわち、侵害を知った日から3年から5年の間に権利行使をすれば、時効にかかっていないので、侵害訴訟を提起できる（ただし、この場合は、standstill条項における不起訴合意に違反として債務不履行の点は争いになろう）。しかし、一旦特許権者が訴訟提起すれば、裁判上の請求により、改正民法147条に基づき時効の完成猶予または更新がされることになる。

---

13) 香川・前掲<注5>18頁。法制審議会民法（債権関係）部会第92回会議議事録（平成26年）24頁［合田発言］は、実務上は5年程度あれば、協議の期間として十分ではないかという意見があった点や協議による時効の完成猶予の制度を設けることについては、パブリックコメント等でも濫用のおそれがあるとの指摘があった点を指摘している。
14) 香川・前掲<注5>18頁。

改正民法の5年の上限を超えた時効猶予期間中に特許権者が相手方を訴訟等した場合であって、既に特許侵害を知った日から3年を経過しているときなどは、損害賠償請求権については民法上時効の猶予が認められず、当該損害賠償の請求権については、時効にかかると考えられる。一方、まだ損害賠償請求権に関する時効が完成していない場合であっても、一旦特許権者が相手方を訴えて、特許権の行使をすれば、特許権に基づく損害賠償請求権の消滅時効は、裁判上の請求により、改正民法147条に基づき完成猶予または更新されると考えられる。ただし、ワールドワイドに10年間のstandstillとして訴訟等されても時効を援用しないと約していた約定に反するという限度で契約違反という債務不履行は認められるから、相手方はその債務不履行責任を負うと解される。

なお、不当利得返還請求権については、権利侵害を知ったときから5年、または、権利侵害発生から10年経過している場合は請求できない点に留意すべきである（改正民法166条第1項）。

V．その他の課題

その他の課題について付言する。このstandstillについて、対価設定がなされている場合、どのようにその価値を判断するか。通常のライセンスや権利不主張であればロイヤリティという形で対価設定をし、対象製品の販売価格にあるパーセンテージを掛けて計算することや一括金の額を計算することも可能である。しかしながら、standstillの場合、まだ特許権のライセンスをしたわけではないから実施料の設定という概念はなじみにくい。かといって、英米法における契約では約因（consideration）が必要であるから、何らかの対価性は必要となってくる。

会計上も国際会計基準（International Financial Reporting Standards, IFRS）上でどのように取り扱われるのかという問題がある。IFRSでは、通常のライセンスの場合、契約締結時に収益認識をして会計処理をする、というのが国際的なスタンダードになりつつあるが、standstillの場合、たとえ一定の対価が設定されていても、standstill期間の満了まで権利行使が留保されている

だけであり、その後の権利行使は認められる。したがって、standstill の契約時にロイヤリティとして収益認識するわけにはいかないはずである。この点は整理が必要である。

　税務面でも、同様に、未知の点が種々ある。国際契約の場合に、租税条約などをどのように適用させるのか、standstill の対価を、例えば、日米租税条約にいう「使用料」として取り扱ってよいのか、など税務面からも検討がなされる必要がある。

　また、standstill は単体で契約がなされる場合もあるであろうが、それよりも、通常のライセンスや権利不主張、または springing license（発生的ライセンス、特許権者が特許権を他人に譲渡等した場合に、相手方に対してライセンス許諾を約する契約を指すことが多い）[15]といった様々な枠組みと合わせて複合的に使用される枠組みであると考えられる。このような複合的な契約の場合に、standstill 部分の価値評価をどのようにするのか、それとも契約全体としての価値評価で足りると考えるのか、も課題であろう。

VI. 結びにかえて

　本章では、知的財産権における standstill とは何かを検討した。しかしながら、まだまだ新しいタイプの契約であり、実務や判例・学説のなどの蓄積がほとんどない分野である。今後、様々な立場からの議論がなされるべきである。特に、消尽論との関係では、近い将来、この standstill の法的性質や効果が明らかになる日が来ると予想される。standstill は、まだ権利を行使していないのだから、権利不主張の約束とも言えず、よって不作為請求権は未だ許諾されていない、という論法は一見説得力があるようにも思われる。しかしその一方で、ライセンスではなく standstill であるといえば、ライセンス許諾では当然に発生するはずの消尽論の適用を当事者間の約定で除外できてしまうことにもなる。この点をどのように評価すべきであろうか。私見としては、①ある権利をある人には行使しないと規定する場合、②ある権利を

---

15) 拙稿「発生的ライセンス（"Springing License"）の研究—特許流通に平和をもたらすか—」Law & Technology 第 78 号（2018 年）33 頁以下参照、本書第 3 章参照。

ある対象製品には行使しないと規定する場合、③ある権利をある時期には行使しないと規定する場合のいずれもが権利不主張の態様に他ならないのだから、③の場合だけをことさらに standstill として例外的な扱いを認めないという見解もあり得ると考える。我が国では、特に、改正民法 151 条との関係が問題になる日が来るであろう。③の場合であっても、改正民法 151 条の要件を満たす場合のみ時効の完成猶予が認められると解するのが日本法に則した解釈になるであろうが、その場合国ごとに対応が変わり、煩雑な管理になるというデメリットもある。近い将来、裁判所において精査がされる日が来た時に、わずかでも本章が参考になれば、と祈るばかりである。

第 3 章　特許法における発生的ライセンス
("Springing License") の研究
——特許流通に平和をもたらすか——

I．はじめに

　特許権を保有する企業が、特許権利行使主体（Patent Assertion Entity, "PAE"）[1]に特許権を譲渡し、PAE からターゲット企業に対し権利行使する特許私掠船（patent privateer）[2]の設立を行うことがある。これに対し、グーグル社は、License on Transfer（"LOT"）という枠組みを推進している。この枠組みでは、PAE に特許権を譲渡した場合に、枠組みに加盟している会社に自動的にライセンスが発生する[3]。この LOT に代表されるような発生的ライセンス（springing license）は、ある条件を満たしたときに自動的に発生（spring）するライランスを指す。しかし、このようなライセンスが法的にどのような意義を有するのかを研究した和文による文献は少ない[4]。

---

[1] 数年前までは、米国などでは特許発明の実施の事業をもたず特許権を保留している主体を Non-Practicing Entity（"NPE"）と呼ぶことが一般化していた。しかし、大学や個人発明家などの純粋な特許保有主体と、業として特許権を主張してライセンス料などを取得することを主な事業としている主体とを区別するため、最近では Patent Assertion Entity（"PAE"）という言葉が使われるようになってきた。"FTC Report Sheds New Light on How Patent Assertion Entities Operate ; Recommends Patent Litigation Reforms," Federal Trade Commission Press Release（Oct 6. 2016）などを参照。

[2] 私掠船の歴史は、1243 年にイングランド王ヘンリー 3 世が自国の商船の船長に対し、他国の商船を攻撃し、その船から奪った積荷などの捕獲物の半分を国王に上納する許可状を与えたことに始まる。17 世紀に入るとヨーロッパ列強の各政府は、大西洋に無数にいた海賊たちを傭兵のごとく雇い、私掠船として他国の海商を妨害・破壊した。これに対し、列強諸国は対策を講じ最終的には、1856 年のパリ宣言にて私掠船利用を相互に放棄することで幕引きされた。この間、私掠認可状の最初の発行から幕引きまで実に 600 年以上の歳月がかかっている。稲本守「欧州私掠船と海賊―その歴史的考察」東京海洋大学研究報告 5 巻（2009 年）46 頁以下。なお、パリ宣言では、私掠行為を現在も将来も禁止しており、永久的な私掠行為の禁止を国際法に盛り込んだ。

[3] Kent Richardson and Erik Oliver, "What's inside IV's patent portfolio?" Intellectual Asset Management July/August 2014, at 25.

[4] 数少ない日本語文献としては、守屋文彦「特許の活用について」パテント 70 巻 4 号（2017 年）15 頁。

そこで、本章は、発生的ライセンスの元になった英米法上の不動産法における将来的不動産権に簡潔に触れたうえで、特許法における発生的ライセンスついて検討し、知的財産攻防をめぐる実務上の留意点を明らかにすることを目的とする。

Ⅱ．発生的ライセンスとは

　発生的ライセンスについて各国の特許法上、決まった定義があるわけではないが、和文記事によると、「自社の特許権を他社に譲渡した場合に、相手方に対して無償のライセンス許諾を約する契約形態である」と認識されている[5]。これは先にあげたように、グーグル社が提唱するLOTの枠組みのインパクトが強く、springing licenseといえばPAE対策であるというイメージがあるからであろう。しかし、発生的ライセンスは必ずしも特許権を譲渡した場合にのみ発生するものではなく、たとえば、訴訟の提起や第三者へのライセンス許諾などをトリガーとするものもあり得る[6]。

　また、ここでいうspringとは「発生」という意味であるので、和訳すると、発生的ライセンスということになるが、その逆の働きをするものとして、消滅的ライセンス（exploding license）という類型もある[7]。この類型のライセンスは、権利が何らかの条件の成就によって発生するという停止条件ではなく、条件成就により権利が消滅するという解除条件を有する。最近では、発生型および消滅型の両方を含んで未確定ライセンス（contingent license）と呼んでいる例もある[8]。

---

5 ）守屋・前掲＜注4＞22頁。
6 ）Miksche, Marlo T. and Roth, Steven W.(2014)"A Balanced Approach to Patent Utilization," Cybaris Ⓡ：Vol. 5：Iss. 1, Article 6. at 113. Available at：（http://open.mitchellhamline.edu/cybaris/vol5/iss1/6、2024年8月1日最終閲覧）
7 ）Michael N. Widener,"Safeguarding "The Precious"：Counsel on Law Journal Publication Agreements in Digital Times," 28 J. MARSHALL J. COMPUTER & INFO. L. 217, 231（2010），Miksche・前掲＜注6＞113頁。
8 ）Jeffrey D. Osterman and Debra A. Dandeneau,"*Bankruptcy and Modern Technology Transaction：An Old Bottle for New Wine*,"（2016）Norton Journal of Bankruptcy Law and Practice, Volume 25, Issue 3, 187.

Ⅲ. 英米不動産法上の発生的将来権

　米国特許法における発生的ライセンスを理解するうえで、その背景理解として、前提となる英米法上の概念の将来的不動産権について概観する。

　英米法の中では、不動産に関する権利は、現在ある不動産を排他的に使用・収益できる現在権と、将来において当該不動産を使用・収益できる将来権に分けられる。

　現在権には、日本の所有権とほぼ同一視できるような絶対的な使用・収益・処分権である単純不動産権（fee simple absolute）がある。一方、将来権とは、「現在その財産の占有が、現在その財産の占有・収益の権利を享受できず、先行する不動産権の終了など、期限の到来や条件が成就した時点で初めて現実の占有・収益を享受することができる権利」をいう[9]。将来権という名がついているものの、単なる期待利益ではなく現在の権利であり、利益を享受できる以前でも処分可能であり、その意味から物権的性格を持つ権利とされる。

　未発生将来権とは、将来権のうち、復帰権のように元の不動産の所有者に残るのではなく設定者以外の者に設定されるもので、残余権以外のものをいい[10]、移転的将来権（shifting interest）と、発生的将来権（spring interest）とがある。発生的将来権の例としては、ある不動産の所有者Oが、もしAがBと結婚した場合はAがその不動産の所有権を取得する、と約している場合などがあげられる。この場合、ある条件の成就とともにAに権利が発生（spring）するので発生的将来権という。

　この英米法上の不動産法における将来的不動産権という概念をベースに、発生的ライセンスという概念やその上位概念である未確定ライセンスという概念が用いられるようになった。

---

9) 田中英夫編『英米法辞典』（東京大学出版会、1991年）371頁。
10) 田中・前掲＜注9＞320頁。

Ⅳ．米国における取扱い

　米国においては、未履行契約のライセンサーが破産の申立てを行った場合、商標権を除く特許権等の知的財産について、破産管財人が実施許諾を拒絶した場合においても、ライセンシーはそのライセンス契約が終了したものとして扱うか、または、ライセンスを受けた技術に関する権利を保持するか、のいずれかを選択することができる（連邦倒産法365条(n)(1)項）。このとき、ライセンシーが、契約は終了したものと扱うことを選択した場合、ライセンシーは、その知的財産権に関する一切の権利を失うが、契約違反による損害賠償請求権を取得する。一方、ライセンシーが、ライセンスを受けた技術に関する権利を留保する選択をした場合、破産の申立てが行われる前に存在したライセンス条件に従って、ライセンス対象特許の実施を継続することができる[11]。

　この連邦倒産法365条(n)(1)項が適用されるには、ライセンス契約が未履行であることが要件とされているが、はたして未確定ライセンスは未履行契約か―この点が争われたのが、*In re Storm Technology* 事件[12]および *In re Lakewood Engineering* 事件[13]である。

　In re Storm Technology 事件では、結論として、まだ条件を成就していない未確定ライセンスは連邦倒産法365条(n)(1)項にいう未履行契約にはあたらないとされた。

　本件は、特許権者のLogitech社がStorm Technology社に、スキャナー技術に関する特許権の対価$9Mを、$5Mの現金と$4Mの手形に分けて受領することを約していた事案である。この手形が第一の期限までに支払われなかった場合は、手形の期限が第二の期限まで延長され、その第二の期限までに手形が満額支払われなかった場合は、Logitech社に対しライセンスが無償

---

[11] 知的財産研究所「主要国等における産業財産権の設定及び移転に係る手続及びその第三者対抗要件に関する調査研究」知財研紀要 Vol.14（2005年）14頁。
[12] In re Storm Technology, Inc, 260 B.R. 152, 45 Collier Bankr. Cas. 2d（MB）1652（Bankr. N.D. Cal. 2001）.
[13] In re Lakewood Engineering & Mfg. Co., Inc., 459 B.R. 306（Bankr. N.D. Ill. 2011）.

で許諾されるというものであった。Storm Technology 社は第一の期限を徒過し、連邦倒産法第 11 章に基づく再建型倒産手続きを申請した。Storm Technology 社の管財人は、対象の特許権の競売を行い、当該スキャナー関連特許権は Maxi Switch 社の手に渡った。これに対し、Logitech 社が連邦倒産法 365 条(n)(1)項に基づいてライセンスを受けた技術に関する権利を保持することを求めたのが本件である。

北部カリフォルニア破産裁判所は、連邦倒産法 365 条(n)(1)(B)項の文言が「倒産手続の開始時の直前にそのような権利が存在している」ことを要求していることから、本件の場合、倒産手続の開始時には、まだ第二の期限が到来していなかったのでライセンスが発生していなかったことから、本件の未確定ライセンスは連邦倒産法 365 条(n)(1)項にいう未履行契約にはあたらないとされた。

一方、*In re Lakewood Engineering* 事件では、結論は逆になり、当該事件での未確定ライセンスは連邦倒産法 365 条(n)(1)項にいう未履行契約にはあたるとされた。本件では、特許権者である Lakewood 社が換気扇の製造委託を CAM 社に依頼する際に、Lakewood 社向けにつくられた製品を Lakewood 社が買わなかった場合に他社向けに販売することができるライセンスを許諾することを約していた。後に Lakewood 社に対する強制破産手続が開始された時点において、CAM 社の未確定ライセンスが連邦倒産法 365 条(n)(1)項にいう未履行契約にあたるかが争われた。

北部イリノイ破産裁判所は、①CAM 社がすでに Lakewood 社の知的財産を使用して Lakewood 社向けに製品を製造していたこと、②*In re Storm Technology* 事件におけるライセンスは債務の支払いを担保するためのものだったのに対し、本件でのライセンスはライセンシーの投資（CAM 社の主張では、＄1M 以上投資をしていたとのことである）を補填するものであったことから *In re Storm Technology* 事件とは事実関係が異なり区別され、連邦倒産法 365 条(n)(1)(B)項により、破産管財人による実施許諾の拒絶を免れ、ライセンスを受けた技術に関する権利を保持すると結論づけた。

知的財産法と破産法に精通した Jeffrey Osterman 弁護士らは、発生的ライセンスについての判例がとても少ないにもかかわらず、上記のように全く違

う結論となっている状況を指し、供給契約における発生的ライセンスの問題にどのように対処すべきかについて判例は何のガイダンスも示していないと指摘している。

では、発生的ライセンスと当然対抗の関係はどうなるであろうか。米国では、元の特許権者から実施許諾を受けたライセンシーは当該特許権を譲り受けた新たな特許権者に対し、当該実施許諾について対抗できるという当然対抗制度が古くから判例で認められている[14]。京都大学の愛知靖之教授によると、この当然対抗の条文上の根拠は、「登録されていない限り善意の第三者には対抗できないと定める特許法261条からライセンスが除外されているという点のみである」という[15]。したがって発生ライセンスの対抗要件がどのように取り扱われるかは今後の判例を検討しなければわからない。しかし、当然対抗に関する判例の多くが、後に特許を譲り受けた者（subsequent assignee）という言葉を使っている。たとえば1893年の事件は、「後に特許を譲り受けた者は、既存のライセンスに服し、自らの責任で既存ライセンスの存在を自らに知らせるために最善を尽くす義務がある」[16]（傍点は筆者）とし、ライセンスの有無について元の特許権者に対し、デューデリジェンスを行う義務を課している。

発生的ライセンスが、特許権の譲渡と同時に自動発生する場合に米国における対抗関係がどうなるのか必ずしも明らかではない。判例上は「後に特許を譲り受けた者」という言葉が使われているので、特許権の譲渡とライセンスの発生が同時の場合は当然対抗の適用はないともいえる。しかし、発生的

---

14) See, e.g., LL Brown Paper Co. v. Hydroiloid, Inc., 118 F. 2d 674, 677 (2d Cir. 1941) ; In re Cybernetic Servs., Inc., 252 F. 3d 1039, 1052 (9th Cir. 2001) ("It had long passed into the textbooks that…an assignee acquired title subject to prior licenses of which the assignee must inform himself as best he can, and at his own risk.") (citing inter alia, Keystone Type Foundry v. Fastpress Co., 272 F. 242, 245 (2d Cir. 1921)) ; *Jones v. Berger*, 58 F. 1006, 1007 (C.C.D. Md. 1893) ("A subsequent assignee take title to the patent subject to such [unrecovered] licenses, of which he must inform himself as best he can at his own risk.") Boehringer Ingelheim Vetmedica, Inc. v. Merial, Ltd., 2010 U.S. Dist. LEXIS 6819 (D.C. Conn. January 14, 2010).
15) 愛知靖之「アメリカにおける当然対抗制度」日本工業所有権法学会年報35号（2011年）125頁。
16) 瀬々敦子「米国ビジネス法の解説～その25 不動産法(2)不動産法上の諸権利(2)将来権～」国際商事法務40巻12号（2012年）1864頁。

ライセンスによってライセンスが特許権の譲渡と同時に発生した後、特許権の譲受人からライセンシーが権利行使を受けた際に、ライセンシーが譲受人に対し、ライセンスがあることを対抗できなければ、発生的ライセンスを締結した意味がなくなってしまう。したがって、発生的ライセンスを有効に発効させようとすると、実際には、元の特許権者によるライセンス許諾が先になされ、その後当該特許権が新たな特許権者に譲渡されるという先後関係と解釈し、当然対抗を認めるということになるのではないかと考える。

V．大陸法における取扱い

では、ドイツや日本など大陸法系の法体系を採用する国々において発生的ライセンスはどのように解釈されるか。この点、ドイツやわが国では今まで争いになって裁判になるまで表面化していないようである。先のLOTはグーグル社により日本企業に対しても加盟・締結が推進されており、判例・学説を待つまでもなく、実務が先行して進んでいるといえる。

ドイツにおいては、米国の連邦倒産法365条(n)(1)項のような未履行ライセンスの保護規定が存在していない。2007年の倒産管財人の選択権を制限する倒産法改正案は未成立に終わった[17]。したがって、ここでは条文上に規定のあるドイツの当然対抗の取扱いについて検討する。

この点、ドイツ特許法の基本書では、springing licenseという英米法由来の用語は用いられておらず、予備的契約（vorvertrag）または選択権（option）という概念についての記述がある、たとえば、ドイツ特許法15条3項の当然対抗が適用される要件として、「ライセンス契約が特許権の譲渡時に有効に成立していなければならない。予備的契約や選択権の当事者はドイツ特許法15条3項の適用を受けない」との記載がある[18]。予備的契約とは、たとえばLetter of Intent（"LOI"）のように、交渉段階での権利義務関係を規律するための契約をいう[19]。また、ここでいう選択権とはライセンスを受けるオプ

---

17) 横山久芳「ドイツにおける当然対抗制度」日本工業所有権法学会年報35号（2012年）155頁。また、*Jaffe v. Samsung Elecs Co., Ltd.*, 767 F. 3d 14 (4th Cir. 2013) は、米国の連邦倒産法365条(n)(1)項のような未履行ライセンスの保護規定がドイツに存在しないことを議論している。

18) Benlard/Ulmann, Patentgesetz, 10. Aufl., Verlag C.H. Beck, 2006, §15. Rn. 112.

ション権であり、契約期間の間に当事者の一方が特許権者に対し、ライセンス許諾を請求する権利を意味する。これらの権利は、いまだ有効に成立した権利とはいえないため、特許権の譲渡時に行使されていなければ当然対抗の対象にならないのである。これは、ドイツ特許法15条3項の文言が、「権利の移転又はライセンスの付与は、その前に他人に付与されているライセンスに影響を及ぼさない」[20]と、権利の譲渡前に有効に許諾されていることを要しているという文理からみても素直な解釈である。条文上は明らかに「その前に」という文言があるので、文理上は権利譲渡とライセンスの発生が同時の場合は本条の適用はないというべきであろうか。しかし、発生的ライセンスによってライセンスが権利譲渡と同時に発生した後、特許権の譲受人からライセンシーが譲受人に対し、ライセンスがあることを対抗できなければ、発生的ライセンスを締結した意味がなくなってしまう。

日本においても、平成16年破産法改正により第三者対抗要件の具備によって使用収益権に関する双方未履行の相見契約の保護が可能になった。これにより、破産の場合にも通常実施権は保護されることとなった[21]。ライセンス契約については破産法56条1項の「登記、登録その他の第三者に対抗することができる要件を備えている場合に該当する」と考えられるからである[22]。では、発生的ライセンスの場合、当然対抗の対象になるか。

平成23年に改正された日本特許法99条は、通常実施権は、「その発生後に」その特許権等を取得したものに対しても、その効力を有すると規定する。ここで、「その発生後に」とあるので、発生的ライセンスの場合、通常実施権の発生と権利譲渡とが同時に起こるとすると、この改正特許法99条の適用がどうなるのかは必ずしも明らかではない。しかし、ドイツ法の場合と同様に、現実的には、特許権を移転してしまうと、元の特許権者は特許権を有してい

---

19) 池田清治「契約交渉の破棄とその責任(3)：現代における信頼保護の一態様として」北大法学論集42巻3号（1992年）704頁。
20) ドイツ特許法の和訳は特許庁ホームページが提供する仮訳によった。
21) 樋口収ほか「ライセンス契約と当然対抗制度の限界についての一考察」「現代型契約と倒産法」実務研究会編『現代型契約と倒産法』商事法務（2015年）303頁。
22) 産業構造審議会知的財産政策部会特許制度小委員会報告書「特許制度に関する法制的な課題について」（2011年）4頁、中山信弘＝小泉直樹編『新・注解特許法［別冊］』（青林書院、2012年）79頁［松山智恵］。

ないため、発生的ライセンスの相手方にライセンスを許諾することができない。したがって、ライセンスと権利譲渡が同時といっても、発生的ライセンスを有効に発効させようとすると、実際には、元の特許権者によるライセンス許諾が先になされ、その後当該特許権が新たな特許権者に譲渡されるという先後関係になるだろう。この点は、発生的ライセンスを締結する際に契約上、先後の関係を明確にし、疑義をなくす必要がある。

Ⅵ. 留意点

このように各国の現行特許法や判例ではまだその取扱いが不明確である発生的ライセンスであるが、ここでは実務上の留意点を検討する。

まず、通常のライセンス契約と同様にどのような範囲でライセンスが発生するのかを明記すべきである。ライセンスの対象製品、対象特許、使用用途、許諾行為、ロイヤリティ、許諾期間はどうなるのか。発生するのは、ライセンスなのか権利不主張なのか[23]。発生的ライセンス固有の対価はあるか（すなわち、ライセンスに対するロイヤリティのほかに、発生的ライセンスを締結するために支払う対価はあるか）。これらは非常に重要である。単に、ある条件を満たせばライセンスが発生するという一文では範囲が不明確になり後々どの範囲での許諾があったか当事者で紛争になりかねない。したがって、理想的には発生的ライセンス契約書の添付書類として、別途これらを明確にしたライセンス契約書が添付されていることが望ましく、これにより疑義のない範囲での許諾が明確になる。

米国においては特許権の譲渡は当事者間の契約で行われ特許庁への登録が効力発生要件となっていない。したがって、発生的ライセンスの保持者に対し特許権譲渡があった旨の通知がなければ発生的ライセンスの保持者が特許権の譲渡を知ることができない。現実的に発生的ライセンスを効果的に発効させるには、「特許権者は、発生的ライセンスの保持者に対し、当該特許権を

---

23) ライセンスと権利不主張の異同については拙稿「特許法における『権利不主張』をめぐって―権利不主張の法的性格と当然対抗制度について―」知財管理64巻6号（2014年）916頁以下、本書第1章参照。

第三者への譲渡する前にライセンスを別紙に定める条件で許諾することを約する」旨の条項とともに、対象特許権の第三者への譲渡を発生的ライセンスの保持者に対し通知することを求めるべきであろう。ライセンスの発生の条件を停止条件とするか解除条件とするかは達成しようとするビジネスの内容に依存するが、一般的にはすでに発生したライセンスを解除することはライセンシーにとって不測の不利益や設備投資の廃棄などを招くのでライセンシーとしては受けるメリットが少ないのではないだろうか。

　また、ここでいう移転先の第三者の定義としていかなる第三者に対する移転も含むのか、PAE に限定するのか、などを明確にして、どのような移転先であればライセンスが発生するのかを規定するべきであろう。契約上、PAE という概念は定義しにくく[24]、当事者間による合意も難しいかもしれない。また、仮に定義に合意できた場合であっても、具体的な取引実態がわからなければその定義に含まれるのか明確に判定することは難しい。さらに、そのような第三者に対する移転とは、通常の特許権売却のような譲渡だけをいうのか、専用実施権の許諾や独占的通常実施権の許諾を含むのか。また、元の特許権者から新特許権者への移転に瑕疵があり、権利が元の特許権者に戻った場合はどうなるのか、など当事者間で起こり得るシナリオを十分議論して合意内容を契約に盛り込んでおくことが後々のリスクを低減することになる。

　さらに、発生的ライセンスを第三者に譲り渡すことはできるか。日本特許法94条1項では通常実施権の移転についても規定があり、通常の許諾による通常実施権であれば、実施の事業とともにする場合、特許権者の許諾を得た場合、一般承継の場合に移転することができる。ここで発生的ライセンスの場合はまだ発生していない通常実施権なので94条1項の適用はないと考えるのが自然であろう。であれば、当事者間の契約の中で、発生的ライセンスの移転の場合は、反対当事者の事前の書面による合意がなければ無効（null and void）であるなど、明確に記載しておくべきである[25]。

---

24) 前掲＜注1＞参照。
25) 英米法における契約の場合、契約上の権利の移転については事前同意がなければ効力がないというときに、null and void という語を入れておかないと、契約上の権利の移転そのものは有効になり、損害賠償請求ができるのみとなってしまうことに留意を要する。

Ⅶ. 結びにかえて

　先にあげたように、特許私掠船に対する対抗手段として、発生的ライセンスの相互許諾が進められてきているが、いまだ業界全体の合意形成ができたとまではいいがたい。パテント・トロールという言葉に象徴されるように、PAEへの特許譲渡はモラルに反する、したがって対抗策として発生的ライセンスが有効だ、という論調がある。はたしてそうであろうか。特許権利行使主体が原告として当該ターゲット企業に対し権利行使するとはいっても大半はロイヤリティ獲得目的であって、投資家に対して経済的リターンを配当することを大きな目的とする段階にとどまっていると考えられる。すなわち、特許権利行使主体の問題が特許発明の実施の事業に致命的な危機を与えるという状況になっているということではない。少なくとも米国では eBay 判決[26]以降、製造事業をもたない特許権利行使主体が差止請求権を行使できる余地は少なくなってきている。どの分野でも事業が思うようにいかず、特許を譲渡する立場になる可能性もあり発生的ライセンスをめぐる立場はさまざまである。ある特定の立場にのみ立ったポジション・トークであってはいけない。

　いずれにしても各国での判例・学説は極めて少なく、実務が先行して進んでいる分野である。PAEへの防御策として発生的ライセンスが有効であると判例で確認されれば、実際の裁判例をとおした分析が可能になると考えられ、その際にわずかでも本章が参考になればと祈るばかりである。

---

26) eBay v. MercExchange, L.L.C., 547 U.S. 388, 393, 126 S. Ct. 1837, 164 L. Ed. 2d 641 (2006).

第4章　特許権譲渡における価値評価
　——知財デューデリジェンスを通してみる特許権の価値——

Ⅰ．はじめに

　特許権譲渡における特許権の価値を実務上、どのように判断するか——端的に、これが本章のテーマである。特許権の流通が加速する米国だけでなく、日本においても、研究者を擁するメーカーの投資回収の手段として、特許権を譲渡してキャッシュ化することが一般的になりつつある。非コア事業では、事業の転地や事業譲渡などに伴い、従来のライセンスとは異なる特許権譲渡を中心としたキャッシュ化が行われ、弁理士や弁護士、企業の担当者も特許権譲渡に関与することが多くなってきた。本章では、知財デューデリジェンスや譲渡対象となる特許権の権利評価に関する実務を概観し、どのような点に留意する必要があるかなどを中心に考察を行う。

Ⅱ．特許権譲渡の必要性

　特許権は財産権であり、私有財産として譲渡可能であることは世界的に見て異論はない[1]。日本国特許法では、特許権の移転は、登録が効力発生要件となっている（特許法第98条1項）。移転は、一般的には、相続、合併等の一

---

1) 米国最高裁判所は、Oil States Energy Services, LLC v. Greene's Energy Group, LLC 事件において、当事者系レビュー（IPR）との関係で、特許権付与という行政行為が公権であると判示した。(This Court has recognized, and the parties do not dispute, that the decision to grant a patent is a matter involving public rights-specifically, the grant of a public franchise. Inter partes review is simply a reconsideration of that grant, and Congress has permissibly reserved the PTO's authority to conduct that reconsideration. Thus, the PTO can do so without violating Article Ⅲ. Oil States Energy Services, LLC v. Greene's Energy Group, LLC, 138 S. Ct. 1365, 1373 (2018))。しかしながら、本判決の射程は狭く、IPR の合憲性に関わる点について判断されたものであって、特許権が譲渡可能な「私有財産」であることには変わりがない。

般承継による移転と、譲渡等の特定承継による移転に分けられる。一方、米国特許法においては、特許庁への移転登録は第三者対抗要件に過ぎず、特許権は、契約などの書面（an instrument in writing）によって移転することが可能である（米国特許法 261 条）。

日本においては、特許権の譲渡は、「合併・事業再編等に伴う場合を除き、価格評価の困難等もありあまり頻繁には行われていない（担保についても同様である）。未活用の特許権の流通を円滑にすべきと主張される一方で、特許権を買い集める『パテント・トロール』の活動への懸念も示されている現状にある」とされている[2]。興味深いことに、企業出身者によって 1985 年に書かれた「特許法における黙示の許諾による通常実施権」では、「特許の商品化」という節で、「新しい産業革命の予兆が感じられる近年、企業においては技術革新の流れに乗るかどうかが盛衰のカギを握るとあって一斉に技術開発に邁進しているが、異業種からの参入など業際が不明確となり、産業化、企業間の開発競争は激化の一途をたどっている……各企業では、取得した工業所有権を経営戦略の中心に据え、単に自己の工業所有権を自ら実施するのみならず、他人に実施させて自己の技術系列に組み込みグループ化をはかるなど、利益の極大化をはかっている。他方、技術が複雑、多岐にわたり、工業所有権の権利関係が錯綜しているため、他人の工業所有権を実施せざるをえない場合も少なくない。このような状況から、工業所有権の譲渡や実施許諾は盛んで、いわゆる特許の商品化が進展している[3]」と 35 年以上経った現在でもそのまま通じるような内容が記載されている。

米国特許庁は、1981 年から 2014 年にかけて行われた特許権譲渡について技術分野ごとのデータを公表している（**図 1 参照**）[4]。このデータによると、特にコンピュータやコミュニケーションの分野で 2000 年代以降、特許権譲渡が盛んに行われてきていることがわかる。電気・電子の分野では 2012-13 年

2）愛知靖之ほか『知的財産法〔第 2 版〕』（有斐閣、2023 年）166 頁。
3）岩崎惠一「＜ビジネス・ロー・レポート 16＞特許法における黙示の許諾による通常実施権」判タ No. 539（1985 年）120 頁。
4）Alan C. Marco, Amanda F. Myers, Stuart Graham, Paul D' Agostino, Kirsten Apple, "The USPTO Patent Assignment Dataset : Description and Analysis". USPTO Economic Working Paper Series No. 2015-2（July 2015）Figure 9, 39.

Ⅱ．特許権譲渡の必要性　59

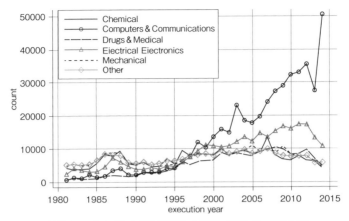

図 1　技術カテゴリごとの特許権譲渡の推移（1981 年〜2014 年）

をピークに右肩上がりの特許権譲渡件数となってきているようである。

　しかしながら、特許権の譲渡の件数が米国を中心に増加傾向にあるとはいえ、そもそも特許権というものは、他人に譲渡するために取得されるものなのであろうか。本来的には、特許出願をする際、発明者や出願人としては、他人に譲渡することを前提に出願するのではなく、自己で活用するために特許出願をし、特許庁との応答を通じて特許権を取得するものである。したがって、わざわざ自己で取得した特許権を他人に譲渡するのであれば、それ相応の必要性に差し迫られてなすものであろう。企業として、特許権を他社に譲渡する理由は様々である。研究開発コストの短期的回収のため、事業環境の変化に伴う資産譲渡や事業譲渡の一環として、維持年金負担からの解放、他の取引（ライセンス交渉など）の交渉材料として、など様々な理由が考えられる。企業の中でも様々な思惑により、特許権譲渡がなされるのであろう。

　本章では、企業間における特許権譲渡の場合に的を絞り、特許権譲渡の実務の中で特許権の対価をどのように評価するか、という価値評価について概観したい。

III. 知財デューデリジェンス

　企業間における特許権譲渡の実務において譲渡対象の特許権の価値評価に重要な影響を与えるのが、知財デューデリジェンスである。「デューデリジェンス…とは、M&Aにおいて、主にバイサイドが買収に関する最終判断を行うために、セルサイドや対象会社の協力を得て、対象会社に関する情報の収集や問題点を発見するための調査のことをいう」（傍線は筆者）とされる[5]。知的財産に関するデューデリジェンスとは、知的財産について、技術、ビジネス、財務、税務、法務など様々な観点から総合的に調査することを指し、事業としての総合的なリスク判断をするために重要なものである。このデューデリジェンス、そして知財デューデリジェンスは、必ずしも典型的なM&Aの文脈に限られるものではないと考える。特許ポートフォリオと呼ばれる資産譲渡やグループ事業の再編、スタートアップ企業へのオープンイノベーションなど、様々な場面で知財デューデリジェンスが活用されているためである。

　一般的には、図2のとおり、技術面、法律面、事業面の3つの観点から総

	種類	内容
知財デューデリジェンス	技術面	技術トレンド 必須性・代替技術の有無、汎用/専用技術、ノウハウの有無
	法律面	名義・共有者の有無、維持年金納付状況、有効期間、IDS、発明報奨 ターミナルディスクレイマー、二重譲渡、権利維持義務、無効理由、質権・抵当権、既存ライセンス、FRAND宣言、損害賠償請求権、係属中の訴訟、権利不主張、Springingライセンス
	事業面	売り上げ、利益率、将来性 顧客、競合、自社の状況（3C分析） 競業分析（5 Force分析）、バリューチェーン分析（VC分析）

図2　知財デューデリジェンスの種類と内容

---

5) TMI総合法律事務所＋デロイトトーマツファイナンシャルアドバイザリー合同会社編『M&Aを成功に導く　知的財産デューデリジェンスの実務（第3版）』（中央経済社、2016年）3-4頁。

合的に対象特許権について評価がなされる。技術面としては、技術トレンド、必須性・代替技術の有無、汎用/専用技術、ノウハウの有無などが検討される。法律面としては、名義・共有者の有無、維持年金納付状況、有効期間、IDS、発明報奨、ターミナルディスクレイマー、二重譲渡、権利維持義務、無効理由、質権・抵当権、既存ライセンス、FRAND宣言、損害賠償請求権、係続中の訴訟、権利不主張[6]、springingライセンス[7]などについて検討される。事業面では、売り上げ、利益率や将来性が分析されるとともに、顧客、競合、自社の状況（3C分析）、競業分析（5 Force分析）、バリューチェーン分析（VC分析）など、MBA式のフレームワークで分析されることもある。

　この知財デューデリジェンスの結果、定量的にリスクや機会が明らかになる。これらに基づいて、金銭的な対価の評価に影響がなされ、また、法的なデューデリジェンスで明らかになったリスクは、表明保証などにより譲渡契約の条文上で手当てされることになる。

　例えば、技術面からの分析で明らかになった技術トレンドや事業面からの分析で明らかになった対象製品または業界の売り上げ、利益率、成長率などは、直接的に譲渡対価に反映されるであろうし、法的な分析で明らかになった無効理由発見のリスクや既存ライセンスの内容などは、表明保証の条文でリスクに対する手当がなされる（もっとも、既存ライセンスの有無は、既存のライセンシーがマーケットにおけるシェアをどれぐらい確保しているか、とともに譲渡対価の金銭的な評価にも大きな影響を与えることは当然である）。

　このように、知財デューデリジェンスと特許権の価値評価は表裏一体になっており、いずれかのみを取り出して議論することはナンセンスであるといえる。例えば、ゴッホの絵を評価する際に、画商であれば、一体何の絵であるか、絵に傷はないか、いつ頃書かれたものか、市場価値はどれぐらいになるか、本当にゴッホが書いた代物であるか、など細部まで多面的にプロと

6）権利不主張と通常実施権の異同については国ごとに異なる。ライセンスと権利不主張の異同については、拙稿「特許法における『権利不主張』をめぐって─権利不主張の法的性格と当然対抗制度について─」知財管理64巻6号（2014年）916頁以下参照、本書第1章参照。

7）Springingライセンスの法的効果についての判例は米国に数件あるのみ。拙稿「発生的ライセンス（"Springing License"）の研究─特許流通に平和をもたらすか」Law & Technology第78号（2018年）33頁以下参照、本書第3章参照。

して評価するはずである。その上で、特許権の金銭的価値評価の場合だと後述するインカム・アプローチ、マーケット・アプローチ、コスト・アプローチ、DCF法といったいわゆる価値評価手法についてどれを使うかが吟味される。しかしながら、これらの算術的な価値評価手法はあくまで方法論であって、実際の知財デューデリジェンスでは、プロとして細かく検討してきた結果、腹の中でこの特許に価値ありと判断するカンの方が先行する場合が多いのではないかと考える。実際のところ、ある製品がたった1件の特許権を侵害しているのかどうかについて専業メーカーの専門家が弁護士とともに知財訴訟の現場で何年も争い、最高裁まで辿り着くまで決着がつかない、ということもある。無体財産という見えない権利を扱う以上、実際問題としてトライアルや判決の前日まで自分の判断は正しかったのかと、心揺さぶられ夜眠れなくなる実務家がいても何ら不思議ではない。ましてや、陪審裁判で最終的に価値を決める米国特許権において、客観的な価値評価は容易ではない。知財デューデリジェンスは、裁判と異なり、限られた時間の中で行われることが普通である。その中で専門家同士のプロの目利きが重要になる。その意味で価値評価に関わる弁理士や弁護士、企業担当者は常に自らが扱う特許権の市場価値というものを定量的に意識しておくことが肝要である。

Ⅳ．特許権の価値評価

1．3つのアプローチ

では、定量的な価値は、どれぐらいになるか。一般的には、特許権の価値評価の手法として、①インカム・アプローチ、②マーケット・アプローチ、③コスト・アプローチ、があると言われる。また、特許権の譲渡など、将来に渡る収入を売却時に一括して譲渡対価として支払うことが多いことから、将来に見込めるキャッシュフローに割引率などを掛けて現在価値を算出するディスカウント・キャッシュフロー法（DCF法）が用いられることもある。これらは、コンサルティング会社や会計会社を中心に、主としてM&Aの際における会社資産の価値評価を算定する際に用いられてきた手法を特許権などの知的資産の評価に応用したものといえる。会社資産の価値評価に慣れた

経営層や投資家などに広く受け入れられる考え方であろう。ただ特許権譲渡の実際の実務においては、後述するように、当該特許権が特許権行使主体（Patent Assertion Entity, "PAE"）[8]に渡った場合に、当該PAEと和解するのにどれぐらいの金額が必要かというニューサンス・バリュー・アプローチ[9]、当該特許権の権利行使に対する防御にかかる訴訟コストや無効化コストを考えるといくらになるかというトランズアクション・コスト・アプローチなども用いられる。

2017年に公表された特許庁および発明協会アジア太平洋工業所有権センターによる「知的財産の価値評価について」の定義を用いると、①インカム・アプローチとは、「当該資産が事業活動などに用いられることによって生み出される収益（インカム）の規模をベースに評価する方法」をいう[10]。②マーケット・アプローチとは、「当該資産が現に取引されている類似事例を参照し、そこで設定された取引価格をベースに評価する方法」をいう[11]。③コスト・アプローチとは、「技術など当該資産を入手・開発するために要するコストをベースに評価額を設定する方法」をいう[12]。これらの方法を、当方の経験からより特許権譲渡に特化してアレンジするならば、①インカム・アプ

---

8) 数年前までは、米国などでは特許発明の実施の事業を持たず特許権を保有している主体をNon-Practicing Entity（"NPE"）と呼ぶことが一般化していた。しかしながら、大学や個人発明家などの純粋な特許保有主体と、業として特許権を主張してライセンス料などを取得することを主な事業をしている主体とを区別するため、最近ではPatent Assertion Entity（"PAE"）という言葉が使われるようになってきた。例えば、米国の連邦取引委員会（Federal Trade Commission, "FTC"）が2016年10月6日に発行した"FTC Report Sheds New Light on How Patent Assertion Entities Operate；Recommends Patent Litigation Reforms"では、PAEを主として特許権を取得し被疑侵害者に権利主張することで収入を得る事業主体と定義し、第三者から特許を取得する場合が多く特許資産を主たる財産とし、製品を製造、販売することに依拠しないことを特徴とすることと指摘している。

9) nuisanceとは、「一般的には、他人にとって有害、迷惑、不快、不便な行為あるいは状態をさす。例えば、公然の猥褻行為、ごみの堆積、工場からの煤煙など。法的には、こうした行為あるいは状態によって生じた被害、または、その被害についての法的責任をさす。」田中英夫編『英米法辞典』（東京大学出版会、1991年）595頁。転じて、この英米法上のnuisanceという概念から、PAEによる権利行使時の和解金を表すものとしてnuisance valueという呼び名が実務上使われるようになった。

10) 特許庁・発明協会アジア太平洋工業所有権センター「知的財産の価値評価について」（2017年）24頁（https://www.jpo.go.jp/torikumi/kokusai/kokusai2/training/textbook/pdf/Valuation_of_Intellectual_Property_JP.pdf、2024年8月1日最終閲覧）。

11) 特許庁・前掲＜注10＞23頁。

12) 特許庁・前掲＜注10＞23頁。

ローチとは、当該特許権によって生み出されるインカム（事業活動からの収益というよりは、ライセンス許諾時のロイヤリティ収入見込みが用いられることが多い）をベースに評価する方法であり、②マーケット・アプローチとは、当該特許権取引に類似する事例（必須特許の場合に同じ技術標準のレートや売買価格などが参照される）をベースに評価する方法、③コスト・アプローチとは、当該特許権の権利取得コスト（当該発明が生まれた技術研究開発費用などを考慮することもあるが算出が比較的容易な特許庁費用や代理人費用、翻訳費用などがベースにされることの方がより実務的であろう）をベースに評価する方法である。

　これらの手法は万能ではない。それぞれの手法について特許権譲渡に特化したメリット・デメリットを検討する。

　まず、①インカム・アプローチのメリットとしては、売り上げ規模から仮想ロイヤリティをかけるため比較的算出しやすいことが挙げられる。しかしながら、デメリットとして、新規市場や実施実績がない場合の評価が困難である。また、売り上げ規模によっては現実的でない数字になることもある。

　②マーケット・アプローチのメリットは、特許流通市場における相場観を反映できるところにあろう。一方、デメリットとしては、特許権はそれぞれユニークな資産であることの価値を反映できない点である。すなわち、原則としてダブル・パテントが保護されない各国の特許制度においては、同じ発明というものは米国におけるターミナルディスクレイマーなどの一部の例外を除いて存在しない。しかしながらマーケット・アプローチでは当該特許権取引に類似する事例をベースにするため、それぞれの発明の違いを加味した個別具体的な価値を算出できない。

　また、「特に技術資産の場合、そもそもこうした取引事例に関する情報がほとんど存在しない。上でも述べたとおり、技術取引の内容については、通常、取引事業者間で秘密保持契約が締結され、取引価格を含めた取引条件の詳細が外部に公表されることはない[13]」というように、類似取引への情報アクセスや秘密性についての指摘がなされることがある。ただ、この点は社内に情報がある従前の類似取引の数字がある場合はそれを参考にすればよいのであ

13）特許庁・前掲＜注10＞26頁。

るから必ずしも致命的なデメリットとは言えない。

　③コスト・アプローチのメリットは、特許庁費用や代理人費用、翻訳費用などだと比較的算出容易な点であろう。一方、デメリットとしては、特許庁費用や代理人費用が必ずしも価値に対応していないことがあり、コスト・アプローチによると、どの特許も同じような価値になってしまうことである。個人的には、ゴッホの絵の価値は、絵の具や画材の原価では計り知れないわけであるから、それぞれユニークな資産である知的財産をコストで価値算定するのはあまり意味がないと考える。

2．DCF法

　一方、将来に見込めるキャッシュフローに割引率などをかけて現在価値を算出するディスカウント・キャッシュフロー法(DCF法)もよく用いられる。筆者が2001年から2002年にかけてスウェーデンに留学した際にも、留学先のイェーテボリ大学（The School of Business, Economics and Law, Göteborg University）において、弁護士や企業実務家を対象とした知的資本マネジメント（Intellectual Capital Management for Lawyer, ICM-L）というコースで知的財産の価値評価としてDCF法が教えられていた。スウェーデンでは、エリクソンなどの大手通信企業を中心にグローバルな技術標準化活動が行われ、必須特許が今ほど注目を受ける以前から積極的な知財活用がなされてきた。そのスウェーデン第2の都市にあって既に2000年代の初めにDCF法などの知財の価値評価基準について大学院生や弁護士、企業知財担当者向けに授業が行われていたことは特筆に値する。

　このDCF法のメリットとしては、現在価値を一括金として明瞭に表現できるということである。しかしながら、デメリットとしては、この割引率の設定によって価値評価が大いに変化する点で信頼性のある数字になるか、ということである。

3．特許権譲渡に特化したアプローチ

　先に少し紹介したように、より特許権譲渡に特化したアプローチとして、ニューサンス・バリュー・アプローチ、トランズアクション・コスト・アプ

ローチなども用いられる。

　ニューサンス・バリュー・アプローチは、当該特許権が PAE に渡った場合に、当該 PAE と和解するのにどれぐらいの金額が必要かというリスク試算である。このアプローチは、当該特許権は製造企業として積極的に投資して買収するほどの技術的な価値はないが、他社、特に PAE の手に渡ると、訴訟などの対策費用がかかることが想定される場合、あらかじめ買収しておこうというものである。ただ、このアプローチは必ずしも特許権譲渡をしなくても事前にライセンス許諾を受けていれば事足りる。実際は、PAE に売却されて市場が混乱することなどを防ぐために、事前に共同で買収する場合などに用いられる考え方であろう。PAE に特許権が売却される前に共同で潜在的な問題を解決してしまうという防衛的な特許アグリゲーター (RPX 社など) による買収の際に用いられることがあるアプローチの一つである。

　このアプローチのメリットとしては、PAE との和解の相場観などからリスクを反映して価値評価できることであり、より現実的な額のリスク試算ができることである。デメリットとしては、分野によっては和解金の相場をつかみにくい点である。また、PAE との和解金が必ずしも価値に対応していないことがあり、どの特許権も同じような価値になってしまうことになる点がある。

　一方、トランズアクション・コスト・アプローチは、コスト・アプローチをさらに特許権譲渡に特化して一歩進めたものである。すなわち、当該特許権の権利取得費用のみならず、当該特許権の権利行使に対する防御にかかる訴訟コストや無効化コストを考えるといくらになるかという点からコストを試算するものである。メリットとしては、訴訟費用や無効化費用など比較的客観的に算出可能な点である。デメリットとしては、訴訟費用や無効化費用が必ずしも価値に対応していないことがある点であり、どの特許権も同じような価値になってしまう点であろう。必ずしも特許権ごとの固有な価値が算出できない点では、ニューサンス・バリュー・アプローチと同様である。

　これらニューサンス・バリュー・アプローチと、トランズアクション・コスト・アプローチを組み合わせて PAE に特許が渡った場合のリスクおよびコストを合算して価値を算出するということもできる。これにより、和解金

IV．特許権の価値評価　67

手法	内容	メリット	デメリット
インカム・アプローチ	当該特許権によって生み出されるインカムをベースに評価する方法	売り上げ規模から仮想ロイヤリティをかけるため比較的算出しやすい	新規市場や実施実績がない場合の評価が困難。売り上げ規模によっては現実的でない数字になることもある
マーケット・アプローチ	当該特許権取引に類似する事例をベースに評価する方法	特許流通市場における相場観を反映できる	特許権はそれぞれユニークであるにもかかわらず、個別具体的な評価を算出できない
コスト・アプローチ	当該特許の権利取得コストをベースに評価する方法	特許庁費用や代理人費用、翻訳費用などだと比較的算出容易	特許庁費用や代理人費用が必ずしも価値に対応していないことがあり、どの特許権も同じような価値になってしまう
DCF法	将来に見込めるキャッシュフローに割引率などをかけて現在価値を算出する方法	現在価値を一括金として明確に表現できる	割引率の設定によって価値評価が大いに変化する
ニューサンス・バリュー・アプローチ	PAEと和解するのにどれぐらいの金額が必要かをベースに評価する方法	PAEとの和解の相場間などからリスクを反映して価値評価できる	和解金の相場をつかみにくい。PAEとの和解金が必ずしも価値に対応していないことがあり、どの特許権も同じような価値になってしまう
トランズアクション・コスト・アプローチ	当該特許の権利行使に対する防御にかかる訴訟コストや無効化コストをベースに算出方法	訴訟費用や無効化費用など比較的客観的に算出可能	訴訟費用や無効化費用が必ずしも価値に対応していないことがあり、どの特許権も同じような価値になってしまう

図3　特許権の価値評価アプローチ

と訴訟コストの両方を使ってより現実的な価値を算出することも可能である。

　それぞれのアプローチの内容、メリットおよびデメリットを一覧にして再掲すると図3のような表になる。

　これらのアプローチには、それぞれメリットとデメリットがあり、1つの方法ですべての特許権の価値が客観的に把握できるというようなものではない。繰り返しになるが、これらの算術的な価値評価手法はあくまで方法論であって、実際の知財デューデリジェンスではプロが細かく検討してきた結

果、腹の中でこの特許に価値ありと判断するカンの方が先行することがあるのではないかと考える。筆者としては、このような gut feeling 抜きで特許権の価値云々を議論しても実務上はテクニカルに過ぎると考える。

　また、特許権の価値評価といっても特許権譲渡の場合、結局は売り手と買い手の合意がなければ成り立たない。その意味で最終的に特許権の価値はマーケットにおいて、アダム・スミスのいう「神の見えざる手」が決めるという点を超えるものではない。

　知財の価値評価を行うプロには、それぞれの知財価値評価手法の利点とその限界を認識した上で、特許権譲渡における売買交渉に臨んで行うことを期待したい。

V．今後の課題：どう使うのか？

　最後に今後の検討課題として、特許権の価値評価をどのように使うのかについて付言したい。筆者としては、特許権の価値評価だけでは特許権譲渡実務の中では片手落ちであり、必ずプライシングを伴うものでなければならないと考える。

　特許権譲渡に伴う価値評価は、特許権そのものの価値を見極めるうえで大切なプロセスである一方、特許権のプライシング（対価決め）については、深く検討している文献は少ない。価値評価とプライシングは似ているようで、異なる。価値評価は、ある程度確立されたアプローチのもとで算出され、誰に対しても説明できる客観性が求められる。これに対し、プライシングには、売り手の戦略に基づく意図が入る。ビジネススクールなどで教えられる Product（製品）、Price（価格）、Place（流通）、Promotion（販売促進）というマーケティングの4Pのうち、利益を生むのは Price、すなわち、プライシングのみである。他はコストを生むのみである。

　プライシングの際には、価値評価で算出した評価額が参考になる。すなわち、価格決定を考えるうえでは、コスト・アプローチで算出した価値評価額を下限に、ベストシナリオでのインカム・アプローチで算出した価値評価が上限になるだろう。類似する技術をカバーする特許権がマーケットに出てい

る場合は、マーケット・アプローチでの価値評価額が、中間域の価格帯になろう。

　一般商品の価格決定の際の戦略として、少数の顧客を狙って高価格に設定するスキミング・プライシングや一気に価格を下げてシェアを確保するペネトレーション・プライシングなどがある。一品製作の要素が強い特許権のプライシングにどこまで応用できるかというところはあるが、今後の課題として、知財のプライシングをどうするのか、ということが実務界や論文紙上などでもっとディスカッションされることを期待する。

VI. 結びにかえて

　本章では、筆者の経験から知財デューデリジェンスについて、特に、特許権譲渡における価値評価、そしてプライシングについて概観した。しかしながら、人間と人間がそれぞれユニークな資産の価値や価格について合意形成するという性質のため、これらについて確立した確固たる方法はなく、自然科学の法則のように再現性のあるものではない。知財の価値評価や価格というものは、知財の専門知識のみならずビジネスセンスを兼ね備えた個別のプロ同士が切磋琢磨して創っていくものであると考える。それらの努力が時代ごとの相場観を創っていき歴史的な価値評価を創っていくと考える。自動車の値段、不動産の値段は時代ごとに違う。特許権の価値や価格も時代ごとに違ってしかるべきである。モノの価値は、その時代、時代の景気や価値観に左右されるものだからである。特許権も例外ではない。本章が、特許権譲渡の際の価値評価や価格を検討する際、少しでも参考になればと祈るばかりである。

第5章　米国特許判例に基づく特許権譲渡契約
——適法な特許権譲渡と当事者適格の検討を中心に——

I．はじめに

　世界的に特許流通が加速している。米国企業を筆頭に、従来から積極的に権利を活用している企業のみならず、単に防衛目的で特許権を保有することに満足していた企業までもが自社の特許権をキャッシュ化する動きが増えている[1]。特に、特許権を保有する企業が、特許権行使主体（Patent Assertion Entity, "PAE"）に特許権を譲渡し、PAEを原告として当該ターゲット企業に対し権利行使する戦略（特許私掠船（patent privateer））が取られることがある[2]。特許権を譲渡した企業は、特許権と当該特許発明の実施の事業が分離し、直接的な反訴のおそれを遠ざけながら、過去の研究開発への投資を回収しようとする。

　この特許私掠船の例のような特許権の譲受人、すなわち、特許権を譲り受けていながら元の特許権者と引き続き主従的な関係を持ち、言わば元の特許権者のエージェントとして特許権を行使するような原告が現れた。ここで、元の特許権者が一定の権利を留保し譲受人に対し実質的なコントロール権を持つような場合に、エージェントとなっている原告が真の特許権者として特許権侵害訴訟の原告適格が認められるのか、といった争点がある。

　この点を巡って、米国においては、特許権を譲り受けた法人の特許侵害訴

---

1) ピーターJスターンほか「米国における特許不実施主体（NPE）の動向と進化」知財管理61巻4号（2011年）445頁以下。
2) Thomas Ewing「Indirect Exploitation of Intellectual Property Rights By Corporations and Investors」The Hastings Science & Technology Law Journal Vol. 4：15頁以下では、「IP privateering」の定義として、ある権利主体、典型的には特許不実施主体（NPE）、によるある特定のターゲット会社への知財権の権利行使であって、当該権利主体に直接的な利益（direct benefit）をもたらし、結果的な利益（consequential benefit）をスポンサーにもたらすものであって、結果的な利益が直接的な利益よりも大きく上回るもの、とする。

訟における原告適格を判断した判決が多数出ている。日本と異なり、特許権の移転の設定登録が効力発生要件となっていない米国では、特許権譲渡の効力は当事者の契約条件によって決まる。米国裁判にて真正な特許権の譲渡と認められるか否かは、譲渡契約の表面的な文言や表現ではなく、契約の実態を鑑みて判断される。譲渡契約の実態によっては、真正な特許権の譲渡と認められず、通常のライセンスと同等とみなされ、譲受人が原告適格を有さない場合がある。

　本章では、このように日本とは異なる考え方をもつ米国の判決を通して、知財活用を巡る実務上の留意点を明らかにすることを目的とする。具体的には、特許権の譲渡人の原告適格肯定例として *Suffolk Technologies, LLC v AOL Inc and Google Inc*, 910 F Supp 2d 850（ED Va 2012）と、否定例として *Clouding IP, LLC v. Google Inc.*, 2014 WL 3767489, 7（D. Del. 2014）を取り上げる。また、独占的ライセンスの原告適格肯定例として *Speedplay, Inc. v. Bebop*, Inc., 211 F. 3d 1245（Fed. Cir. 2000）と、否定例として *WiAV Solutions LLC v. Motorola, Inc.* 679 F. Supp. 2d 639（E.D. Va., 2009）を取り上げる。本書では、原告適格の適否を分けた理由を分析した上で、契約実務上の留意点を検討した[3]。

II．原告適格とは

1．概　要

　英米法における原告適格（standing）は、「訴えの利益」や「当事者適格」とも訳され、英米法辞典によると、特に憲法上の裁判などで問題となり、当

3）*Lone Star* 事件も特許譲渡の場合の原告適格否定例である（"We agree with the district court that Lone Star cannot bring suit in its own name because it does not possess all substantial rights in the asserted patents."）Lone Star Silicon Innovations LLC v. Nanya Tech. Corp., 925 F. 3d 1225, 1239（Fed. Cir. 2019）．仁木覚志＝水口敦喜「国際的な特許の譲渡」知財管理 73 巻 8 号（2023 年）1014 頁は、*Lone Star* 事件について、いわゆるホワイトリスト（「まだライセンス契約を締結していない者をリストアップ（ライセンス済みの相手方のリストであるブラックリストと対比し、実務上、ホワイトリストと呼ぶこともあります）させ、譲渡契約において、ホワイトリストに記載の者に対する権利行使が制約されないことを、譲渡人に表明保証させるという手法が用いられること」）「に記載される相手方以外に権利行使する場合には譲渡人の同意を必要とすること」などについて原告適格が否定された、としている。

該争訟の解決によって自己の法律上の権利義務に影響を受ける者および単なる一般人としての関心の域を超えてその法律問題について事実上の利害関係をもつ者にも認められるものであるとされる[4]。

特許権の譲受人の原告適格に関する米国特許法の条文上の根拠は、米国特許法281条および100条である。すなわち、「特許権者は、自己の特許についての侵害に対し、民事訴訟による救済を受け」（米国特許法281条）、この「特許権者」は、「特許の発行を受けた特許権者のみでなく、その特許権者の権原承継人（the successors in title to the patentee）を含む」（同法100条）ため、有効に特許権を譲り受けた場合には特許侵害訴訟などの民事訴訟[5]での原告適格が認められる。連邦巡回控訴裁判所（Federal Circuit）は、*Propat Int'l Corp. v. RPost, Inc.*, 473 F. 3d 1187, 1189（Fed. Cir. 2007）において、この281条を次のように読んだ。

　「特許侵害訴訟は、特許権について法的な名義を有する当事者によって提起されなければならない[6]」

これにより、原告適格を有するには法的な名義が必要であることが再確認された。このような要件が課される根拠としては、①非独占的ライセンスには特許権の侵害によってうける法的な利益（injury）がないこと、②原告適格の要件をこのように制限することで、被疑侵害者は侵害主張に対し一度だけ対応すれば足りること、③原告適格を有する原告との間で完全に争いつくした特許無効の判断は当該特許権に基づく将来的な争いにおいても法的拘束力を持つこと、などがある。

一方、原告適格が認められなかった場合、特許権の譲受人は、有効な原告適格を有する特許権者とともに共同で特許侵害訴訟を提起することが必要になる。この場合、一定の要件の下、訴状を修正して当事者を追加することに

4）田中英夫編『英米法辞典』（東京大学出版会、1991年）803頁以下参照。
5）米国においては特許権者および特許権の譲受人に与えられた救済は民事上の救済に限られ、刑事訴訟については問題とならない。この点、特許侵害が刑事罰の対象ともなる日本における立法例（日本特許法196条）とは著しく異なる。
6）Propat Int'l Corp. v. RPost, Inc., 473 F. 3d 1187, 1189（Fed. Cir. 2007）, citing Sicom Sys., Ltd. v. Agilent Tech., Inc., 427 F. 3d 971, 976（Fed. Cir. 2005）.

なるが、元の特許権者の協力を得られなかった場合は請求が棄却される。特に、特許侵害訴訟の決審までの手続期間が1年以内とされるいわゆるロケット・ドケットと呼ばれる訴訟管轄地において、原告適格がないという理由で訴訟が振り出しに戻ってしまうのは、原告にとって訴訟戦略上の痛手となる。本書で取り上げる Suffolk 事件もロケット・ドケットと呼ばれるバージニア州東部地裁での判断である。

　また、原告に適格がないとすれば、被告にとっては誰を権利者として争ったらよいのか、和解やライセンス交渉の場面では誰と交渉すればよいのかなど、混乱を生ずる結果となる。

　このように、米国の特許訴訟においては、本案の審理が始まる前に原告適格の有無が問題となり、訴訟戦略上大きな影響を与えることがあることに留意が必要である。

2．具体的要件

　次に、米国特許訴訟における原告適格の具体的要件について概観する。裁判所は、原告適格の有無について、譲渡契約書の中の表面的な記載に拘泥せず、仮に「譲渡」と文言上記載されていても、当該条文による法的効果を実質的に検討し、真に特許権の譲渡があったかどうかを詳細に検討する[7]。具体的には、Propat 判決のとおり、当該特許権について「すべての実質的な権利（all substantial right）」が移転しているか否かで判断される[8]。なお、米国特許商標庁（USPTO）に登録しているか否かは、特許譲渡があったことの推定（presumption）が働くに過ぎず、反駁可能であって効力発生要件とはならず、契約書の有効性が争点となった場合は、実質的にどのような権利が譲渡されたのかが個別に評価される[9]。

　原告適格の判断に際しての裁判所の検討例として一例を示すと、2014年9

---

7) Waterman v. Mackenzie, 138 U.S. 252, 256, 11 S. Ct. 334, 34 L. Ed. 923（1891）.
8) Propat Int'l Corp., 473 F. 3d at 1189；また、特許権の譲受人が all substantial right を有さないが、現に法的利益（injury）があり十分な排他権を有する場合は特許権者とともに共同で原告となることができる一方、法的な利益を有さない場合は当事者となる適格を有さない Morrow v. Microsoft Corp., 499 F. 3d 1332, 1341（Fed. Cir. 2007）.
9) SiRF Tech., Inc. v. Int'l Trade Comm'n, 601 F. 3d 1319, 1327-28（Fed. Cir. 2010）；米国特許法261条、37 C.F.R. §3.54.

月に出された *Intellectual Ventures I LLC* 事件[10]において、デラウェア州地裁は、後述にて紹介する *Clouding IP* 事件を引用し、原告適格について特許譲渡契約書を隅々まで検討する重要性を説き、被告 AT & T Mobility らが請求した原告適格なしという訴え却下の申立て（motion to dismiss）について、完全な契約書を裁判所に提出していないとして、再訴可能な棄却（dismissed without prejudice）により被告らの主張を退けている。

　各裁判所が譲渡契約書の重要性を説く一方、「すべての実質的な権利」が移転しているかを如何に判断するかについて、連邦巡回控訴裁判所は完全な検討項目を提供しておらず、判断基準は必ずしも明確でない。連邦巡回控訴裁判所は、*Alfred E. Mann Foundation for Scientific Research v. Cochlear Corp.*, 604 F. 3d 1354, 1360（Fed. Cir. 2010）において、少なくとも検討しなければならない項目という形で次のような9つの判断項目を挙げている（ライセンシーという言葉を用いているが独占的ライセンスの場合も含めて想定していると考えられ、ここではライセンサー、ライセンシーという用語が用いられている）。

　①当該特許権に基づいて製品やサービスなどを生産し、使用し、販売する独占的な権利
　②ライセンシーのサブライセンス権の範囲
　③ライセンス契約の違反が起きた場合のライセンサーへの復帰権に関するライセンス契約条項の性質
　④ライセンシーによって提起された侵害訴訟の救済から配分を受けるライセンサーの権利
　⑤ライセンシーに許諾されたライセンス権の期間
　⑥ライセンサーの管理監督権およびライセンシーの活動をコントロールする権利
　⑦特許権の維持費を支払うライセンサーの義務
　⑧ライセンシーが当該特許権に基づく利益を移転する場合の制限の性質
　⑨独占的ライセンシーの訴訟を提起する権利の性質と範囲およびライセンサーが留保する訴訟を提起する権利の性質と範囲

---

10) Intellectual Ventures I LLC, et al, v. AT & T Mobility LLC, et al, --- F. Supp. 3d 461, WL 4755518（D. Del. 2014）.

連邦巡回控訴裁判所は、これら9つの項目のうちでも特に①「当該特許権に基づいて製品やサービスなどを生産し、使用し、販売する独占的な権利」と、⑨「譲受人の訴訟を提起する権利」の2つを重要な判断項目として挙げている。

しかしながら、これらの項目は、抽象的な判断要素であり、裁判所がどのように判断するかは個別の事例ごとに事実を当てはめて検討しなければならない。以下では、特許権譲渡の場合と独占的ライセンスの場合に分けて裁判例を分析する。

Ⅲ．特許権譲渡の場合

特許権の譲渡の場合の原告適格に関する判例として、原告適格肯定例の *Suffolk* 事件と否定例の *Clouding IP* 事件を取り上げる。

1．原告適格肯定例（*Suffolk* 事件）

原告適格肯定例として、*Suffolk* 事件の事実関係を検討してみると、本事案の原告は、サフォーク社であり、このサフォーク社は、ゴールドマン・サックス、ジェネラル・アトランティック・パートナーズ、ボストン・コンサルティング・グループなどが設立したジョイントベンチャーである iFormation によって設立された IPVALUE 社の 100% 子会社であった。サフォーク社は、AOL社やグーグル社を相手取りインターネットサーバおよびインターネットサーバを管理する方法という名称の米国特許 1 件を巡る特許侵害訴訟を提起した。この特許権を巡る名義変更の歴史が本事案の中心的争点である。

本特許権は、英国のブリティッシュ・テレコム社の3人の従業者に対して発行され、後に従業者から雇用者であるブリティッシュ・テレコム社に移転した。その後、ブリティッシュ・テレコム社から IPVALUE 社に（第1譲渡）、さらに IPVALUE 社からサフォーク社に（第2譲渡）特許権および過去の侵害行為に対する損害賠償請求権が移転した。

これらの譲渡においては、契約上、様々な付随義務が規定されてあった。

すなわち、権利行使を行うか否か、特許侵害訴訟を提起するか否か、和解をするか否か、誰にライセンスを許諾するかについて譲受人が裁量権を有していた（①権利行使上の裁量権）。また、このような権利行使上の裁量権の他、譲受人は、再譲渡する裁量権を有していた（②再譲渡の裁量権）。移転の対価として、IPVALUE 社はブリティッシュ・テレコム社に対し、コスト調整などを行った後の総収入の 50% を配分する条件となっていた（③フィー・シェアリング）。さらに、第 1 譲渡では、20% 以上の成功報酬を条件とする外部弁護士への委託を制限するものとなっていた（④弁護士への成功報酬の上限）。また、ブリティッシュ・テレコム社は、初期の成果について予め定めていた条件を満たさない場合、特許権の権利行使によるライセンス活動をやめる決定をした場合、対象特許の権利維持費用を支払わない場合、または係属中の特許出願を放棄した場合などの一定の場合には、対象特許権を 10 ドルで買い戻す独占的オプション権を行使できた（⑤活動停止時の買戻権）。ブリティッシュ・テレコム社は当該対象特許に係る発明を実施する非独占、無償の実施権を許諾されていた（⑥ライセンスバック）。

以上の事実を前提として、*Suffolk* 判決では、連邦巡回控訴裁判所の 9 つの項目のうち特に重要な 2 項目について、次のとおり判断した。

すなわち、*Suffolk* 判決において、バージニア州東部地裁のエリス判事は、サフォーク社が当該特許権に係る発明を実施する権利を有していたと判断した。当事者の意図としてサフォーク社に実施する権利を移転するというのが当該譲渡契約の趣旨であり、サフォーク社が当該特許権に係る発明を実施する権利を有さないのであれば、ブリティッシュ・テレコム社は実施権を許諾される必要がなかったことから、そのように判断された。後に考察する *Clouding IP* 事件との対比において重要な点として、エリス判事は、サフォーク社が①権利行使上の裁量権および②再譲渡の裁量権を有していた点を指摘した。

さらに、エリス判事は、サフォーク社を拘束する制限項目のうち、③のフィー・シェアリングについて、譲渡対価、ロイヤリティ、和解金などの一部を元の権利者が留保することは特許権譲渡の妨げとはならないとする 1889 年の Rude v. Westcott 判決[11]および同判決を引用する *Vaupel* 事件[12]を

根拠に原告適格を制限するものではないとした。

また、同判事は、④の弁護士への成功報酬の上限についても単にブリティッシュ・テレコム社の配分を確保するためのものであるとして原告適格を制限するものではないとした。

⑤の買戻権については、後述する*Speedplay*判決[13]を引用し、単に譲受人の経済上の困窮や活動停止などを条件とする買戻権であれば原告適格を制限するものではないとした。

⑥のライセンスバックについては、本件の実施許諾は、ブリティッシュ・テレコム社によるサブライセンス権の留保ではなく、サフォーク社がブリティッシュ・テレコム社の顧客に対して権利主張を行わないとする単なる非独占的なライセンス許諾に過ぎないことから、原告適格を制限するものではないとした。

このように、*Suffolk*事件で原告適格が肯定された理由としては、9項目のうちの二大要件—すなわち、「独占ライセンス」と「訴訟を提起する権利（排他権）」—を満たしていたことと、その余の項目のうち、原告適格を実質的に制限する条件が契約書になかったことによる。

2．原告適格否定例（*Clouding IP*事件[14]）

次に、原告適格否定例として、*Clouding IP*事件の事実関係を検討してみると、本事案は、シマンテック社から特許権を譲り受けたクラウディングIP社（原告）がグーグル社やアマゾン社ら11社（被告）に対し提起した特許侵害訴訟において、クラウディングIP社の原告適格が認められず、被告らによる連邦民事訴訟規則12条(b)(1)に基づき、本件棄却の申し立てが認められた事

---

11) Rude v. Westcott, 130 U.S. 152, 162-63, 9 S. Ct. 463, 32L. Ed. 888（1889）.
12) Vaupel Textilmaschinen KG v. Meccanica Euro Italia, S.P.A., 944 F. 2d（1991）at 875（citing Rude v Westcott, 130 U.S. 152, 162-63, 9 S. Ct. 463, 32L. Ed. 888（1889））.
13) Speedplay, 211 F. 3d 1245, 1252.
14) このほか、Diamond Coating Technologies, LLC v. Hyundai Motor America, et al., No. 8：13-cv-01480-MRP and Diamond Coating Technologies, LLC v. Nissan North America, Inc., et al., No. 8：13-cv-01481-MRPにおいて、カリフォルニア中部地裁は、譲渡された特許権に基づく特許侵害訴訟において原告適格を否定する決定を言い渡しており、原告適格否定例の他の例となっている。

案である。ここで、連邦民事訴訟規則12条(b)(1)は、事物管轄（subject matter jurisdiction）欠如による請求の棄却を規定するが、原告適格を欠く訴訟が提起された場合は、当該裁判所が事物管轄を欠くとして請求が棄却されることとなる。

　原告とシマンテック社との間の特許権の譲渡契約は、シマンテック社が一定の権利を留保することを条件として原告にすべての名義および権限が譲渡され、その見返りとしてシマンテック社が当該特許の将来に渡るロイヤリティの一部を受領するものであった。ここまでは Suffolk 事件の事実関係に非常に類似する。以下、順にデラウェア州連邦裁判所の判断を検討する。

　デラウェア州連邦裁判所のスターク判事は、大きく「正式な法的名義移転」と「すべての実質的な権利の移転の例外」の2つの観点から本件事案を検討した。

　すなわち、「正式な法的名義移転」があったか否かについて、裁判所は、特許権の譲渡契約書の文言から当事者の意図を検討し、本件特許権の譲渡は、シマンテック社が留保する権利の諸条件に服する（subject to）という条件でなされていることを指摘した。また、スターク判事は、Rite-Hite Corp. v. Kelley 事件[15]を引用し、特許権の移転は、①権利全体の移転、②特許権の部分的移転[16]、および③米国内における特定の地域における権利の移転の三態様しかない点を強調し、それら以外の移転はライセンスであって特許侵害訴訟を提起する権利ではないと指摘した。

　また、本件における譲渡契約書において、クラウディング IP 社に与えられる権利には、"subject to" という限定的な表現が用いられ、本件譲渡は、シマンテック社が留保する権利の諸条件を前提にしていることが明記されていた。すなわち、裁判所は、譲受人であるクラウディング IP 社には、再譲渡の制限、独占的ライセンスを許諾することに対する制限、特許侵害を放置することに対する制限、特許権の放棄に対する制限、ライセンスの条件を自由に設定することに対する制限などが課せられていたことから、本権譲渡は上記

---

15) Rite-Hite Corp. v. Kelley Co., Inc., 56 F. 3d 1538, 1551 (Fed. Cir. 1995) (en banc).
16) 原文では、"an undivided part or share of the entire patent" となっており、必ずしも意味内容が明瞭ではないが、ここでは部分的移転と訳した。

の①から③の特許権の移転に該当しないとした。

　次に、スターク判事は、本件譲渡が「すべての実質的な権利の移転の例外」に該当するかについて検討した。すなわち、「独占ライセンス」については、シマンテック社は製造し、使用し、販売等の実施権を留保し、顧客に対するサブライセンス権を有し、クラウディングIP社に対しシマンテック社の既存ライセンシーに対して干渉を防ぐ権利を有していた。

　また、「訴訟を提起する権利（排他権）」については、シマンテック社がクラウディングIP社に対し、指定する特定の第三者を提訴する指示をなすことができたことを指摘し、クラウディングIP社が拒否した場合はシマンテック社が買戻権を行使することにより、代わりに訴訟を提起することができた。したがってクラウディングIP社は、提訴先について一種の拒否権を持つに過ぎず、第三者の特許権侵害を放置し甘受することができるという本来の特許権者の自由からはかけ離れたものであった。この条件は、被疑侵害者の側から見ても、クラウディング社とシマンテック社の決定如何で誰から訴訟されるかが変わるというものであり、著しく取引の安全を害するものといえよう。

　さらに、スターク判事は、クラウディングIP社の再譲渡制限についても原告適格を否定する方向で厳しく断じた。実際に、本件特許権を再譲渡した際にどのような金銭上の制限がついていたかは閲覧制限のため公開されている判決では不明だが、少なくとも譲渡先がNPEか否かでシマンテック社の同意が必要か否かが変わってくるなど細かく場合を分けて条件が設定されていたようである。

　さらに、シマンテック社はクラウディングIP社のライセンスを許諾する権利についても制限をかけていた。すなわち、シマンテック社が予め承認したライセンス条件から大幅に異なり金銭以外の対価でライセンスするなどの場合にはシマンテック社の同意が必要というものであった。

　スターク判事は、そのほかシマンテック社が特許侵害訴訟での救済から得られた金銭の一部を受領できたことやクラウディングIP社が特許権の維持費用の支払いを拒否に関する制限などに触れ、上記の契約条件を全体として判断し「すべての実質的な権利の移転の例外」に該当せず、クラウディングIP社はシマンテック社と共同でなければ被告を提訴することができないと

判示した。

このように、*Clouding IP* 事件で原告適格が否定された理由としては、9項目のうちの二大要件——すなわち、「独占ライセンス」と「訴訟を提起する権利（排他権）」——を満たしていなかったことと、その余の項目のうち、原告適格を実質的に制限する条件が契約書に多数散見されたことによると考えられる。

Ⅳ．独占的ライセンスの場合

では、独占的ライセンス（exclusive license）ではどうか。日本では、専用実施権者は、設定行為で定めた範囲において、業としてその特許発明を実施する権利を専有する（日本特許法77条2項）。したがって、設定行為で特許権者が自由に専用実施権の範囲を定めることができる。工業所有権法（産業財産権法）逐条解説においても、「専用実施権は物権的な権利であるから排他性を有し、期間、地域、内容を異にすればともかく、同一期間、同一地域、同一内容についての専用実施権が二以上設定されることはありえない[17]」と解説されているとおり、設定行為で定めた範囲を異にしていれば、それぞれの専用実施権者がその特許発明を専有し、特許侵害訴訟においては、それぞれ原告適格を有することになる。また、契約上、当事者間で許諾される独占的通常ライセンスについては、差止請求権が固有の権利として認められるのか、債権者代位権を根拠に認められるのか、損害賠償請求権についてはどうか、など古くから議論があるが、契約で定めた範囲内においては独占通常ライセンシーがその特許発明の実施を専有し、侵害者に対しては何らかの救済手段を持つであろうことには異論はないであろう。しかしながら、米国における独占的ライセンスの場合、特許権譲渡の場合に準じて、独占性を有しているか否かは、「すべての実質的な権利（all substantial right）」が移転しているか否かで判断することになる。

以下では、独占的ライセンスの場合の原告適格に関する判例として、原告適格肯定例の *Speedplay* 事件と否定例の *WiAV* 事件を取り上げる。

---

17) 特許庁編『工業所有権法（産業財産権法）逐条解説〔第22版〕』（発明推進協会、2022年）293頁以下。

1. 原告適格肯定例（*Speedplay* 事件）

　原告適格肯定例として、*Speedplay* 事件の事実関係を検討してみると、本事案は、いわゆる NPE 関連の事案ではない。原告スピードプレイ社は、舗装道路で中・長距離を走ることを目的として設計されたロードバイクと呼ばれる自転車のペダルを製造販売するメーカーであった。被告は、スピードプレイ社のコンペティターであるビバップ社であり、同じくロードバイク用のペダルを製造販売していた。スピードプレイ社の CEO は、スピードプレイ社のペダルのデザイナーであり、もう 1 名の発明者とともに本件訴訟対象の発明者であった。同 CEO は、スピードプレイ社と契約を締結し、普通株発行と引き換えに、当該特許についての独占的ライセンスをスピードプレイ社に許諾していた（もう 1 名の発明者は本件訴訟のトライアル中に自己の持分をスピードプレイ社に譲渡している）。その後、スピードプレイ社がビバップ社を、特許権侵害を理由に提訴したのが本事案である。これに対し、ビバップ社は、本件対象特許権についての「すべての実質的な権利」がスピードプレイ社に移転していないとして、スピードプレイ社は原告適格を満たさないと主張した。なお、本件訴訟の対象特許は複数あるが、他の特許権についてはスピードプレイ社に譲渡されているため、本書では独占的ライセンスの原告適格に関する部分のみを取り上げる。

　連邦巡回控訴裁判所は、スピードプレイ社の原告適格を認めたカリフォルニア州南部連邦地裁の判断を以下の理由から認めた。

　まず、スピードプレイ社と CEO である発明者との間の独占的ライセンス契約の中で、スピードプレイ社に対し、本件特許権に係る自転車ペダルの製造販売等を全世界で無償にて行う独占的権利が明確に規定されており、サブライセンスなどを第三者に許諾する自由もあったことがあげられている。また、スピードプレイ社は本件特許権に基づいて第三者に対し特許侵害訴訟などを提起する裁量もあった。したがって、スピードプレイ社に許諾された独占的ライセンス契約は、「すべての実質的な権利（all substantial right）」を判断するための 9 項目のうちの二大要件—すなわち、「独占ライセンス」と「訴訟を提起する権利（排他権）」の移転—を満たしていたのである。

　さらに、連邦巡回控訴裁判所は、その他の契約上の制限についてもそれぞ

れ検討した後、いずれもスピードプレイ社の原告適格に影響を与える制限ではないとした。

1点目として、契約書中の制限として、スピードプレイ社が第三者の特許侵害に対する法的措置を取ることに失敗した場合は、発明者のCEOらに特許侵害に対する法的措置を取るオプション権が与えられていた。しかしながら、スピードプレイ社が第三者に対し当該特許権に係る発明の実施をライセンスする際の諸条件は発明者らが予め承認したライセンス条件に拘束されるなどの取り決めがなかったこと、スピードプレイ社が第三者に対して特許侵害訴訟を提起する際は発明者らの参加や監督などを必要とするものではなかったこと、スピードプレイ社が第三者の特許侵害に対する法的措置を取ることに失敗した場合は、発明者らに特許侵害に対する法的措置を取るという条件は、実際にはスピード社にサブライセンス権の許諾権が認められていたため擬似約束（illusory）にしか過ぎないことなどから、この制限について、連邦巡回控訴裁判所は、スピードプレイ社の原告適格に影響を与える制限ではないと判断した。

2点目は、対象特許の再譲渡制限である。この点については、確かに当該独占的ライセンス契約の中に発明者らの同意なくして対象特許の再譲渡をすることができない旨の制限が付されていたが、かかる同意は不当に留保しないもの（shall not be withheld unreasonably）とされていたことから、単に譲受人の経済上の困窮や活動停止などを条件とする制限については「すべての実質的な権利」の移転に影響を与えないとする*Vaupel*事件の趣旨から[18]、スピードプレイ社の権利に影響を及ぼすものではないと判断した。

3点目は、改良発明のアサインバック条項である。この点、確かに当該独占的ライセンス契約の中で対象特許に基づき改良発明をなした場合は発明者らに当該改良発明に関する特許権等を譲渡することが規定されているもの

---

18) *Speedplay*判決では、*Vaupel*事件の契約上の制限とは形式において本件事案とは異なることを認めつつ、*Vaupel*事件で確認された単に譲受人の経済上の困窮や活動停止などを条件とする制限については「すべての実質的な権利」の移転に影響を与えないという原則が適用されると説く。
(Although the form of the protective mechanism differs in this case, the principle of Vaupel compels a conclusion that the consent requirement does not significantly restrict the scope of Speedplay's rights in the '778 patent.) Speedplay, Inc. v. Bebop, Inc. 211 F. 3d 1245, 1252 (C.A. Fed.(Cal.), 2000.

の、当該改良発明に関する特許権は独占的ライセンスの対象となり、結果としてスピードプレイ社の独占的利益に供することになっていた。したがって、スピードプレイ社の原告適格に影響を与える制限ではないと判断した。

4点目として、裁判所はその他の点を付記的に検討した。すなわち、スピードプレイ社の外国向け製品に一定のマークをつける義務があった点については、実務上は重要かもしれないことを認めつつ、米国の特許権について何ら制限を与えるものではないことからスピードプレイ社の原告適格に影響を与える制限ではないと判断した。また、発明者らにスピードプレイ社の帳簿や記録等を監査する権利が与えられていたことも、単に譲受人の経済上の困窮や活動停止などを条件とする制限については「すべての実質的な権利」の移転に影響を与えないとする *Vaupel* 事件の判示と整合するとして、スピードプレイ社の原告適格に影響を与える制限ではないと判断した。

このように、*Speedplay* 事件で原告適格が肯定された理由としては、9項目のうちの二大要件—すなわち、「独占ライセンス」と「訴訟を提起する権利（排他権）」—を満たしていたことと、その余の項目のうち、原告適格を実質的に制限する条件が契約書になかったことによる。

2．原告適格否定例（*WiAV* 事件）

原告適格否定例として、*WiAV* 事件の事実関係を検討してみる。

本件訴訟における原告は、WiAV 社であり、モトローラ社やノキア社、ソニーエリクソン社など10社を相手取って7件の特許権に基づいて特許侵害訴訟を提起した。なお、WiAV 社は特許権者であるマインドスピード社も11社目の被告として当事者に加えた。

本事案における特許権の移転およびライセンスの許諾の経緯は幾分複雑である。まず、ロックウェル社が本件訴訟特許7件のうちの4件について特許出願をし、後に特許権を取得した。その後、ロックウェル社の半導体子会社のロックウェル・セミコンダクター社は、コネクサント社と社名変更し、コネクサント社はさらに2件追加で特許出願をし、特許権を取得した。

コネクサント社がスピンオフする際に、元の親会社であるロックウェル社とコネクサント社との間で契約（ロックウェル-コネクサント契約）を締結し、

Ⅳ．独占的ライセンスの場合

当該契約に基づき、コネクサント社の半導体事業に関する特許権や特許出願についてはコネクサント社に移転された。7番目の特許出願についてはコネクサント社名義で出願され、コネクサント社が7件の特許権の特許権者となった。ここで、ロックウェル–コネクサント契約の契約条件の中でロックウェル社はコネクサント社からロックウェル社の関連会社へのサブライセンス権付のライセンスを許諾された。

次に、コネクサント社は子会社のスカイワーク社に対し、ワイヤレス端末の分野で独占的ライセンスを許諾した。さらに、コネクサント社はマインドスピード社に対し、当該7件の特許権を譲渡した。同時に、コネクサント社は子会社などに対するサブライセンス権付のライセンス権を留保した。

さらに、スカイワーク社は、クアルコム社に当該7件の特許権についてライセンスを許諾した。そのライセンス契約の中で、スカイワーク社は、クアルコム社の子会社などに対するサブライセンス権付のライセンス権を許諾した。

その後、スカイワーク社は、本件訴訟の原告であるWiAV社に独占的ライセンス権を譲渡した。この独占的ライセンス権は、既存ライセンスやサブライセンス権に干渉しないという条件で譲渡された。

また、マインドスピード社は、G.729.1と呼ばれる音声コーディックに関する技術に関し、シプロ・ラボ社がライセンス・エージェントになっているパテントプールのメンバーとなっており、ライセンサーの1社に数えられていた。マインドスピード社は、パテントプールを介してライセンスを許諾するという構成になっていた。

本事案について東部バージニア地裁は、特許侵害訴訟において原告適格を有するか否かについては次の3つのカテゴリーに分けて考えるとしている。すなわち、第1のカテゴリーは、原告が特許権に基づくすべての権利または「すべての実質的な権利」を有している場合であり、原告適格を有する。第2のカテゴリーは、原告が独占的ライセンスを許諾されている場合であり、独占的ライセンシーは特許権者と共同で原告適格を有する。第3のカテゴリーは、単なる非独占的ライセンシーの場合であり、原告適格がない。

ここで、東部バージニア地裁のハドソン判事は、WiAV社が原告適格を有

するか否かは、同社が独占的ライセンシーなのか単なる非独占的ライセンシーなのかによるとして、Textile Prods 事件[19]を引用し、独占的ライセンスを次のとおり定義した。すなわち、独占的ライセンスとは、「発明を実施するための許諾であって、特許権者が指定した範囲内において他者が特許発明を実施することが排除される特許権者の約束を伴ったもの」とし、具体的にあるライセンスが独占的か否かは、契約書に明記された条件や許諾の性質から当事者の意図を確認することにより決する。契約書に単に「独占的」と記載されているだけでは足らず、許諾の本質で判断される。

　ハドソン判事は、判断基準として2種類のライセンスを挙げた。1つ目は、すでに許諾時に他のライセンスが許諾された特許権についての独占的ライセンスであり、2つ目は、元の特許権者がサブライセンス権を留保している場合である。ハドソン判事によると、前者の独占的ライセンスは、いかに過去に特許権者がライセンシーに非独占的ライセンスを許諾していたとしても、その独占性を失わない。一方、後者のように、同時期に元の特許権者がサブライセンス権を留保するような場合は、独占的ライセンスとはいえない。これは、単に子会社や関係会社に対するサブライセンス権であっても元の特許権者が留保すれば被許諾者側のライセンスは独占性を失うからである。その判例上の根拠として、前述の Textile Prods 事件のほか、Medtronic Sofamor Danek USA, Inc. v. Globus Med., Inc., 637 F. Supp. 2d 290, 306 (E.D. Pa. 2009) や Raber v. Pittway Corp., 1992 WL 219016, at ＊3 (N.D. Cal. 1992) などを挙げている。

　このルールを本件の事実に当てはめるに、裁判所は、本件特許の元の特許権者から原告まで特許が転々と流通する間に少なくとも4つの法人に対し、サブライセンス権付のライセンスが許諾されていたとして原告 WiAV 社のライセンス権の独占性を否定した[20]。WiAV 社側は、裁判所に対し、ライセンス許諾者（すなわち、特許権者）が一定のサブライセンス権を留保した場合に被許諾者（ライセンシー）のライセンスの独占性は失われないとする新たなルールを採用するよう求めたが、裁判所は、このような議論について確立し

---

19) Textile Prods., Inc. v. Mead Corp., 134 F. 3d 1481, 1484 (Fed. Cir. 1998).
20) 判決では、さらに2社がサブライセンス権を持っていた可能性を認定している。

た先例と相容れないものであるとして退けた。

　特許権譲渡の実務上は、特許権者が特許権を譲渡する際に自らの子会社や関連会社の実施について安全を確保するためにサブライセンス権を留保しておく実際的な必要性もあるであろう。WiAV 事件のルールからすれば、特許譲渡前にそのような子会社や関連会社にライセンスしておけば、その後に特許権について独占ライセンスを許諾すれば、その独占性に影響を与えないので問題ないということにもなるのかもしれないが、元の特許権者が将来的に新たな会社を買収して新たな子会社・関連会社が誕生するやも知れず、このような将来的な子会社・関連会社のためにサブライセンス権を留保しておきたいと考えることも自然なのではないかと考える。

　しかしながら、WiAV 事件はこのような特許権者側のニーズよりも、潜在的な被告側の利益を優先し、単に子会社や関係会社に対するサブライセンス権であっても元の特許権者が留保すれば非許諾者側のライセンスは独占性を失うという以前からのルールを再確認した。裁判所の言わんとすることは、仮に、特許権者がサブライセンス権を留保し、非許諾者の独占性が認められず原告適格がないとなった場合でも、両者が共同して訴訟すれば原告適格を有することになるのでそのようにすることで救済されるということであろう。

　また、将来の子会社や関連会社に対する実施権についても独占的ライセンスの許諾時に実施許諾という形で盛り込んでおけば、サブライセンス権を留保せずとも実施の安全を確保することは可能である。

　このように、WiAV 事件で原告適格が否定された理由としては、特許権者がサブライセンス権を留保することは、9 項目のうちの 1 項目の「独占ライセンス」を満たさないということであり、その余の項目を検討するまでもなくそもそも独占的ライセンスが許諾されていないと判断されたからである。

V. 考　察

　このように、裁判所はそれぞれの特許権譲渡または独占的ライセンス許諾を規定した当事者間の契約条項をつぶさに検討し、原告適格の有無を個別に判断する。本章で取り上げた事件をそれぞれまとめると以下のとおりである。

88　第5章　米国特許判例に基づく特許権譲渡契約

	Suffolk 事件	*Clouding IP* 事件	*Speedplay* 事件	*WiAV* 事件
移転の態様	特許権譲渡	特許権譲渡	独占的ライセンス	独占的ライセンス
	①権利行使上の裁量権 ②再譲渡の裁量権 ③フィー・シェアリング ④弁護士への成功報酬の上限 ⑤活動停止時の買戻権 ⑥ライセンスバック	①再譲渡の制限 ②特許侵害を許容する自由についての制限 ③特許権放棄の制限 ④ライセンス条件を自由に設定することへの制限 ⑤顧客に対するサブライセンス権を元の特許権者に留保 ⑥元の特許権者が指定する第三者を提訴する義務	①独占的ライセンシーに製造販売等を行う独占権許諾 ②独占的ライセンシーにサブライセンスなどを行う権利あり ③独占的ライセンシーが権利行使に失敗した場合の特許権者に法的措置をとるオプションあり（ただし、ライセンス条件などは独占的ライセンシーが自由に決定） ④再譲渡に対する特許権者の同意（ただし、不当な不同意はできない）。 ⑤改良発明のアサインバック	①子会社・関連会社に対するサブライセンス権を元の特許権者が留保
All Substantial Right の移転	「独占的ライセンス」と「訴訟を提起する権利」が移転しており、原告適格を制限する他の条件が契約書にない。	「独占的ライセンス」と「訴訟を提起する権利」が移転しておらず、原告適格を制限する他の条件が多数散見。	「独占的ライセンス」と「訴訟を提起する権利」が移転しており、原告適格を制限する他の条件が契約書にない。	「独占的ライセンス」の許諾とは言えない。
原告適格	肯定	否定	肯定	否定

表1　「各事件における契約条件の対比と原告適格の有無」

　これらの事件で争われた事実関係をまとめると、「すべての実質的な権利（all substantial right）」が移転しているかどうかは、元の特許権者に特許発明についての自由が残っているかによって判断されるといっても過言ではない。「独占的ライセンス」や「訴訟を提起する権利」、「サブライセンス権」などは、つまるところ、第三者による当該特許発明の実施について何らかの権

利を行使する自由である。このような自由が元の特許権者に残っていれば、それはまだ特許権が移転していない、もしくは独占的ライセンスが許諾されていないのであって、移転を受ける新たな権利者は単独で訴訟を提起することができない。なぜなら自由の一部が元の特許権者に残っているからである。その限度において新権利者は不自由であって、特許権の行使を自由になすことができない。換言すれば、特許法は、特許裁判の原告に対し当該特許権について何者からも制約を受けないことを要求しているのであって、特許権の譲受人が裁量を持ち、その自由裁量の範囲の中で、元の特許権者の意向を聞くというのであればこの限りでないであろう。

　一方、日本特許法における専用実施権は、先述のとおり、特許権者が設定行為で定めた範囲を異にしていれば、それぞれの専用実施権者がその特許発明の実施を専有し、特許侵害訴訟においては、それぞれ原告適格を有することになる。つまりは、複数の専用実施権者が存在することを認めており、サブライセンス権の有無などで独占性が失われる可能性がある米国とは異なる。これは、日本の専用実施権は設定登録により特許庁の特許原簿に登録されるから、権利行使を受ける側にとっては誰がどのような権利を持っているかは特許原簿を確認することにより可能であるから誰から権利行使を受けるかわからないといった問題はない。米国においては、独占的ライセンスは当事者間の契約において決定し、必ずしも権利行使を受けるものに対し、独占的ライセンス契約の内容を開示するとは限らないから、"自称"独占的ライセンシーが本当に独占的ライセンスを持っているのはわからないことがありえる。そのような場合には、"自称"独占的ライセンシーが本当に原告適格を持っているのかは、裁判所で争ってみないとわからない。

　日本の実務家の感覚では、日本の専用実施権と米国の独占的ライセンスがこのように異なるということを見落としがちであり、ともすれば米国特許権に基づいて独占的ライセンスを許諾するといいながら、サブライセンス権を留保するということに違和感を覚えないことが多いのではなかろうか。特許権者万能という前提の下、米国流のフレキシブルな契約実務の中で、つい米国特許法と日本特許法との差異を忘れることがある。米国の契約実務家も、契約自由の原則の下、当事者間の取り決めによって何でも決められるかのよ

うな幻想にとらわれることがあり得る。契約法などの州法に優先する連邦法たる特許法、とりわけ特許判例を研究することは日米のライセンス実務家にとって非常に重要なことである。ではどうすべきか。

　実務家に対するひとつの示唆として、特許譲渡または独占的ライセンスの許諾の際に、新たな権利者の裁量権を明確にすることが必要であるといえる。先述のとおり、元の権利者と新たな権利者の間のフィー・シェアリング自体は原告適格に影響を与えないと考えられる。すなわち、新権利者が受け取るロイヤリティ、和解金などの一部を元の権利者が譲渡対価として受領することは特許権譲渡の妨げとはならないということは *Vaupel* 事件で確認されているからである。また、元の権利者が新たな権利者から単なる実施許諾を受けるライセンスバックについても、原告適格を制限するものではないことは明らかである。問題は、権利行使を行うか否か、特許侵害訴訟を提起するか否か、和解をするか否か、誰にライセンスを許諾するか、再譲渡はどうするのかなどについて誰が裁量を有するかである。*Suffolk* 事件と *Clouding IP* 事件で異なる結果になった大きな理由は、この裁量権が新たな権利者に完全に移っていたのか、または元の権利者に大部分が残っていたのかである。特許権を譲渡するというからには新たな権利者がこのような裁量権を有するべきとするのが米国判例の立場である。これは独占的ライセンスの場合も基本的に同じ考え方である。

　したがって、原告の立場としては、権利移転の段階で自己の裁量権を明確に契約上示すということが非常に重要になる。なぜなら、新権利者が潜在的なライセンシーに対して特許侵害訴訟を提起したとしても、特許権侵害や有効性などの本案の審理に入る前に、あるいはディスカバリーが本格的にスタートする以前の段階で、潜在的ライセンシー側から請求棄却の申立て（motion to dismiss）が請求され、当該譲渡契約書がつぶさに検討されることになるからである。ディスカバリー途中で多額の訴訟費用を費やした後に原告適格がなかったとして訴訟が振り出しに戻るのでは訴訟戦略上も打撃となり得る。契約実務家はこのような観点を意識しつつ契約書をドラフトせねばならず、特許ビジネスを行う非法律家もビジネス全体の枠組みを検討する中で無知ではいられない。

一方、被告の立場としては、ディスカバリーの段階で、原告が本当に特許権または独占ライセンス権を有しているのか、契約書や関連する資料の提出を要求し、契約の中身を検討することが有効になる。いわゆる PAE から提訴を受けた場合、その PAE がオリジナルの発明者を擁しているケースは少なく、他者から権利譲渡を受けていることが多い。権利が転々流通していることもまれではない。その権利流通の過程を詳細に検討し、原告が本当に当該特許発明を自由にする裁量を有しているのかを検討すべきである。場合によっては、デポジションなども有効に活用し、新旧権利者の間で書面の契約書以外に口頭の取り決めや契約条件の修正などはなかったかなども検討してもよいだろう。たとえ完全合意条項などが契約書に含まれていたとしても、口頭や契約書外の証拠により、前提となる条件として、旧権利者に一定の裁量権が残っていた証拠などを提示できれば、口頭証拠排除の原則（Parol evidence rule）の例外として契約書外の証拠も採用される可能性はある。

　無論、元の権利者と新たな権利者が共同して訴訟してきた場合には原告適格の問題は解消してしまうが、必ずしも新旧権利者の利害関係が一致するとは限らず、新権利者が旧権利者の協力を得られないこともありえるため、被告側として有効な防御法となり得る。

　ここで、元の特許権者がサブライセンス権を有する場合はすべて新権利者に原告適格が認められないのかについては疑問の余地も残る。すなわち、旧特許権者が権利処分に関する裁量権を残しサブライセンス権を留保する場合と、新権利者の権利処分の裁量権行使の結果、サブライセンス権付きのライセンスを旧特許権者に許諾する場合とが想定しうるからである。判決はこの点明確ではない。サブライセンス権を留保するという表現は、旧特許権者が自分自身にサブライセンス権付きライセンスを許諾した後、新権利者に移転するかのようにとらえることができるが、実務的な感覚とは開きがある[21]。サブライセンス権を旧権利者が有するということは、すでに新権利者に権利譲渡がなされていてその権利に基づいてサブライセンス権付きのライセンス

---

21) 米国の不動産移転の場合は、旧権利者による「留保」という考え方がある。たとえば、甲地と、甲地に隣接する乙地を有する権利者（旧権利者）が他者に甲地を譲り渡したが、乙地が袋地であり、甲地上を通らないと公道に出られないような場合に、旧権利者が甲地の上に通行地役権を留保する（easement by reservation）ことがある。

を旧権利者に許諾すると考えるのが自然であろう。とすれば、この許諾は、新権利者の裁量により行われていると見ることもできる。もっとも、サブライセンス権の許諾が権利移転の交換条件になっているのであれば、新権利者の自由裁量に基づく許諾とは言い切れない。先の $WiAV$ 事件はサブライセンス権の一点をもって独占的ライセンスの独占性を判断しているが、他の３つの事件ではさまざま契約条項を総合的に判断している。連邦巡回控訴裁判所も９項目のファクターを総合判断することにより原告適格の有無を判断しているので、$WiAV$ 事件のようなケースでは、今後、裁判所は契約書全体を検討し新旧権利者間の取引関係を総合的に勘案して判断される可能性が高い。

VI. 結びにかえて

　本章では、特許権の譲渡といいながら、元の特許権者が一定の裁量権を留保し譲受人に対し実質的なコントロール権を持つような場合に、新権利者が真の特許権者として特許権侵害訴訟の原告適格が認められるのか、という点について、原告適格を肯定した例および否定した例を特許権譲渡の場合と独占的ライセンスの場合を検討した。この検討過程を通して、改めて特許権を構成する「すべての実質的な権利（all substantial right）」とは何かをおぼろげながら議論することになった。実務家は、原告適格を伴う権利移転とはすなわち元の特許権者から特許発明についての自由を譲り受け、日本風に言えば、権利の使用、収益、処分などに関する自由を有し、元の特許権者からの干渉を受けないということが要求されるということを改めて意識する必要がある。特許権を譲渡したつもりが、この点を意識しないばかりに実は譲受人に原告適格がなかったということになれば、大金を支払って得た特許権が実は中身のない不完全なものだったということにもなりかねず、そのような取引を担当していた弁護士は法的過誤（legal malpractice）としてクライアントから訴えられるということにもなりかねない。裁判例を見てきたとおり、裁判所は契約書の中身を全体として判断するため、契約書の各条文をドラフトする際には細心の注意が必要である。本章が、契約書ドラフティングの際、少しでも参考になればと祈るばかりである。

第6章　知財商業化
―― 紙の公報が商品に変わるとき ――

I．はじめに

　知財からビジネスを起こすことはできるか。端的に、これが本章のテーマである。知財部門の経営効果とは何か。経営者からこう問われている知財部門の責任者はいないだろうか。特許出願費用、権利化費用、維持費用、リスク調査に係争費用。当然、人件費もかかる。それだけ金をかけてどういう経営効果があるのか。経営者ならそう問うことも不思議ではない。特許庁の「令和4年（2022年度）知的財産活動調査 結果の概要」によれば、2021年度の利用率（利用件数/所有件数）をみると、国内特許権は53.2％であり、外国特許権は54.6％となっている[1]。これは、知財関連費用の大半が直接には何も生み出していないと捉えられる余地を残す[2]。

　また、特許を取ったからといって、特許発明を実施する事業を持たない、いわゆる特許権行使主体（Patent Assertion Entity, "PAE"）[3]相手では無力である。PAEは実施の事業を持たないためこちらが特許を取得してもPAEに直接的には権利行使できず、PAEからの攻撃に必ずしも対抗できないからである。したがって、経営者から見れば日々の知財活動を維持するための様々な

1）特許庁「令和4年（2022年）知的財産活動調査　結果の概要」23頁、（https://www.e-stat.go.jp/stat-search/files?page=1&layout=datalist&toukei=00552010&tstat=000001026225&cycle=0&tclass1=000001204300&tclass2=000001204301&cycle_facet=tclass1%3Atclass2&tclass3val=0、2024年4月9日最終閲覧）。
2）日本では、特許権の本質について「専用権」（日本特許法68条）とする見解と、「排他権」とする見解がある（詳細は、田辺徹「特許権の本質」パテント56巻10号（2003年）58頁以下参照）。専用権説においても排他権説においても、特許権には排他権としての作用があり特許発明について他社の参入を許さないという禁止権の効果もある。とすると、休眠特許であっても他社の参入を防いでいるのであるから一定の禁止権の効果が認められるべきであるとの見解も成り立つ。しかし、その経営的効果を定量的に示すにはいろいろな視点で仮説をおく必要があるので誰もが納得する定量的尺度を示すには今後の議論の発展を待つ必要であろう。

費用がかかる一方、PAEからライセンスを受けるためのロイヤリティ支払いは減らず、いつも知財関連で費用がかさみ、事業を圧迫すると捉えられなくはない。

　いや、特許を取れば特許発明を実施する事業を有する企業からロイヤリティを取れるではないか―知財担当者であればそう反論することもあろう。しかし、競業相手が自社の特許を使うとは限らないし、侵害調査、侵害立証、訴訟費用、相手方の持つカウンター特許の存在など、自らの権利行使によりライセンシーからロイヤリティを取るいわゆるライセンスアウトは一筋縄ではいかない。仮に、侵害立証可能な特許があってもそれはすべての保有特許のうちのほんの僅かな上澄みでしかない場合が多い。「特許は宝籤です」と経営者に説明して日々の知財活動を正当化するわけにもいかないだろう。

　もっと目に見える形で事業に貢献できれば―そう考える知財責任者は多いのではないか。「事業に貢献する知財」と間接部門らしく、事業経営をサポートするイメージを描けないか。いやあるいはもっと踏み込んで、事業の源泉たる知財から事業自体を起こすことはできないか。数ある遊休知財資産をうまく活用して新規のビジネスモデルを生み出せないか。そうすれば、もっと能動的に知財部門が事業に関わることができる。いや、知財そのものが事業を生み出す絵を描けないか。そう考える知財責任者がいてもおかしくない。

　本章は、このような思いで知財の商業化について書いてみようと思う。ま

3）数年前までは、米国などでは特許発明の実施の事業を持たず特許権を保有している主体をNon-Practicing Entity（"NPE"）と呼ぶことが一般化していた。しかしながら、大学や個人発明家などの純粋な特許保有主体と、業として特許権を主張してライセンス料などを取得することを主な事業をしている主体とを区別するため、最近ではPatent Assertion Entity（"PAE"）という言葉が使われるようになってきた。例えば、米国の連邦取引委員会（Federal Trade Commission, "FTC"）が2016年10月6日に発行した"FTC Report Sheds New Light on How Patent Assertion Entities Operate；Recommends Patent Litigation Reforms"では、PAEを主として特許権を取得し被疑侵害者に権利主張することで収入を得る事業主体と定義し、第三者から特許を取得する場合が多く特許資産を主たる財産とし、製品を製造、販売することに依拠しないことを特徴とすることと指摘している。さらに、同レポートは、PAEを膨大な特許権数を背景にライセンス取得を迫る巨大ポートフォリオ型と小規模の特許侵害訴訟を提起して低額の和解金を請求する訴訟提起型の2つの類型に分け、いずれも不当にスタートアップ企業や小規模の会社の研究開発資源をライセンス取得費用や訴訟費用に転換させており、イノベーションの促進に否定的な効果をもたらしていると指摘した上で、製造・販売事業をもつ被告とそれらを持たない原告（PAE）のディスカバリー負担の非対称性などの不平等を是正するため連邦民事訴訟規則などを改正することを提言している。

だ知財の商業化という言葉は一般化しているわけではなく、成功事例も限られている。だから本章では筆者自身が知財商業化の門扉に入門するようなつもりで基本的なところから知財の商業化を概観してみたいと思う。随所に実験的な部分があることもご容赦いただきたい。ただ、本章が知財商業化についての活発な議論の一助となることを望む。

II. 知財商業化とは

　知財の商業化（IP Commercialization）とは何か。これについてはまだ確立した定義があるわけではない。一方で特許やノウハウのライセンスを中心とする技術移転という概念は古くからある。知財の商業化と技術移転とは何が違うのか。

　世界知的所有権機関（World Intellectual Property Organization,"WIPO"）は、2015年に発表した「知財商業化ガイド」において、大学の知財の商業化という文脈ではあるものの知財の商業化（IP Commercialization）を定義して、「アイディア、発明およびイノベーションを実地に実行するための保護、マネジメント、評価、開発および価値創造を図るための継続的な活動と行動」としている[4]。

　本章において議論する知財の商業化の対象は、大学の知財のみならず、企業や個人に帰属する知財も含んでいる。後述する川崎モデルのように、むしろ大企業に眠る遊休資産としての知財の活用の必要性が叫ばれ、また少しずつ成功事例が報告されている。したがって、知財の商業化について議論をする際には、権利者についての属性で区別する必要性はないであろう。

　このWIPOによる定義は、知財商業化を「継続的な活動と行動」と表現しており、アイディアからスタートして価値を創造するまでの循環を示している。したがって、知財商業化について、単にアド・ホックに必要な技術を導入する技術移転という局所的な見方をしていない。従来型の技術移転と本書で述べている知財商業化の差異は、前者が単発の特許・技術ライセンスで完

---

4) WIPO Committee on Development and Intellectual Property（CDIP）, Guide on Intellectual Property（IP）Commercialization, CDIP/16/INF/4, September 30, 2015, at 18.

結することが多いのに対し、後者はWIPOの上記定義のように継続的な循環をなすところであろう。また、技術移転というと、ライセンシーにおいて足りないシーズ技術を補完的に導入するような語感があるが、知財商業化の場合は、マーケットのニーズに応えてビジネスとして成立するようにビジネスモデルを描いてライセンスを行うというように、視点が異なる。このような循環をなすためには、アイディアの実現のための初期投資があり、アイディアを実現したビジネスがあり、そのビジネスによって次のアイディアに再投資できるだけの潤沢な利益があり、それぞれのステージでアイディアが価値に生まれ変わる必要がある。初期において出資を投資家に促すには、説得力のあるビジネスモデルを描き、どのようなバリューチェーンで、どのようなセグメントの顧客を対象に、どのような価値を提供するのか、知財というシーズをもとに、どのように顧客のニーズやウォンツに応えていくのか、といったことがパッケージで、うまくまとまっていることが重要である。さもなくば、特許権で保護される技術は良くとも、シーズだけではビジネスにならないことは、休眠特許の山を築いている日本企業を見れば一目瞭然であろう。

　では、なぜ今知財の商業化なのか。国立研究開発法人新エネルギー・産業技術総合開発機構（NEDO）は、2016年7月に、オープンイノベーション白書を発行し、オープンイノベーションについて、「組織内部のイノベーションを促進するために、意図的かつ積極的に内部と外部の技術やアイディアなどの資源の流出入を活用し、その結果組織内で創出したイノベーションを組織外に展開する市場機会を増やすことである[5]」という米ハーバード大学経営大学院のHenry W. Chesbrough教授によるオープンイノベーションの定義を紹介した上で、グローバル化の進展や市場等の成熟に伴い、多様化している顧客ニーズやIT化による製品のコモディティ化など、激しい環境変化への対応が求められる中で、日本の企業は自社製品や経営資源のみだけでは、新たな価値（イノベーション）を生み出せなくなってきていることを指摘している。

---

5) Henry W. Chesbrough, "Open Innovation—the New Imperative for Creating and Profiting from Technology", 2003.

これに加え、米国における特許アサーションモデルの衰退が挙げられる。2003年に設立されたインテレクチュアル・アセット・マネジメント（IAM）は同社が提供する知財エグゼクティブ向けの雑誌『iam』の2015年11月・12月号の表紙（英語版）において「恐竜は絶滅した」というメッセージを記載し、David Kline 氏の記事を掲載した。同氏の記事「絶滅レベルの事態：逆境から生まれる機会」（英語版および日本語版の両方に掲載）の中で、米国発明法（AIA）や Alice 判決[6]などの影響により、「特許資産の価値が急落し、ポートフォリオの収益化の見通しが悪化する中で、IPXI、コンバーサント、アカシア、ウィーラン、インベンタジー、ジェイ・ウォーカーのパテント・プロパティーズ（現在はウォーカー・イノベーション・インクと改称）および公開・非公開を問わずほぼすべての独立系ライセンス会社が、ビジネスモデルの調整、縮小、多様化に動くか（完全に消滅していないとしても）危機に陥っている。そして、近々事態が改善する兆候も見出せない」と指摘する[7]。なお、この記事に登場している IPXI は世界初の知財使用権取引所といわれ世間を驚かせたが、2015年3月に突如として取引を停止している。

このように、オープンイノベーションの活発化と、特許アサーションモデルの終焉（しかし、以前いわれたほどに特許アサーションモデルは「終焉」していない）が、世界的に知財の商業化へと向かっている潮流の一因なのではないだろうか。

Ⅲ．知商業化のためのステップ概観

知財商業化のためのステップを分解すると、Ⅲ.1 シーズ発掘、Ⅲ.2 グランドデザイン策定、Ⅲ.3 マーケット調査と知財調査、Ⅲ.4 知財商業化プロモーション、Ⅲ.5 ライセンス交渉、Ⅲ.6 アフターケアの6つのステップが考えられる。

---

6) Alice Corp. Pty. Ltd. V. CLS Bank Int'l, 134 S. Ct. 2347, 2358-59 (2014).
7) David Kline「絶滅レベルの事態：逆境から生まれる機会」11月号 Intellectual Asset Management 8頁、2015年9月。なお、記事の中で「ウィーラン」となっているのは、「ワイラン（WiLAN）」の誤りだと思われる。

以下、それぞれのステップを概観する。

1．シーズ発掘

シーズ発掘とは、知財商業化の対象となる特許権やノウハウ、商標権を特定することである。これには、技術提供側のシーズからスタートするプロダクトアウトによる方法と、市場や購買者のニーズからスタートするマーケットインによる方法とがある。休眠特許の活用という点から知財商業化を検討するときには往々として、シーズが市場における出口を有さずに「休眠」している状態にあるという場合が多いのではないだろうか。つまり、特許権やノウハウが技術シーズである以上、その商業化はプッシュアウト型にならざるを得ないことが多いのではないか。もっとも特許出願や審査請求の段階で権利化の対象をマーケットにニーズがあるものに絞り込んでいれば、ある程度マーケットインによる商業化も進められる。しかしながら、実際には、特許出願や審査請求の段階で将来のマーケットニーズを見極め切るのは至難の技であるとも言える。

実際の知財商業化においては、プロダクトアウト型、マーケットイン型のいずれにおいても仮説を立てて、暫定的に対象となる知財を特定し、実際に市場動向を調査、ヒアリングしながらプロジェクト推進の過程の中で仮説の精度を高めていくほかない。また、最近のマーケティングの世界では、「シーズ」、「ニーズ」の二元論ではなく「ウォンツ」を作らねばならないという考え方もある[8]。先進国で市場が成熟している現代では、消費者が自分自身の欲求に気づいていない場合も多く、こうした潜在的な欲求としての「ウォンツ」をカバーする知財を発掘するということを意識していくべきであろう。この場合、消費者自身が自己の欲求に気づいていないのであるから、マーケット調査をしても直接答えが分かるわけではない。売り手が自分なりのロジックやストーリーを持った上で行った商品企画についてマーケット調査にて8割方の支持を得たとしても、実際にマーケットに出せば他のコンペティ

---

8) このあたりの考え方については事業構想大学院大学特任教授、株式会社羽神の森代表取締役早川典重氏より直接にご教示いただいた。同氏は三井物産に在籍中、商社としてはじめて知財商業化に取り組んだパイオニアである。

ターが次々に参入するレッドオーシャンになっていることが多いという。一方、マーケット調査では３割方の支持しか得られていなくても、自らのロジックやストーリーに裏打ちされたものならば、これをマーケットに出すことでブルーオーシャンとすることができる可能性が高い。経営者としてマーケット調査結果を鵜呑みにすることなく、いまだ顧客も把握していない「ウォンツ」をリードしていかなければならない。このように「ウォンツ」を特定する段階で、後述する用途開発を十分に行うことで、顧客の潜在的ニーズを満たすまだ世にない新商品の商業化が可能となる。用途開発の際に追加で改良発明や用途発明が生まれる可能性があるが、これは種となる知財に加えて追加知財として権利化しておくべきだろう。シーズ発掘の段階で重要なことは初期的な知財デューデリジェンスを実施しておくことであるが、この点については後述する。

２．グランドデザイン策定

　対象知財が特定され、初期的なデューデリジェンスが完了すれば、次に行うべきはビジネスモデルのグランドデザインである。とはいえ、いきなり最終的なビジネスモデルを描き切るのは困難である。実際には、スタートアップ企業のほとんどが当初のビジネスモデルを見直して変形（morph）させることが紹介されている[9]。すなわち、当初のビジネスモデルを変形させ、より市場のニーズやウォンツに合致するものにしなければ成り立たないことが多いからである。そのプロセスは、必ずしも計画的ではなく偶発的に起こる場合を含んでいる。

　とはいえ、最初は少人数でのブレインストーミングを通して徐々に考えをまとめ、一定の仮説を立てることから始めてもよい。なぜならば、現在未活用である知財は、まだどのようなビジネスに使われるべきなのかが検討されていない、あるいはまだ検討の余地があるためビジネス上のエグジットプラ

---

[9] Howard Love, The Start-Up J Curve : The Six Steps to Entrepreneurial Success (2016) では、著者が30年に渡り数々のスタートアップを立ち上げ経営してきた経験からスタートアップ企業の多くの事業がJ字型のカーブを描き、当初のビジネスモデルから変形（morph）させたビジネスモデルにて活動を継続することが多いことを指摘する。

ンがはっきりしていないことが多いからである。例えば、ある新規な物質やデバイスを開発したが具体的な用途がはっきりしない場合やどのようにして儲けるのかといったビジネスモデルがはっきりしない場合などである。このような場合に対象知財を生かしたビジネスモデルのグランドデザインを描くためにブレインストーミングが有効になってくる。

　ブレインストーミングには、社内の参加者によるクローズ型と社内外の参加者を巻き込むオープン型とがある。機密性が高いプロジェクトの場合、クローズ型によることが多いであろうが、そうでない場合に単に社内で閉じるとしてしまうと、既成概念から抜け出せないことが多い。社内外の関係者を巻き込んで、できるだけ異種異能の多様なアイディアを盛り込むにはオープン型も検討の余地がある。

　さらに、オープン型にも機密保持契約を結んで行う準クローズ型と、ハッカソンやアイディアソンのように完全に外部とのオープンなディスカッションを仕掛ける完全オープン型とがある。ハッカソンとは、hack（ハック）とmarathon（マラソン）からできた造語であり、ソフトウェアなどの開発者が、一定期間集中的にプログラムの開発やサービスの考案などの共同作業を行い、その技能やアイディアを競うことをいう[10]。また、アイディアソンとは、同じテーマについて皆で集中的にアイディアを出し合うことにより、新たな発想を創出しようとする取り組みのこと、および、そうした取り組みを主とするイベントのことである[11]。このようなイベントは通常ソフトウェア開発やスタートアップ企業のビジネスモデル検討などに活用される。しかし、多様な参加者からの異種のアイディアを活用したブレインストーミングは、未活用知財の用途開発にも十分に効果を発揮するだろう。ただ、多様なアイディアをオープンに議論することができるという反面、機密保持契約のない完全オープン型のブレインストーミングではそこで議論することによって生まれた改良発明が公知になってしまうという問題点もある。そこで、完全オープン型で議論をした上で、さらに深掘りをするときには機密保持契約を

---

10) デジタル大辞泉（https://www.weblio.jp/content/%E3%83%8 F%E3%83%83%E3%82%AB%E3%82%BD%E3%83%B3、2024年4月9日最終閲覧）。

11) IT用語辞典バイナリ（https://www.sophia-it.com/content/%E3%82%A2%E3%82%A4%E3%83%87%E3%82%A2%E3%82%BD%E3%83%B3、2024年3月12日最終閲覧）。

結び、そこで改良発明を議論するということもできる。

3．マーケット調査と知財調査

　ブレインストーミングでできた仮説をデータで裏付けするために重要となってくるのがマーケット調査と知財調査である。実際にブレインストーミングでできたビジネスモデルがどの程度のマーケット規模を持つものなのかはブレインストーミングの中から出てきたアイディアに優先順位をつける手助けとなる。また、市場における類似商品や類似サービスの調査は競合相手の分析にもなる。さらに、知財部門としては、先行する公開公報や特許公報などを調べて他社がすでに当該ビジネスモデルを検討しているかどうか、パートナーとなりそうな企業はどこか、他社の特許権を侵害するリスクはあるかなど、ビジネス上の機会や脅威を分析することができる。また過去の出願の傾向からライセンシーとなり得る企業の候補についても仮説を立てることもできる。

　データによる裏づけとともに重要なのはヒアリング調査である。ヒアリング調査はサプライチェーンに沿って関係者に対して行うことでビジネスの全体像をより精度高く描くことができる。すなわち、原料の段階から商品やサービスが消費者の手に届くまでの全プロセスの繋がりのうち、どの部分にライセンスし、どの部分で収益を上げるかを描くためにサプライチェーンを構成するそれぞれのニーズは何かをヒアリングする。

　これらのマーケット調査や特許調査、ヒアリングによるニーズ調査の結果をもとにブレインストーミングで生まれた仮説に優先度をつけ、肉付けし、さらに精度の高いものにしていく。大切なのは、各調査結果そのものではなく、いかに儲け方を描き切ることができるかである。

4．知財商業化プロモーション

　ビジネスモデルについてある程度裏付けデータによって検証された仮説ができあがれば次はいよいよ知財商業化のためのプロモーションである。この段階では、対象知財の他、商品/サービスのイメージ、他社優位性、対象顧客、原材料や基幹部品などのサプライヤー、販売規模予測などが具体的に描

けていることが重要である。さらにプロモーション活動を重ねることで仮説の具体性を上げていく。

知財商業化のプロモーションにもオープン型とクローズ型がある。オープン型のプロモーションとしては、政府や地方公共団体、民間団体などが主催する技術マッチングイベントなどがある。クローズ型のプロモーションとしては、企業間のこれまでの繋がりや商社などのネットワークを利用したプロモーションがある。

オープン型のプロモーションは、一度にたくさんのコネクションを作ることができるため効率的だが訪問者がイベントへの参加者に制限されるため、こちらがプロモーションしたい相手に出会えるかわからない部分がある。一方、クローズ型のプロモーションはこちらから相手方を選ぶことができるが、思うようにコネクションが繋がるか、プロモーション先に警戒されないかなど、デメリットもある。実際にはオープン型の技術マッチングイベントに出展した後、個別訪問など、クローズ型のプロモーションに切り替えるなどの組み合わせでプロモーションするのが効果的であろう。

実際にプロモーションをしてすぐにライセンスを受けたい企業が見つかれば問題ないが、現実にはそれほど簡単ではないことが多い。それよりはプロモーション先からなぜライセンス導入には至らないかのネガティブフィードバックを集め、仮説の補強、修正などを通してさらに精度を上げていくことが重要であろう。プロモーション先からのヒアリングにより、顧客を想像して描いていたブレインストーミングの段階では見えていなかった課題を発見することも多いことだろう。

ライセンシー候補を見つけてビジネスモデルを実現する秘訣はというと、コントロールできるものからコントロールできないものまで様々なパラメータがあるので一概には言えない。ただ、ひとつ言えることは、知財商業化において知財の価値を評価するのは顧客であるということであろう。こちらが提供する知財やビジネスソリューションが顧客の視点から見て価値を生み、妥当な対価に見合う内容になっているか、という点に尽きるだろう。知財商業化において、知財の価値を評価するバロメーターは商品の売上げや収益性である。とすると、知財の価値の真の評価者は発明者でもなく、弁理士でも

なく、弁護士でもなく、裁判官でもない。アダム・スミスのいう需要と供給をバランスさせる「神の見えざる手」により、市場が知財の真の価値を決めるのである（本書第4章参照）。

　一般に知財のライセンス担当は自社の特許権を侵害するコンペティターや自社の製品に対して権利行使してくる特許権者を相手にすることは多いだろうが、自社の特許を友好的に使いたいといってくれる企業のビジネスに価値を与えるという視点に立ってソリューションを提供できるであろうか。競業相手やPAE相手のライセンス交渉と知財商業化におけるプロモーション活動とは似て非なるどころかベクトルが違う。最終的には侵害訴訟でけりをつける敵対的ライセンス交渉とは異なり、知財商業化は裁判では決着がつかない。敵対的に相手を出し抜くスタイルのライセンス交渉ではなく、友好的に課題を解決するソリューションを妥当な価格で提供できるかという視点が重要である。

　また、対価以外にもお互い欲しいものを交換できる関係であれば相互補完でシナジー効果を出せる可能性がある。種となるシード知財は特許権者が出すが、周辺技術や改良技術はライセンシー側が提供することなどが可能であると、相互にメリットを享受し合うことが可能となる。ライセンサーからは特許権やノウハウ、ソフトウェア、コンテンツなどが提供され、ライセンシー側からは追加開発能力、製造能力、販路、保守やメンテ機能が提供されることで、紙の特許公報に書かれた発明が商品に生まれ変わる可能性が高まる。オープンイノベーションを実現するには呉越同舟ではだめで、信頼関係を基本に共通の目標のもとお互いの強みを出し合い弱みを補い合うことが重要である。場合によっては、ライセンス関係を超えて共同出資やジョイントベンチャーの創出を考えてもいい。

　プロモーションによって探し出したパートナーとは、機密保持契約からスタートして、共同開発契約、共同出願契約、開発委託契約、技術援助契約、業務委託契約、ライセンス契約、共同出資契約など、対象となる事業のフェーズごとに必要な枠組みを検討しマイルストーンごとに契約書として文書に落とし込み、双方の権利義務を明確にすることが重要である。こういった流れは通常の事業における契約締結の流れと変わるところはない。違いが

あるとすれば、通常の事業であれば事業部門がそれぞれの工程をリードしていくことになるが、知財商業化では他でもない知財部門がそれぞれの工程をリードしていくことになるという点であろうか。いずれにしてもプロモーションの過程においては、コンタクト先を見つけてアプローチを開始する件名開発に始まり、各工程をマイルストーンごとに分解して進捗を管理し、優先順位をつけてリソース配分することにより成功までの確度を上げることが自然と必要になってくることだろう。

5．ライセンス交渉

　知財商業化に関連して多種の契約があるがその中で中心的な役割を果たすのがライセンス契約である。ライセンス契約については数々の文献で語られていることなのでここで多くを付け加えることはしない。

　数点だけ、現在または過去の侵害行為を前提とする通常のライセンス交渉と知財商業化におけるライセンス交渉とが違いについて述べることとする。知財商業化の場合、ライセンス交渉が決裂しても侵害行為がまだ発生していない以上、特許侵害訴訟を提起することができない。侵害行為の有無が問題となっている場合、ライセンサー側には常に訴訟というレバレッジがあり、ライセンシーが交渉に応じない場合、提訴するというオプションがある。ビジネス上のメリットと提訴というアメとムチを使い分けライセンス交渉することに慣れたライセンス担当者は知財商業化においてはそのようなムチを使うことができないことを再認識すべきである。権利者として無意識的に高圧的になっていないか自問しても良いだろう。

　ライセンス交渉の中で重要なことはロイヤリティをどう設定するかである。知財商業化においては、まだ商品化されていない製品のライセンス条件を決めるので、どの程度そのライセンス製品の売り上げが見込めるか、コストや利益をどの程度試算するか、ライセンスする技術の貢献度はいかほどか、などを総合的に勘案して決定する。既に製品が出ている場合、実績があるのでロイヤリティを試算しやすい。しかし、知財商業化で取り扱うライセンス製品は実績がないので事業計画との差（ボラリティ）が出やすい。すなわち、事業計画よりもライセンス製品が売れない場合や逆に売れすぎる場合な

どである。このボラリティを緩和してリスクヘッジするため、ライセンス製品の事業計画に基づいてミニマムロイヤリティを設定したり、売れ過ぎた場合のボーナスなどライセンサーとライセンシーの間で事業計画をベースに真摯に議論しておくことが重要である。

また、当初のライセンス交渉時には想定できなかったボラリティの変化に対応するためライセンス期間を短くしておいて条件を見直しできるようにしておくことが有効である。

6．アフターケア

「ライセンス契約はゴールでなくスタート」。後に紹介する「川崎モデル」を推進された公益財団法人川崎市産業振興財団の左中岳次郎氏は、同氏が執筆された論文の中で、ライセンシサー企業とライセンシー企業の「交流の場の提供」に留まらず、「ライセンス契約交渉」、「製品開発」、「資金獲得」、「商品化」、「広報発表」、「販売促進」まで一貫したサポートを行う重要性を指摘されている。すなわち、「契約締結」は目的ではなく、あくまでライセンシー企業の「業績向上」、「経営安定化」を目指すことが重要であることが指摘されている[12]。

同氏は中小企業と大企業との知財マッチングの観点でそう述べられているが、これはライセンシーがスタートアップ企業や中堅企業であっても変わらない。すなわち、通常の事業化に必要なアフターケアが知財商業化でも必要になってくる。その意味では、知財部門だけが知財商業化を推進するのでなく、他のサポート部門と連携、協力できる体制があれば望ましい。特に、改良発明の開発や量産化などにおいてライセンサー側の技術部門の協力を得られると、成功への確率が高まることであろう。技術部門のサポートがあればノウハウ指導など単なる特許ライセンスを超えた付加価値を提供することができるからである。

12）左中岳次郎「"川崎発"中小企業と大企業の知財ビジネスマッチング支援『川崎市知的財産交流事業』」特技懇 No.278（2015年）29頁。

Ⅳ．各プロセスにおける検討課題

以上、知財商業化のためのプロセスを概観した。次に、各プロセスにおける検討課題を留意事項として記載する。

1．知財デューデリジェンス

　先に述べたシーズ発掘のステップで重要なのは知財デューデリジェンスである。「シーズ」、「ニーズ」、「ウォンツ」といった観点から、ある程度知財商業化の対象となる知財が特定された後には、この段階でそれらの知財を棚卸し、知財デューデリジェンスを行っておくのが望ましい。基本的な技術コンセプトが十分な権利範囲で保護されているか、周辺技術はどこまで保護できているか、無効理由はないか、発明者は社内に在籍しているか、権利満了までの期間は十分にあるか、設計図面やデモ機は残っているか、原材料や基幹部品の供給は十分か、外国特許権は十分に取得できているか、商標権は押さえてあるか、第三者の知財は侵害しないかなどの観点で種となる知財の評価を行っておくことが大切である。デューデリジェンスとは、通常、不動産投資やM&Aの際に、企業の資産価値を適正に評価する手続きをいい、企業の収益性やリスクなどを総合的かつ詳細に調査してその価値を査定することを指す。ここで知財デューデリジェンスというときは、知財商業化にあたって投資対象となる知財資産の収益性やリスクを評価し、事前に査定しておくことを指す。

　通常はM&Aやベンチャー企業への投資の際に知財デューデリジェンスの必要性が説かれることが多いが[13]、知財の商業化では知財そのものが文字通り事業の源泉であるので、基本的なところが押さえられているかは投資する前に明らかにされなければならない。ビジネスの成功性とともに未実現のリスクをあぶりだすことにより、対象となる知財がビジネスを生み出せるかを

---

13) ベンチャー企業の企業価値算定の時点で知財デューデリジェンスの必要性を説くものとして、例えば、堀越康夫「ベンチャー投資家視点での知的財産評価」知財管理66巻4号（2016年）438頁以下参照。

見極めるのである。

2．追加研究と改良発明

　先述のブレインストーミングにて改良発明が生まれた場合、実際にニーズ調査やプロモーションなどカスタマーやライセンシー候補へのアプローチをする前に特許出願をしておくことが望ましい。これにより、カスタマーやライセンシー候補に新たな改良発明を模倣されたり、冒認出願されるリスクを未然に防ぐことができる。また、ブレインストーミングの参加者が異なる法人であれば共同出願として出願することを検討し、出願費用負担やライセンス収入などの持分の割合を共同出願契約にて予め決めておく。先に述べたオープン型のブレインストーミングの場合、機密保持契約がなければ、生まれた改良発明が新規性を喪失するおそれがあるため、改良発明を出願することを想定している場合は機密保持契約を事前に締結することを検討すべきである。

　また、ブレインストーミングの結果を出願する際に問題となってくるのが改良発明の進歩性である。すなわち、種となるシーズ知財を先行文献としたときに、改良発明が進歩性を有すると言えるほどに改良されたものであるかということである。進歩性一般については他の文献に譲ることとし、ここでは、①公知技術の組み合わせと、②公知物質の用途発明について、知財商業化の観点から紙面の許す範囲で議論する。

　なお、実際に知財商業化に取り組んだ経験からすると、最初のシーズとなる特許権だけで商業化できることは難しいのではないかと考える。実際に商業化する過程では改良発明が必要になり、改良発明を行うにはシーズ知財からみた進歩性が議論になる。また後述するとおり、特許に加えてノウハウも開示しないと商業化パートナーが興味を示さない可能性がある。さらに、商標権も同様にパッケージでライセンスする方が商業化につながりやすい。すなわち、商業化を実現させようとすると、あらゆる角度からの取り組みが必要となる。「既存特許＋改良特許＋ノウハウ＋商標＋侵害リスクの検討」などが複合的に揃ってはじめて商業化につながるのは、通常の事業サポートにおける知財活用と同じである。

① 公知技術の組み合わせ

既存の知財をもとに新たなビジネスモデルや新たなシステム、新たな使用方法を思いついた場合、その改良発明が先行文献からみて容易に想到できたかが問題となる。この問題は、動機づけの有無、阻害要因の有無として論ぜられる。

ここではイノベーションの具体例を紹介し、知財商業化における権利化の重要性を考えたい。最近の大きなイノベーション事例を挙げると、例えば、2009年に米国サンフランシスコで創業されたウーバーテクノロジー社が挙げられる。同社は、ハイヤーの配車から決済までをスマートフォンだけで完結できるアプリを提供する。このウーバー社が提供する配車サービスは、既存のタクシー業界を駆逐する勢いで世界各地に広がっている。既存のタクシー業界が脅かされているためタクシー業界による抗議ストなどが行われており、今後の動向を見極める必要があるが、日本でも東京など一部地域でウーバーサービスが使えるようになってきている。2016年5月にはトヨタ自動車がウーバー社とライドシェア領域における協業を検討する旨の覚書を締結したと報道されており、今後日本でも普及に拍車がかかる可能性がある。

2016年10月当時、ウーバー社は38件の登録米国特許を保有していた一方、自ら特許出願し、登録になった特許権は僅かに7件とのことだった[14]。中でも当時米国特許商標庁に係属していたUS13/672,658（2017年11月27日時点で拒絶理由通知に応答せず放棄）は、ウーバー社のサービスの基本的な部分を特許請求の範囲として請求している。US13/672,658の出願当初明細書に記載されていた請求項1は下記のとおりである。

> A method for determining a location relating to a transport service on a computing device, the method being performed by one or more processors and comprising:
>
> receiving a transport request from a user, the transport request specifying at least one of a pick-up region or a drop-off region;
>
> determining one or more locations of interest within the at least one of the

---

14) Audrey Ogurchak, IPWatchdog 2016年10月9日記事（http://www.ipwatchdog.com/2016/10/09/uber-patent-prosecution-history/id=73511/、2024年8月1日最終閲覧）。

pick-up region or the drop-off region；
　comparing the at least one of the pick-up region or the drop-off region with one or more historical locations related to the user ; and
　determining a likely location based on the determined one or more locations of interest and the one or more historical locations.

　この請求項1については、米国特許法101条の特許主題性違反と103条の非自明性違反を根拠とする拒絶理由が米国特許商標庁から送付されている。この拒絶理由を回避するため、ウーバー社は請求項を補正し、意見書により反論を試みているが、本件の権利取得には成功していない。
　ウーバー社の当初明細書における請求項1は、要約すれば、ユーザーの乗車位置または降車位置を特定した配車リクエストを受信し、当該乗車位置または降車位置とユーザーの過去の停車位置の履歴とを比較することにより、ユーザーがいるであろう位置を特定するというものである。ユーザーがどこで実際に配車された車を待っているかをより正確に特定することは、ユーザーの待ち時間を減らすというニーズに合致する。しかしながら、米国特許商標庁は、同請求項1に記載された発明を引用文献に基づいて拒絶した。詳細は、本出願の出願経過を検討していただきたいが、ここで指摘したいことは次のとおりである。
　すなわち、米国の非自明性においても、日本の進歩性においても複数の公知技術の寄せ集めであるからといって直ちに特許性がないと判断されるわけではない。動機づけの有無、阻害要因の有無、後知恵の排除、各構成による効果の総和以上の予期しない新しい効果、商業的成功など様々な主張ポイントがあり得る。単なる寄せ集めにすぎないものは、進歩性がないとされるが、単なる寄せ集めの総和以上の予期しないような効果がある場合は、結合発明や転用発明として進歩性が認められることがある[15]。
　現在これほど急成長したウーバー社も、本件特許出願の放棄により、基本的なサービスの根幹部分について完全には特許権を取得していない。したがって、知財商業化と並行して優秀な弁理士とともに基本的な発明を粘り強

---

15) 中山信弘『特許法（第5版）』（弘文堂、2023年）145～148頁、穂積忠「用途発明と転用発明の異動の構図」AIPPI 43巻9号（1998年）526頁。

く権利化する姿勢が望まれる。その際、コンペティターは誰か、誰に対する権利行使を想定するのかを明確に意識すべきである。特に、ウーバー社のようなビジネスモデル特許やシステム特許を取得する際、侵害者がシステムプロバイダーなのか、端末提供者なのか、サーバー提供者なのかなど細心の注意を払ってクレーム文言をドラフトすべきである。

② 公知物質の用途発明

用途発明とは、特許庁が発行する特許・実用新案審査基準によれば、「ある物の未知の属性を発見し、その属性により、当該物が新たな用途への使用に適することを見出したことに基づく発明[16]」である。

ブレインストーミングの結果、シーズ知財で保護される化学物質がある特定の用途に効能があり、その用途に用いればある市場において大きな販売規模が得られるという仮説を立てたとする。本当にその用途に効能を有するとするにはどのようなパラメータが最適か、実験が必要になる。

このような実験の結果、当該公知物質の新たな属性を見出したならば、それを用途発明として出願することができる。この用途発明が新規性、進歩性を有するものであるか。すなわち、ブレインストーミングで検討した用途が引用文献から容易に想到できたものであるか、は重要な問いである[17]。ブレインストーミング時から出願時の技術水準を示すため証拠となる資料を集め、特定の用途に効能を有することを示す実験データなどを可能な限り集め出願明細書を充実したものにしておくことが望ましい。

次に、特許権以外の保護手段として③ノウハウと④商標権による保護がある。知財商業化を目指す場合、特許権のみの保護だけではなく、これらノウハウや商標権を組み合わせた活用が効果的である。

---

16) 特許・実用新案審査基準第Ⅲ部第2章第4節「特定の表現を有する請求項等についての取り扱い」3.1.2、5頁（https://www.jpo.go.jp/system/laws/rule/guideline/patent/tukujitu_kijun/index.html、2024年4月9日最終閲覧）。

17) 金子裕輔「公知物質の用途発明の進歩性について」知財管理65巻9号（2015年）1250頁は、出願時の技術常識、技術分野の関連性、物質の構造・性質の観点から、出願時の技術常識の認定についての反論、主引例と副引例を組み合わせることへの阻害要因、主引例で開示される公知物質と副引例で開示される公知物質の構造または性質上の差異の主張など、具体的に用途発明の進歩性を主張するための提案をしている。

③　ノウハウ

　知財デューデリジェンスの結果、対象となるマーケットがある国に特許権などの対象知財がないことが判明したときどうするか。例えば、日本や台湾での特許は取得したが、中東の国では取得できていないというような場合がある。このような場合、1つの解として、特許権ではなくノウハウや商標権によるライセンスを検討することも可能である。

　日本では、不正競争防止法第2条6項において、「営業秘密」とは、「秘密として管理されている生産方法、販売方法その他の事業活動に有用な技術上又は営業上の情報であって、公然と知られていないものをいう」と定義されている。ノウハウはこの不正競争防止法にいう営業秘密として保護され、外部企業にライセンスするために秘密管理性、有用性、非公知性を担保しながら権利者で管理し、関係者で秘密保持契約などの管理体制を整備する必要がある。

　経済産業省による改定「営業秘密管理指針（以下、「指針」という）」によると、秘密管理性要件が満たされるためには、営業秘密保有企業の秘密管理意思が秘密管理措置によって従業員等に対して明確に示され、当該秘密管理意思に対する従業員等の認識可能性が確保される必要がある[18]。

　指針によると、紙媒体の場合、基本的には、当該文書に「マル秘」など秘密であることを表示することにより、秘密管理意思に対する従業員の認識可能性は確保される。また、電子媒体の場合、営業秘密たる電子ファイルを開いた場合に端末画面上にマル秘である旨が表示されるように、当該電子ファイルの電子データ上にマル秘を付記（ドキュメントファイルのヘッダーにマル秘を付記等）することが必要になる。

　さらに、法人をまたいだ場合のノウハウ保護としては、営業秘密を特定した機密保持契約の締結により自社の秘密管理意思を明らかにする場合が典型的である。取引先との力関係上それが困難な場合には、自社では営業秘密として管理されているという事実の口頭による伝達や開示する文書へのマル秘表示によっても、自社の秘密管理意思を示すことは、理論上は可能である。

---

18) 経済産業省「営業秘密管理指針」（2015年1月28日改定）（https://www.meti.go.jp/policy/economy/chizai/chiteki/pdf/20150128hontai.pdf、2024年3月12日最終閲覧）。

ただし、立証を考慮すれば、口頭での秘密管理意思の伝達ではなく、何らかの書面（送り状への記載など）が望ましい。

ノウハウは、機密保持契約や秘密管理意思を示さない場合、一度ライセンシーに開示してしまうと情報としてはライセンシーに流れてしまうので法的な保護をかけることが困難になってしまう。また機密保持契約違反の立証は困難を極めることが多い。そのため、ノウハウ開示に当たっては故意または過失による秘密漏洩のリスクを見込んだ上で対価を設定しておくことが望ましい。一般に、ノウハウ開示時の開示料、ノウハウを使って商品を作った場合の使用料、契約期間中に技術指導などを行った場合の技術指導料などを設定することが多い。

周知のとおり、ノウハウの場合、権利満了という概念がないので、特許権よりも長い間ライセンスを行うことができる。しかしながら、秘密管理性の面で厳重な管理が必要であったり、ノウハウの特定や定義が難しい場合や一度開示してしまうと継続してランニングロイヤリティを取る意味づけが難しくなったりするという側面がある。このため、ノウハウライセンスをベースにビジネスモデルを描くのであれば、商標権や意匠権など他の知財も補完的に活用することも考えるべきである。

④　商標権

特許権とともにビジネスモデル構築に強力なツールとなるのが商標である。商標権の活用は当該ビジネスモデルのブランディング・ストラテジーに密接に関連する。ライセンシー間で統一したロゴマークを使用し、統一された商標使用ポリシーに準拠させることによりブランド価値を高める。描くビジネスモデルに合わせて、必要に応じてマドリッドプロトコルに基づく国際出願を検討する。シーズ知財としてすでに商標を取得している場合も、デューデリジェンスを行い現状の強み弱みを見極めた上で商標ポートフォリオの整理、強化を行うべきである。特許権が取得できていない国や特許権の満了後も収益を上げるツールとして商標権は強力である。

その際の留意点としては、知財商業化によりライセンシーが商標を様々な商品やサービスに使用することにより、その商標としての機能が弱められ、

希釈化して普通名称化することのないように十分注意すべきである。商標の取り扱いに詳しくないライセンシー企業のためにも統一された商標使用ポリシーを確率し、準拠させていくことが重要である。

後述する川崎モデルのような地域の中小企業への知財商業化の取り組みの中では、地域ブランドの保護・振興のため 2006 年 4 月に導入された地域団体商標制度をうまく活用することも有効だろう。このような地域団体商標を利用して地域名と商品またはサービス名の組み合わせからなる商標を活用し、地方発のブランドとしてプロモーションする例が報告されている[19]。

3．知財ファンディング

先述のグランドデザインを描くステップで重要なのは知財ファンディングである。すなわち、シーズ発掘、知財デューデリジェンスが行われた後に活動資金の調達が必要になる。このプロセスを知財ファンディング（IP Funding）と呼ぶことにする。知財ファンディングとは、発掘したシーズ、仮説として立てたビジネスモデル、知財デューデリジェンスの結果をもとに投資家から当面の活動資金を確保することである。自社内で事業化できなかった知財を商業化する場合、自社での事業撤退が資金面での課題があったことに起因することも少なくない。

親会社やベンチャーキャピタルによる出資、地方公共団体による補助金、助成金、金融機関による融資などファンディングの方法は多種多様である。ベンチャーによる新商品開発のための活動資金を集めるためクラウドファンディング（crowd funding）として、不特定多数の人がインターネット経由で他の人々や組織に財源の提供や協力などを行うことも一般的になりつつある。また、シーズとなる知財自体からファンディングを受けるという方法もある。すなわち、知財について抵当権を受けて金融機関から融資を受けるという方法である。米国を中心に知財を利用した資金調達の方法として広がりつつある[20]。

---

19 特許庁「地域団体商標事例集 2016」(2016 年) 85 頁以下に、青森県の地域団体商標の取得事例として、「大間まぐろ」や「大鰐温泉もやし」、「青森の黒にんにく」などが紹介されている。いずれも青森県知的財産支援センターによる取り組み事例である。

知財商業化のためのマーケティング、追加技術開発、追加知財開発、知財の維持管理費用、広告、人件費、出張費など知財の商業化の初期活動の中ではたくさんのコストがかかる。これらをカバーするには通常の事業化と同様にある一定の先行投資が必要になってくる。

知財商業化はまだまだ新しい取り組みであるので事業化へのリスクが高く投資はそう簡単ではない。米国では、一般のベンチャー企業やスタートアップ企業に投資するベンチャーキャピタルのほか、知財商業化に特化した知財ファンドや知財訴訟に投資をする訴訟ファンドも存在する。高いリスクをとって知財の商業化を促進しようとするこのようなファンドの存在は貴重である。今後、このような知財ファンドが多様性を伴ってたくさん出てくることを期待する。

4．投資回収

知財ファンディングで投資家から出資を得るには精度が高いビジネスモデルの提案とともに投資回収のプランが必要となる。投資回収は回収期間とリターンの率によって考えることが出来る。通常のスタートアップ企業などでは、設備資金と当面の運転資金を初期投資として想定し、いつまでにその初期投資を回収し、その後、何倍ぐらいに増やして投資家に還元するのかを入念にプランニングする。知財商業化においても、シード知財の開発費用としてどれぐらいかかり、出願・権利化費用としてどれぐらいかかったのかを把握し、設備資金として認識し、先に述べた知財デューデリジェンスやグランドデザイン、用途開発、プロモーション、ライセンス交渉などにどれぐらいのコストをかけるのかといった運転資金面からのマネジメントが必要になってくる。初めてのライセンシーからロイヤリティを受け、ライセンシーが増えて成長期を迎え、市場が頭打ちになる成熟期、権利満了を迎える衰退期と

---

20) 藤森涼恵「米国を中心とした知的財産権活用による金銭獲得アプローチ」知財管理66巻4号（2016年）423頁以下は、米国における知財を抵当とした知財融資を紹介し、米国で積極的に知財権を抵当とした融資が実施されている背景として、知財権の経済的評価方法がある程度確立していること、貸し倒れになった場合でも抵当として取得した知財権の流通市場が存在すること、保険など知財権を抵当とした融資の実施における貸し倒れリスクを低減するサービス（アンダーライティングサービス）が存在するという3点を指摘する。

いうライフサイクルの中でどれぐらいのリターンを想定するか。アサーションモデルのPAEでさえ、ヘッジファンドからの出資を促すには権利行使後のリターンによる投資回収について3倍、5倍と絵を描くであろう。もちろん知財商業化の場合、まだ侵害者のいない将来知財を活用するのだから既存知財の侵害が確認されている場合よりもリスクが高いことは考慮すべきである。それらはリスクファクターとして十分に投資家に説明する責任があるだろう。

　このような投資回収のシミュレーションは、知財の取得・維持費用を事業コストとして見込んでいる場合はさほど問題にはならなかった。しかし、知財が商業化により事業を生み、リターンを引き出すようにするには、出願の段階から投資対効果のバランスを描く必要がある。既に出願され、登録になっている特許などもそのような目線で棚卸しすれば、よりシビアに管理されるのではないか。もちろん、排他権行使のために防衛的に保有している知財もあるから、必ずしも全ての知財に適用されるものではないが、知財商業化を目指すなら投資回収を前提に継続的なサイクルを回すことが重要である。

5．品質保証、特許補償

　実際にライセンス契約を締結して商品が出来上がった段階で問題となるのは品質保証と特許補償である。特許権やノウハウのライセンシーとしては、対象となる知財が一定の品質が出ることまで保証してほしいと要望するであろうが、ライセンサー側から見ると、それはなるべくしたくないと考えるだろう。また、ライセンスを受けて製造販売した製品が、第三者の知財を侵害するような場合はどうだろうか。こちらもライセンシーの立場では、第三者の知財を侵害しないことの保証を求めるだろうし、仮に侵害した場合の訴訟費用などの補償を求めることだろう。一方、ライセンサーの立場では、補償はなるべくしたくないと考えることだろう。

　いずれもバランスの問題であるが、問題が発生した後に対応するのではなく、ライセンス契約時にどちらが責任を負担するのか明確にしておくことが重要である。特にソフトウェアライセンスやノウハウライセンスを含む場合、対象をそのまま（as is）で提供し、第三者知財を侵害しないことを非保

証とするのか、第三者特許調査などを行い、自己が設計した範囲内で第三者知財を侵害しないことを保証するのか、が問題となることが多い。いずれにしても、知財デューデリジェンスを通して第三者知財の存在に気づいている場合などは、事前にライセンシー側に開示しておくことが公平だろう。ライセンシー側でも暗黙の了解によらず、積極的にライセンサー側に情報開示を求め、お互いの信頼関係を高めておくことで、あとあとのトラブルを回避することができる。

Ⅴ．具体例

以上、知財商業化の各プロセスにおける検討課題を概観してきたが、以下では具体例として各方面での取り組み事例を簡単に紹介する。

1．川崎モデル

日本における知財商業化の成功例として、「川崎モデル」がある。これは2007年川崎市のモデル事業としてスタートした「川崎市知的財産交流事業」である。大企業が所有する特許等の知財を活用し、中小企業が新製品開発や新規事業に取り組む「知財ビジネスマッチング」の支援を行っている。富士通、東芝、日立製作所、日本電気、味の素、パイオニア、日産自動車、ミツトヨ、NHK、出光興産、富士通セミコンダクター、NTT、日本ハム、キヤノン、中国電力、イトーキ、シャープ、国立研究開発法人新エネルギー・産業技術総合開発機構（NEDO）、明治大学が参加している。ライセンス契約等の成約実績は21件、そのうち14件が製品化に至っている（2015年7月時点）とのことである[21]。

この川崎モデルは、全国の地方公共団体にも横展開され、地元の信用金庫や大学などと連携して成功事例を作っていたようである。このように、川崎モデルは、地方自治体や信用金庫が仲介することにより、技術シーズを事業化するのに適した地元企業とマッチングでき、相手企業に警戒されないと

21）左中・前掲<注12>29頁。

いうメリットがあり、地方創生の一翼を担っている。今後のさらなる成功を期待したい。

2．ipCreate/ipCapital Group

　発明創出・知財創出に特化したサービスとして、オンデマンドによるイノベーションサービスを提供しようとしていたのが、ipCreate 社（米フロリダ州）である。同社は、自動運転車、3D コンピューティング、ウェアラブルコンピューティングなどの破壊的イノベーションが起きた新市場においてクライアント企業のために基礎的な特許発明を創出する、としていた。先に紹介した David Kline 氏の記事によると、同社は通常、90 日間で 90 件の新発明に基づく特許を開発・出願できる[22]としていた。本章でいえば、上記「Ⅳ.2. 追加研究と改良発明」に特化したサービスであったといえる。しかしながら、同社の活動は、2021 年をもって終了しているようである。

　同社のサービスは、知財商業化に必要な研究開発をクライアント企業のために提供するとしていた。委託研究を行う研究機関は、もちろん以前から存在するが、場合によっては特別目的事業体を設立して別の企業にスピンアウトするという柔軟さを持ち合わせていたといえる。PAE との線引きも問題になる可能性はあるが、PAE が第三者から知財を購入して権利行使をすることを主なビジネスとするのに対し、自社で研究を行い商業化に向けた活動をする限り、PAE とは区別されるものであろう。

　なお、ipCreate 社の創業者は、知財コンサルティングファームの ipCapital Group として活動を続けているようである。

3．Xinova/MKnext モデル

　Intellectual Ventures（"IV"）の発明創出ファンド Invention Development Fund（発明開発ファンド）がスピンオフしてできた Xinova 社（米ワシントン州）は、IV 時代に構築した世界に張り巡らした約 1 万人の発明者のネットワークから顧客企業が描く新市場に合った発明を創出するとの期待のうちに

---

22) Kline・前掲＜注 7＞16 頁。

創立された。発明や研究開発に「シェアリング・エコノミー」の発想を持ち込み、これまでに 5,400 件を米国特許出願し、約 3,000 件の権利化に成功している[23]、とされる。

Xinova 社は発明創出機能とともに投資機能も持ち、発明者ネットワークから生み出した発明を発明者から買い取るだけでなく、商業化に向けたファンディングも行う、とされた。Xinova 社出身者が設立した MKnext 社のサービスは、「貴社が既に保有する技術、またはこれから開発や参入したいと考える技術について、技術的視点とビジネス的視点の両面から分析し、報告書を作成して提言を行う。当該技術について、内外の専門家を特定し、技術の内容の分析、関連または競合する技術との比較や、関連する市場の分析等を行う」とし、「外部の専門家が中心となり、アイディアを創出し、技術開発を行う。開発したい技術は、新しいアイディア（発明）として特許になりうるものから、製造ノウハウ等より具体的なものまで広い分野を取り扱う。貴社が直面する特定の技術開発から、より一般的に新事業分野の広範な特許取得（ポートフォリオの確立）まで、いろいろな形態があり」、「企業の中には、素晴らしい素材や技術を持ちながら、用途を特定しビジネスに結びつけられない場合がある。また、新規技術分野への参入前に、潜在的市場の分析を必要とする場合も多い。MKnext は、関係する専門家を通じてそれらの潜在的市場を特定・分析・提案する」としている[24]。本章でいえば、上記「Ⅳ.2．追加研究と改良発明」に加え、上記「Ⅳ.3．知財ファンディング」についても支援するサービスのようである。

4．三井物産モデル

三井物産は、知財商業化に取り組んでいる数少ない日本の商社である[25]。三井物産の知財商業化1号案件として、徳本光宏氏による L8020 乳酸菌関連特許の知財商業化の取り組みが紹介されている[26]。「L8020 とは、虫歯や歯周

---

23)「創論」日経新聞朝刊 2016 年 11 月 6 日、9 面。
24) MKnext 社ホームページ（https://mknextinc.com/service/、2024 年 1 月 28 日最終閲覧）参照。
25) 前掲＜注 8 ＞で述べたとおり、三井物産における知財商業化の取り組みは早川典重氏により始められ、同氏の貢献によるところが大きい。
26)「ものつくるひと『知的財産ビジネスの開拓』」週刊ダイヤモンド 2017 年 5 月 20 日号 96-97 頁。

病の原因となる菌を減らす乳酸菌の一種だ。広島大学教授の二川浩樹が約10年前に人の口腔内から発見し、『80歳になっても20本の歯を』との願いを込めて命名した。」「その理念に共鳴し、L8020の製品化や販売拡大に奔走したのが、三井物産の徳本光宏（28歳）だ。今月末から大手コンビニで順次販売開始される味覚糖の「UHAデンタクリアタブレット」は、L8020の特許が商品化されたもの。三井物産にとっては、知的財産（知財）で稼ぐビジネスの第1号案件である。日本が出遅れている知財ビジネスの収益化に挑んだのは、かつてロボット開発者を夢見た若き商社マンだった。」

このように、本件を皮切りに、日本の商社が知財商業化に参入し、大学や企業の知的財産を、過去に商社がメーカーの商品の輸出入を担ったごとく、収益化していく取り組みが活発になっていくことが期待される。三井物産のように、事業の源として化石燃料や鉱物などの資源の取引にいち早く参入してきた商社が、現代事業の源である知的財産活用に参入してきたのは特筆に価する。今後もどんどん同様の事例が蓄積していくことを祈念する。

5．Piece Future モデル

シンガポールに本拠地を置くPiece Futureは、知財の観点からスタートアップ企業に対する支援を行っている、知財を起点としたアクセレレータである。同社ホームページでは、「Piece Futureは、アジアに本社を置き、イノベーションを推進する知的財産銀行である。当社は世界中の知財を豊富に保有する企業、機関、中小企業、新興企業をマネジメントし、知財投資顧問、知財資産管理、資本顧問、イノベーションプラットフォームに至る戦略的知財バンキングとイノベーションサービスを提供する[27]」としている。

朝日新聞は、「ミャンマーの…非電化地帯の村々で、国外から太陽光発電パネルと蓄電池を持ち込んで各世帯に明かりをともす事業が進んでいる。手がけるのは、シンガポールを拠点にする「ソル・イグナイト（SI）」。2018年に立ち上がったばかりのベンチャー企業…同社が各世帯向けに販売する「スマート・ソーラー・ホームシステム」と呼ばれる発電装置を使えば、1回の

---

27) Piece Future社ホームページ（https://www.piecefuture.com/company、2024年1月28日最終閲覧）参照。

フル充電で部屋の明かりやテレビの視聴、携帯電話の充電などに使える電気を確保できるという…実はこの特許、もともとはパナソニックのものだった。シンガポールを拠点に知財の流動化を支援している「ピース・フューチャー（PF）」が主催するイベント「IPハッチ」を通じて、19年にSI社に譲渡された。PF社は、これまでにパナソニックやノキア、リコーなど大手企業から複数の未活用特許を預かって公表してきた。IPハッチでは、それらの特許を活用すべくアジアの起業家たちが提案を競うオープンイノベーション型のコンテストが開催され、優秀者に特許が譲渡される。提供する側の企業担当者も選考委員に加わるのが特徴…特許を譲渡する見返りとして、パナソニックとPF社はSI社の株式を合わせて6％分受け取った。ソーシャル事業が軌道にのれば持ち株の価値が上がり、それを売却すれば利益が得られる。また、未活用特許の流動化を進めることで、特許を維持するために毎年特許庁に納付する特許料などのコスト削減にもつながる。PF社のジェーソン・ロー社長はパナソニックとSI社の事例をひとつのモデルケースととらえ、「世界で眠っている知財を活用して、アジアの社会問題解決のためのSDGs活動につなげたい」と企業に協力を呼びかけている[28]」と紹介している。

　本サービスは、上記「Ⅳ.2. 追加研究と改良発明」に加え、上記「Ⅳ.3. 知財ファンディング」についても支援するサービスのようである。今後は、投資先のスタートアップ企業のIPOやM&Aなどのエクジット事例などを通してスタートアップ企業に移転された知的財産が活用されていく事例が蓄積されていくことを祈念する。

Ⅵ. 結びにかえて

　知財商業化において、知財の市場における価値を最終的に評価するのは、発明者でもなく、弁理士でもなく、弁護士でもなく、裁判官でもない。知財の市場における価値は、その知財を使った商品が売れたかどうかで客観的に

---

28) 都留悦史「パナソニックの未活用特許　アジアのSDGs達成に一役」朝日新聞SDGs Action! 2020年11月17日付記事（最終更新2021年12月30日）、https://www.asahi.com/sdgs/article/10795055、2024年1月29日最終閲覧）。

決まるのである。すなわち、過去の損害賠償を観念できない知財商業化においては、知財の市場的価値は市場が決めるであり、いかに技術として優れていても売れない商品に使われる知財に経済的・市場的な価値はない。自社実施品にしろ、他社へのライセンス品にしろ、売れる製品に使われる知財の価値は高い。他社から支払われるロイヤリティも最終的に負担するのは、商品の顧客である。知財商業化も需給バランスの上に成り立っている以上、神の見えざる手により、市場が知財の真の価値を決めるのである。

　当然、市場は質の高い知財を求める。川崎モデルでも、中小企業が求めるのは「休眠特許」よりも「開放特許」であろう。すなわち、大企業ですでに商品化している技術・知財を中小企業にライセンスしてほしい、というニーズがあるのである。ライセンシー側としては、量産実績がある技術の方が、安心できるし、すぐに量産できる。例えば、日産自動車は、同社のホームページによると、車関連で自社実施している技術の一部を、「車以外の分野」に開放している。自社で実施されない知財は他社でも実施されないことも多いのである。

　このように、本章は開放知財や休眠知財の商業化として、シーズとなる知財が存在する前提で議論してきた。しかしながら、究極的にはまだ何も出願していない段階でゼロから特許出願をし、あるいは特許ポートフォリオを構築するという段階であっても、事業部と一緒になってビジネスモデルを描いて出願し、どう儲けるかをイメージすることが健全な知財活動の一つの姿であろう。日本の大企業の場合、技術開発部門、ビジネスモデルを考える部門、知財部門が縦割りのセクショナリズムに陥り、なかなかトータルのグランドデザインを描けないでいる。それができてないから結果として「休眠」になってしまうのではないか。事業部門と知財部門が離れその間の溝ができていることが知財「休眠化」の根本原因ではないであろうか。知財の商業化とは、休眠知財のエグジットを考えるという取り組みのみならず、本来の知財活動そのものであるとも言えるのではないか。

　知財商業化は何も新しいことではない。知財は内在的に事業を想定している。いかなる知財も紙の公報に書かれたままであることを望まず、その発明者自身や他のライセンシーの手によって具現化されることを望む。商標が指

定商品や指定役務を離れて存在し得ないように、特許やノウハウであっても商品やサービスに生まれ変わってこそ経済的な価値を生む。紙の公報が商品やサービスに変わるとき、知財は本来の価値を生む。

　ただし、特許権を排他権としてのみ促えると、知財権は、他者が模倣する行為を禁止する権利に留まるのだから、積極的な知財の商業化に資するものではないという考えもある。すなわち、特許権がなくとも技術を実行するノウハウがあれば優れた製品は生まれるからである。著作権に対するソフトウェアエンジニアの不信感もそのあたりにあるのかも知れない。特許権のライセンスをすれば、あるいは特許権をスタートアップ企業に移転すれば直ちに新らしいビジネスが生まれるわけでもない。

　では、知財からビジネスを起こすことはできるか。最後に、冒頭の問いに答えを出すとすれば、知財を起点にビジネスを起こすことは、上記に述べてきたように、Ⅲ.1 シーズ発掘、Ⅲ.2 グランドデザイン策定、Ⅲ.3 マーケット調査と知財調査、Ⅲ.4 知財商業化プロモーション、Ⅲ.5 ライセンス交渉、Ⅲ.6 アフターケアの6つのステップを踏むことで可能である、と結論付けたいと思う。その際の障壁として技術開発部門、ビジネスモデルを考える部門、知財部門が陥りがちな縦割りのセクショナリズムに囚われないよう、企業家精神を持ってトータルのグランドデザインを描き切る覚悟が必要であろう。

　エジソンは優れた発明家であるとともに知財を活用する優れた事業家でもあった。本来、知財と商業化は密接不可分のものである。エジソンのように企業家精神を持ったオーナー創業者がいない会社であっても、一人ひとりの従業員が企業家精神を持ってリスクを取って知財商業化に取り組むこと、そして、その取り組みに対する経営層の理解が重要である。

　本章が、知財の商業化を検討する際、少しでも参考になればと祈るばかりである。

第7章　日米における知財信託の考察
―― 特許権信託を中心として ――

Ｉ．はじめに

　本章は、特許権信託を中心とする日米における知財信託について、具体例を通して分析しその課題を洗い出すことを目的とする。知財信託は、これまでも議論されて来た。しかしその普及や実務への浸透に時間がかかっていることも否めない。今後、知財信託を使った特許権の活用などについて新たな道筋を示すことができれば、これまで死蔵することの多かった日本企業の知的財産権の活用が促進され、さらに経済を活性化させることも可能となる。本章がその一助となることを望みたい。

Ⅱ．知財信託とは

　知財信託とは、本章では、知的財産権を信託財産として委任者が受託者に対し、当該信託財産を移転し、当該信託財産の管理、収益、処分を受益者のために委任することをいう。ここで、知的財産権には、特許権、実用新案権、意匠権および商標権の産業財産権のほか、著作権や育成者権などが含まれ得るが、知財信託の中心となるものは、経済的価値がより高く取引される頻度が高い特許権や著作権となろう。本章では、特に、企業の知財部門など、実務的に取り扱われることの多い特許権信託による知財信託を中心として検討する。

　日本における知財信託に関しては、信託法の改正があった2006年（平成18年）頃にたくさんの論文が出て研究が盛んであったが、その後、論文数が減り研究が盛んでなくなったように思われる（金融専門家や国の研究機関に所属する者の執筆が多い）。これは当初、法改正とともに、今後知財信託の活用が

見込まれる期待が高まったものの、実務上期待したほどに知財信託が活用されることはなく、その後研究が下火になったものと思われる[1]。

他方、2022年に「令和三年度知財プレゼンス向上委員会」がまとめた「知財信託制度の活用実態に関する調査研究」は信託制度の改正経緯や知財信託関連文献の統計を示すと共に、知財信託の活用文献において整理を行なっている点で非常に価値の高い研究である。この調査研究では、「管理型信託」の活用累計としてパソナ知財信託が取り上げられている。これは株式会社パソナナレッジパートナーが、特許権等の産業財産権を専門に扱う信託会社として設立し、2021年1月から営業を開始している[2]。このパソナ知財信託は、日本初の知財信託専門会社として営業を開始しており、昨今の知財信託の活用事例として特筆に値する。後述するように、日本でもさまざまな知財信託の類型が実態を伴って活動を開始している点は、2006年当時とは状況が異なる。

一方で、米国においての知財信託は、英米法由来の一般の信託制度の活用も盛んなことも相俟って、実務上も使われることが多く、今なお日本の知財信託制度を検討する上で示唆に富むことが多い。例えば、米国では、アルカテル社とルーセント社が合併をする際に、合併に伴って新規に発生する義務を回避するために、Multimedia Patent Trust（"MPT"）と呼ばれるデラウェアの法定信託（A Delaware Statutory Trust）が設立された[3]。このMPTは、原告として、例えば、マイクロソフトやデル、ゲートウェイといったパソコンメーカーに対して、特許侵害を提起している[4]。このような信託会社の提

---

1) 令和三年度知財プレゼンス向上委員会「知財信託制度の活用実態に関する調査研究」パテント75巻5号（2022年）83頁は、知財信託に関する文献調査の結果を示している。この研究では知財信託に関する文献開示状況を把握するため学術論文やニュース等を検索・収集して集計している。この調査結果によると、2008年から2013年の期間で、数件はあったものの、2014年以降、論文発表は発見されなかった。このことから、知財信託関連では、大きな法改正となっている2004年の改正信託業法施行及び2006年の旧信託法全面改正の前後は、論文やニュースがリリースされるが、その後のリリースは収束していき、知財信託の研究と企業への普及・導入の双方共に進んでおらず、現在に至っている点が指摘されている。
2) 令和三年度知財プレゼンス向上委員会・前掲＜注1＞85頁。
3) MPEG LA LLC v. Alcatel Lucent, Civil Action No. 3317-VCL, MEMORANDUM IN SUPPORT OF MPEG LA, L.L.C.'S MOTION FOR SUMMERY JUDGMENT, REDACTED PUBLIC VERSION FILED DECEMBER 8, 2009, at 1-2.

訴をどのように評価するかはともかくも、枠組みを検討するに当たって、参考になる。

本章では、米国における知財信託を検討し、そこから日本の知財信託の課題や解決方法を得るヒントとしていきたい。

Ⅲ．信託制度の淵源

信託の歴史は古い。その淵源は、中世のイギリスにおいて古信託（ユース、Use）と呼ばれた慣行に端を発するものであるといわれる。「ユースとは、土地の権利者が他人に対し、自分の家族などのために管理するという条件を付して土地を譲渡することをいい、12 世紀頃、十字軍として出征する騎士が自分の家族のために友人に土地を預けたことを起源とする、慣行上の土地保有形式[5]」とされる。当時の十字軍では、自分の身に何かあった時のために、自分の財産である土地を信頼のおける他人に預ける、すなわち、信託する、という慣行が発展してきたのである。当時は、封建的社会における土地の譲渡禁止や相続税の問題があり、また、未成年の相続人の場合には、領主が当該土地を管理するなど、様々な封建的な負担があったとされる。それらを避けるため、血族に対する相続ではなく、土地を他人にユースを利用して信託し、自分の家族を受益者として便益を図るというような慣行が利用されるようになった。

このイギリスにおける信託制度の歴史を紐解くに当たり、前提として理解しておかなければならないのは、コモンロー（common law）とエクイティ（equity）との区別である。コモンローは、イングランド各地方の慣習の均一

---

4) "On April 24, 2007, plaintiff Multimedia Patent Trust ("MPT") filed a complaint against defendants Microsoft Corporation ("Microsoft"), Gateway Inc., Gateway Professional LLC, Gateway Companies, Inc., Gateway Manufacturing LLC, Gateway Direct, Inc., Gateway U.S. Retail, Inc. (collectively "Gateway"), and Dell Incorporated ("Dell," and collectively with Gateway and Microsoft "Defendants"). (Doc. No. 1.) MPT is a Delaware Statutory Trust created by Lucent Technologies Inc. ("Lucent") on November 28, 2006 under the Delaware Statutory Trust Act, 12 Del. Code Ann. §3801 et seq." Multimedia Pat. Tr. v. Microsoft Corp., 525 F. Supp. 2d 1200, 1206 (S.D. Cal. 2007).

5) 島田真琴「イギリスにおける信託制度の機能と活用」慶應法学 No. 7（2007 年）217 頁。

化や統一化を図ったことにより形成されていったものである一方、エクイティはこのコモンローの硬直化に対応するために、大法官が与えた個人的な救済としての集積である。信託の原型であるユースが慣行上の制度にすぎなかったので、コモンロー上の救済を得ることができなかったといわれる。すなわち、ユースの受益者は裁判所に訴えを提起しても、コモンロー上の救済を得ることができなかったのである。そこで受益者たちは、国王に救済を求めた。国王は、大法官にそのような事件の処理を指示し、大法官は、コモンローではなく、エクイティ上の保護として、受益者たちに保護を与えたといわれる。これが現在の信託の原型である。

　このようにイギリスで生まれた信託制度は、イギリスの世界進出と共に広く伝播していった。すなわち、イギリスの植民地であったアメリカは元より、東インドや南アフリカ、オーストラリア、ニュージーランドといった世界中に広がる大英帝国の植民地に伝播していった。日本は、幸運にも、イギリスなどの列強による植民地化を免れたが、日本に信託を導入する過程には、当時の国際資本市場におけるイギリスの存在が影響を及ぼしているといわれる。すなわち、明治の殖産興業期から日露戦争後にかけての日本は大きな資本を必要としており、これらを外資に頼り、信託が利用されたといわれる[6]。日本の1922年信託法の起草に当たっては、イングランド信託の判例法理に加え、カリフォルニア民法典とインドの信託法典が参照されたといわれている[7]。

　このように、信託制度を生んだイギリスの法制度には、コモンローとエクイティの区別があり、コモンロー上で救済できない信託をエクイティ上の制度として認めたという歴史的な背景を備える。一方、ドイツやフランスなどの大陸法系の国々では長らく信託制度は継受されなかった。ドイツやフランスなどの大陸法系の流れを含む日本の法制度も信託について最初から継受していた訳ではない。大正になって信託法が制定されるに至ったのではあるが、伝統的な大陸法系の民法の考え方によると、物権と債権とは峻別され、

---

6) 溜箭将之「信託の大航海時代：イングランドからの伝播と変容」信託研究奨励金論集35号(2014年) 48頁。
7) 溜箭・前掲＜注6＞40頁。

そのような区別を強調しない英米法の国々での考え方とは異なる。信託は、物権なのか債権なのかといった点は古くから議論があるようであるが、元々英米法にはそのような峻別があまり意味ある議論としては用いられて来なかった[8]。ところが、近年、知財信託というものが利用され始めるようになると、物権的権利として制定されている特許権や、債権的権利として構成されている通常実施権などのような日本特許法の基本的な概念と、この英米法由来の信託制度がどう馴染むのかという問題があり得、そのハイブリッドな法継受の歴史そのものが、特許の専門家でも多少の違和感を抱いてしまう一因なのではないだろうか。端的に言えば、信託された特許権の特許権者とは、誰を指すのかという疑問である。この点については、後述する。

このようにイギリスで生まれた信託制度は、さらにアメリカに渡り、アメリカの資本主義の発達及びアメリカ経済の発達に伴ってさらなる発展を遂げた。アメリカでは、Will and Trust と呼ばれるように、個人の遺言と信託が、個人の遺産の管理という観点から同列に扱われることが多い。さらに、個人だけでなく、信託の引き受けが法人によって行われるようにもなってきた。先述したように、日本の信託制度にもイギリスの影響のほか、アメリカからの影響も色濃く受けていると考えられる。

Ⅳ．信託制度の基本的な枠組み

信託制度の基本的な枠組みを外観するにあたり、英米法、特に、米国での信託の基本的な枠組みを検討する。米国では、統一信託法典（The Uniform Trust Code）が約半数以上の州で採択されている。また、信託に関する判例法上のルールをまとめた第三次信託法リステイトメント（The Restatement of the Law Third, Trust）がまとめられ、多くの州で採用されている[9]。伝統的な米国における信託の定義は、以下のとおりである。すなわち、信託とは特定

---

8) 溜箭・前掲＜注6＞43頁。
9) 第三次信託法リステイトメントは、四分冊からなり、第一分冊と第二分冊が2003年に、受託者の権限及び義務等について規定した第三分冊が2007年に、信託の管理運用に関する諸問題について規定する第四分冊が2012年にそれぞれ公刊されている。萬沢陽子「The American Law Institute "Restatement of the Law Third, Trusts"」信託法研究39号（2014年）141頁。

の財産(信託財産)に対する信認義務を伴う関係であって、受託者(trustee)が信託を引き受け、その財産の法的な名義を持つのに対し、当該信託の利益を受ける受益者(beneficiary)が衡平法上の信託受益権を持つ。信託の設立者を委託者(settlor)と呼び、その委託者は信託を設立するという意図(intent)を持たなければならない。そして、信託は、有効な信託目的を持たなければならない。なお、英米法の契約の成立に必要な約因(consideration)は不要とされる。

したがって、信託成立の要件は以下の5つの要件を満たすことが必要である。すなわち、①信託を設立する意図(intent)、②受託者(trustee)、③信託財産(trust res)、④受益者(beneficiary)、かつ、⑤有効な信託目的(trust purpose)の5つの要件である。

ここでの最も重要なポイントは、その財産のコモンロー上の所有者とエクイティ上の所有者が分離することである。すなわち、法的な名義人は受託者たるtrusteeに移される一方、衡平法上のequitable ownerとしての名義人は、受益者たるbeneficiaryに残るのである。したがって、財産の管理や処分などの権限は、受託者がこれをなすことができる。一方、その受託者の管理運用に伴う配当に関しては、受益者がこれを享受する。なお、この受益者は、委託者とは必ずしも同一である必要はなく、委託者と異なる第三者に設定することも可能であり、また委託者自身に設定することも可能である。委託者が受益者として設定している場合は、委託者=受益者となり、受益者と受託者の二者の関係となる。

この信託の基本的な枠組みを知財信託の形に置き換えて考えてみる。すなわち、特許権の信託の枠組みを考えると、元の特許権者が、委託者として、知財信託を設立するという意図を持って、ある第三者を受託者として信託契約を結ぶ。ここで受託者は、当該特許権の管理や運用を行う法的な名義を持つ。一方、この元の特許権者を受益者とした場合は、当該受託者が管理運用した利益又は配当を受益者が受け取る権限を有する。このようにすることで、1つの所有権[10]が「コモンロー上の所有権(legal ownership)」と「エクイティ上の所有権(equitable ownership)」に分離する。それによって、実際に管理運用するものと便益を受けるものとが分離することになる。そして、受

託者たる trustee は、受益者たる beneficiary に対して善管注意義務を負う。これによって、元の特許権者すなわち受益者の意に反して、あるいは、受益者の利益に反するようなことは、受託者としてできないことになる。すなわち、受託者は、受益者に対し、忠実義務や善管注意義務を負う。これによって、仮に、所有権が管理運等の側面と便益を受けるという側面に分かれたとしても、信認義務があることにとって、不当に受益者の権利が奪われることがないようにしているのである。

　このように、一つの所有権であったものが「法的な所有権」と「衡平法上の所有権」という二系統に分かれてそれぞれ独立した所有者の元に権利が保有される。これが信託特有の活用形態であるが、コモンローとエクイティ等を峻別する英米法の考え方であればこの二系統の法律の分離について理解をすることは比較的容易であるところ、いわゆる大陸法の国々の考え方ではそのような峻別がないので法概念の整理に頭を悩ますかも知れない。これが先に述べた特許の専門家でも違和感を感知してしまう所以である。もっとも、年老いた老人が保有する家や土地などの財産を現役世代に管理処分させるために、あるいは、銀行等の金融機関がその管理収益を担うために、信託の枠組みが使われることを想像すれば、さほど違和感を覚えるところではないのかも知れない。しかしながら、特許権という目に見えない無体財産の信託となると、かなりのリーガルフィクション[11]ともいえ、その法的フィクション上の得体の知れない生物について想像することが容易ではないような事態も考えられる。その意味で知財信託とはとっつきにくい、あるいは、理解の及ばない法枠組みとして敬遠される理由でもあるかも知れない。しかしながら、英米法では、コモンローとエクイティは厳然と分かれ、それぞれの法体

---

10) 特許権や著作権といった知的財産権は、現在では所有権としては観念されていない。中山信弘『特許法〔第5版〕』（弘文堂、2023年）15-16頁は、「特許法は、一定の要件を満たした技術的情報に対して、特許権という所有権に似た物権的効力を与え、差止請求権と損害賠償請求権を与えている。特許権を物権（具体的には所有権）化することにより、譲渡・相続・ライセンス・担保権設定が可能となる。もちろん情報は物と異なった性格を有しているため、情報を物とみるということはあくまでも法的フィクションであり、物権的効果といっても、民法に規定されている物権と同一の内容の権利である必要はない」という物権的効力説に立つ。ここでは、英米法における不動産に対する信託における法的所有権と衡平法上の所有権の分離をモデルとし、知財信託について検証しているため、便宜上所有権という概念を使っているが、知的財産権は所有権ではないことはいうまでもない。

系の中で整理して考えるとこれは単なる想像上の生物ではなく実態を伴う法的な主体であるといえる。したがって、法的な名義を有する法的所有者は、当然ながら、その特許権の行使として、訴訟にて、差止請求や損害賠償請求をなすことも可能であることは理解されるべきである。一方の利益享受主体である衡平法上の所有者は、beneficiary としてただ利益のみを完受するのである[12]。beneficiary に提供するならばその提供の際に情報の開示がなされるわけであるから、この点も含めて守秘の対象にすべきなのかどうなのかという点について検討を要するであろう。

V．日本における知財信託

日本では、旧信託業法（大正11年法律65号）が、信託会社の受託可能財産から知的財産権を排除していたのに対し（同法4条）、2004年（平成16年）の信託業法改正（平成16年法律154号）により、その制限が撤廃され[13]、知的財産権が信託の対象として追加された。これに伴い、特許法27条及び同法98条がそれぞれ改正され、（平成20年法律第16号）知財信託に対応する改正が行われた。続いて、2006年（平成18年）に旧信託法（大正11年法律62号）が改正され（平成18年法律108号）、「信託業の担い手の拡大」及び「受託財産の範囲の拡大」が行われた。これによって、企業が持つ特許やブランド等の一元管理、中小・ベンチャー企業等が有する特許権等の管理代行や流通、企業

---

11) 筆者の造語であるが、知財信託では、元々自分の権利であった特許権が、法的には他人に譲渡されているのに対し、受益権だけが残って実施料などの全部または一部を受領する権利があるという枠組みになるため、もともと特許権者や専用実施権者でないと実施料を受け取ることができないとしている特許法の起草者の考えから乖離があるともいえる。しかし英米法では、昔から信託の概念は使われてきたのであり、権利者と受益者が分離する現象はさほど特異なものではない。大陸法系の国である日本においても、このような現象が実務になじんでくると違和感が減っていくのかもしれない。
12) このコモンロー上の所有者とエクイティ上の所有者の分離という現象は、例えばこのような実務的な争点を伴う。例えば、守秘義務契約（Non-disclosure agreement, "NDA"）を締結する際に、信託会社の持っている特許権者たる法的名義人とNDAを結べば良いのか、または、その利益享受主体であるbeneficiary も含めて守秘義務契約を結ばねばならぬのか、相手側としては迷うところであろう。法的名義人が受託者としてその特許権の管理処分をなし、その取引の中で得た便益を享受する主体は、利益享受主体たる beneficiary である。両者を含めた三者契約というのが、実務的な落としどころかも知れない。
13) 諏訪野大「知的財産と信託―課題と展望」特許研究54号（2012年）29頁。

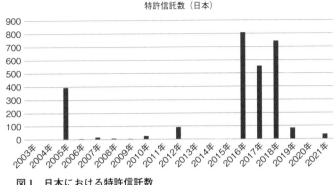

図1　日本における特許信託数

による知的財産を裏付け資産とした資金調達、あるいは TLO による大学発特許の企業への移転促進など、さまざまな形での利用が見込まれる[14]。

特許庁の統計[15]によると、2016 年に特許権信託は 809 件にのぼり、2017 年で 557 件、2018 年では 746 件に及ぶ。この知財信託の件数が、2016 年から 18 年にかけて増大した点について、令和 3 年度知財プレゼンス向上委員会は、これらの要因を分析し、外資系企業やグループ子会社などへの信託登録に加えて IP Bridge に信託登録している事例が目立っているとする[16]。ここでは詳細な要因分析は割愛するが、信託法改正後 2003 年直後に多少特許権の信託件数が伸びた時期があったが（例えば 2005 年）、本格的に知財信託が普及し始めたのが信託業法改正後の 2016 年以降であるといえ、また 2019 年以降はコロナ禍のためもあってか、積極的な知財信託は再び下火となってきているようである。コロナ禍後、知財信託がまた積極的に使われていくことを期待したい。

---

14) 愛知靖之「新信託法と知的財産信託（上）」NBL869 号（2007 年）24 頁。
15) 特許庁「特許行政年次報告書 2022 年度版（統計、資料編）」130 頁。（https://www.jpo.go.jp/resources/report/nenji/2022/document/index/all.pdf、2024 年 4 月 1 日最終閲覧）。
16) 令和三年度知財プレゼンス向上委員会・前掲＜注 1＞86 頁。

VI. 米国における知財信託

　米国においては、信託は契約によって成立し、受託者（trustee）となるのに、日本の信託業法のような縛りはない。したがって、信託の実態を把握するのは個別の契約を検討していくほかない。

　ここで、米国特許庁の権利者検索（Patent Assignment Search）にて、権利者（assignee）に"trust"という検索ワードを入れてみると、14,396件の特許権がヒットする[17]。一方、日本の特許庁のウェブサイトで国内文献について同様の検索を行うと135件の特許権がヒットする。日本の特許庁での検索の場合は、検索結果として信託銀行による特許出願が多いことが見てとれる。発明の名称を見ると、銀行の業務内容に関連がありそうなものが多く、システムやプログラムといった発明が多い。たとえば、相続手続きシステム、資金管理サポートシステム、遺言管理プログラム、議決権行使支援プログラムなどの発明があった。他方、米国の特許権にかかる発明の場合、日本ほど発明の内容に偏りがないように思われる。たとえば、Vehicle brake mechanism、Anionic acid-labile surfactants and methods of use、System for tracking suspicious vehicular activity などの名称があった。

　先に示した特許庁の統計でも、日本における特許権信託は、2016年で809件、2017年で557件、2018年では746件であり、必ずしも特許庁ウェブサイトでの検索結果とは一致しないが、数百件レベルの件数にとどまっており、米国の1万件を超える検索結果とは大きな開きがある。米国における知財信託が日本に比してより盛んであることは自明である。これは信託に関する歴史の長さなどがあり、知財信託に限られず一般の信託についても日本よりも活発に利用されていることは間違いない。また特許侵害訴訟においても受託者（trustee）が原告となって訴訟が提起されることも少なくない。一例を挙げると、先に挙げた"Multimedia Patent Trust"などが代表的なものである。

　ここで米国の訴訟の分析ツールであるLex Machinaという検索ツールを

---

17) このtrustという検索ワードは、米国における信託銀行なども含むものであるため、本章で取り扱っているような純粋な知財信託の保有する特許数を必ずしも表すものではない。

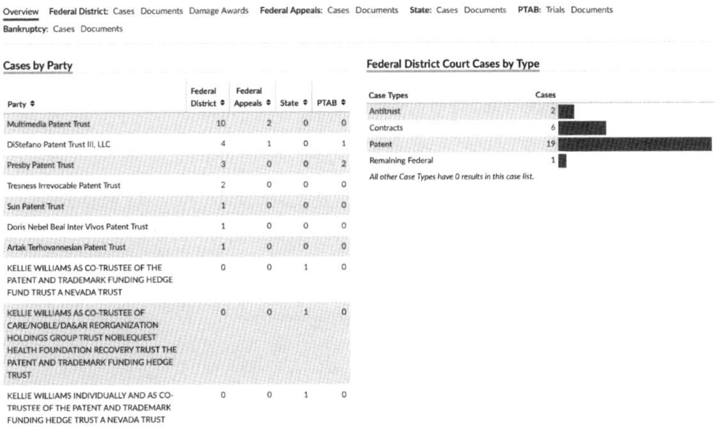

Overview　Federal District: Cases Documents Damage Awards　Federal Appeals: Cases Documents　State: Cases Documents　PTAB: Trials Documents
Bankruptcy: Cases Documents

Cases by Party

Party	Federal District	Federal Appeals	State	PTAB
Multimedia Patent Trust	10	2	0	0
DiStefano Patent Trust III, LLC	4	1	0	1
Presby Patent Trust	3	0	0	2
Tresness Irrevocable Patent Trust	2	0	0	0
Sun Patent Trust	1	0	0	0
Doris Nebel Beal Inter Vivos Patent Trust	1	0	0	0
Artak Terhovannesian Patent Trust	1	0	0	0
KELLIE WILLIAMS AS CO-TRUSTEE OF THE PATENT AND TRADEMARK FUNDING HEDGE FUND TRUST A NEVADA TRUST	0	0	1	0
KELLIE WILLIAMS AS CO-TRUSTEE OF CARE/NOBLE/DA&AR REORGANIZATION HOLDINGS GROUP TRUST NOBLEQUEST HEALTH FOUNDATION RECOVERY TRUST THE PATENT AND TRADEMARK FUNDING HEDGE TRUST	0	0	1	0
KELLIE WILLIAMS INDIVIDUALLY AND AS CO-TRUSTEE OF THE PATENT AND TRADEMARK FUNDING HEDGE TRUST A NEVADA TRUST	0	0	1	0

Federal District Court Cases by Type

Case Types	Cases
Antitrust	2
Contracts	6
Patent	19
Remaining Federal	1

All other Case Types have 0 results in this case list.

図2　米国における知財信託比較（全体）

使って“trust”というキーワードで米国訴訟の検索を行うと非常に多くの会社が出てきてしまい当該ツールの検索キャパを超えてしまう。一方、検索ワードを“patent trust”に絞り込んで検索を行うと“Multimedia Patent Trust”の他、“Presby Patent Trust”など10社のPatent Trustという名前が入った当事者が検出される。中でも最も訴訟件数が多いのは、Multimedia Patent Trustの10件（連邦地裁）である。これらの10社のPatent Trustはそれぞれ連邦地裁に訴訟を提起していたり、控訴裁判所に控訴していたり、州裁判所に提訴していたり、また特許庁に対して無効化手続き（PTAB）の手続きを行なっている。このように、米国では信託名義での特許権の数は1万件を超えるレベルであるものの、訴訟件数としてはそれほど大きくないといえる。これはすべての信託会社が必ずしも権利活用型の知財信託ではなく、管理目的での信託活用やそもそも知財信託ではなく一般の信託会社であることなどが考えられる。

さらに、検索ツールLex Machinaを使って、Multimedia Patent Trustの訴訟を分析してみたい。ここでは比較の対象として日本の知財活用会社であるIP Bridge[18]を例にとって分析を試みる。Lex Machinaの調査対象期間を2009年1月1日から2013年11月14日に絞って、原告をMultimedia Patent

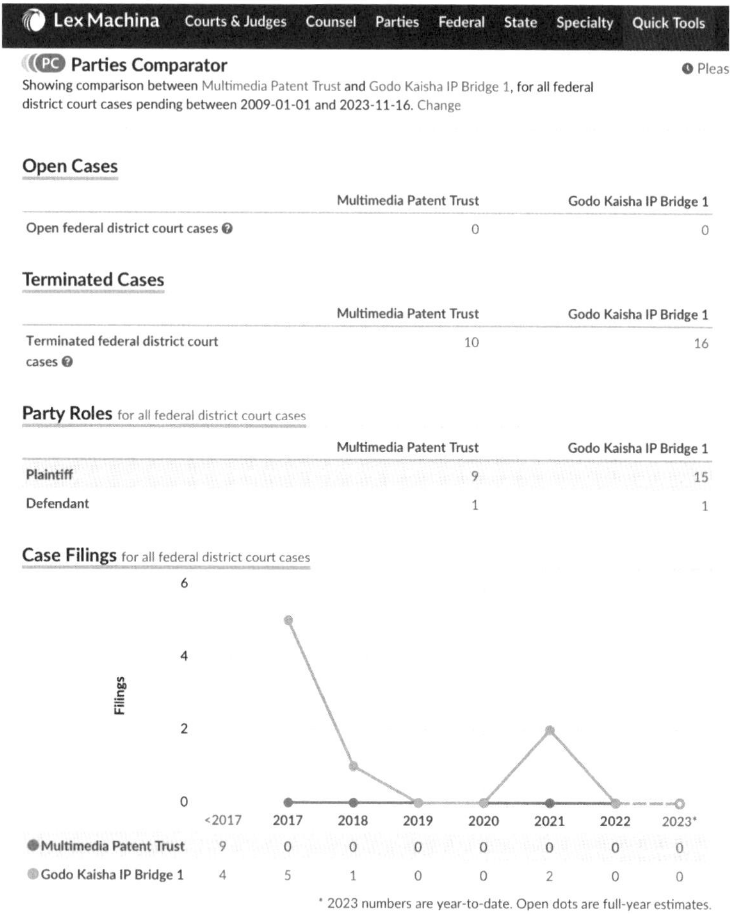

図3　Multimedia Patent Trust と IP Bridge 比較（全体）

18) 株式会社 IP Bridge は、「知的財産権の調達及びライセンス供与知的財産権を利用した事業に関する助言及びコンサルティング」を主要な事業とする（同社ホームページ、https://ipbridge.co.jp/company/、2024年8月1日最終閲覧）。自己信託宣言を用いて信託を活用している一方、信託業の免許を取っているわけでもなく本章でいうような知財信託を行っているわけではないため、知財信託会社とは区別すべきである。

Ⅵ．米国における知財信託   135

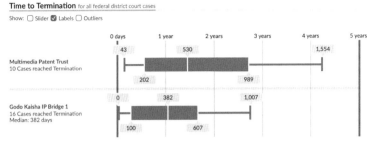

図 4　Multimedia Patent Trust と IP Bridge 比較（訴訟期間）

Trust と合同会社 IP Bridge（Godo Kaisha IP Bridge 1）という原告名で検索をしてみた。

　結果としては、Multimedia Patent Trust が原告であるものが 9 件、被告であるものが 1 件であり、合同会社 IP Bridge が原告であるものが 15 件であり、被告であるものが 1 件であった。訴訟の提起時期は、Multimedia Patent Trust が 2013 年に 9 件と集中しているのに対し、IP Bridge は 2015 年に 1 件、2016 年に 3 件、2017 年に 5 件とまばらな数が提起されている。また、Multimedia Patent Trust も、IP Bridge もそれぞれの訴訟に関しては、おそらく和解により解決しているものと思われる。

　Multimedia Patent Trust の訴訟期間としては 10 件の訴訟につき、最短で 43 日間最長で 1,554 日間訴訟が継続しており約半数の訴訟が 202 日間から 989 日間の中で完結している。その平均日数は 530 日間であった。一方、IP Bridge の訴訟に至っては、最短で 0 日間、最長で 1,007 日間であり、その半数の訴訟が最短 100 日間、最長 607 日間で完結しており、その平均日数は 382 日間であった。これにより IP Bridge の方が Multimedia Patent Trust よりも早い日数で和解していることが見える。ただし、その半数における平均的な訴訟期間は 530 日間に対して 382 日間であり、その差はわずかである。

Ⅶ. 知財信託をめぐる諸問題とその検討

1．なぜあえて知財信託なのか

では、なぜあえて知財信託なのか、なぜ特許譲渡では足りないのか。この問題は、知財信託の存在意義に関連し、また、知財の実務家にとってもなぜ知財信託を用いるのかという点について、この複雑なスキームを走らせるに際し、必ず通るであろう論点である。先にも述べたように、知財信託の最も特徴的なところは、特に米国において、信託財産が、コモンロー上の所有権とエクイティ上の所有権、すなわち、受益権に分離するというところであった。さらに、その分離したコモンロー上の名義と受益権とが別々のものに帰属し（自己信託の場合を除く）分離するのだが、そのギャップを埋めるために、受託者は受益者に対し一定の信認義務を負い、信託目的に対する遂行義務や、信託財産に対する善管注意義務を負う[19]。これらの信認義務により信託財産は文字通り受託者に信じて託される。これが通常の譲渡とは違うところである。

前掲の知財プレゼンス向上委員会の調査報告では、信託の基本的な機能を次の四つに分類している。すなわち、①財産管理機能、②倒産隔離機能、③転換機能、④二重課税回避機能である。①の財産管理機能は、「本業に集中するために、財産（特許）の管理を外部に任せる」機能であり、②倒産隔離機能は、「財産（特許）が委託者・受託者の倒産の影響を受けないようにする」機能であり、③転換機能は、「財産（特許）を信託受益権に転換して売買しやすくする」機能をいい、④二重課税回避機能は、「信託受益権保有者に利益配分される際に二重に課税されないようにする」機能であるとする[20]。さらに同調査報告では、主にどの機能を目的として信託を利用するかによって次の

---

19) 我が国においては、コモンロー上の所有権とエクイティ上の所有権という概念は存在せず、両者を峻別しない。我が国においては、信託財産の独立性により倒産隔離効などの物権的救済が受益者に認められるところに信託の特徴があるといえる。原則として、受託者は、委託者ではなく、受益者に対して善管注意義務や忠実義務などの信認義務を負う。ただし、信託行為に別段の定めがあれば、委託者も損失てん補請求権などを有することができる（信託法145条参照）。
20) 令和三年度知財プレゼンス向上委員会・前掲＜注1＞84-85頁。

二つのタイプに分類できるとする。すなわち、(1)管理型信託、(2)ファンド型信託である。(1)管理型信託は、前述の①、②を目的として信託を利用する類型であり、(2)ファンド型信託は、前述の③、④を目的として信託を利用する類型である[21]。

この(1)管理型信託と(2)ファンド型信託とがその利用目的に照らして必ずこの知財信託を用いなければなし得ないのかという点についてはさらに議論を要する。すなわち、知財信託ではなく、特許譲渡でも同じようなことができないのか。あるいは、特許を信託譲渡せずとも同等の機能を果たすことができる可能性もないわけではない。そのような中、なぜ知財信託をあえて使うのかについては吟味を要する。この点についての一つの考え方としては、先程述べたように特許名義と受益権とが分離し、かつその分離した二つの権利を信認義務で結びつけるというこの信託特有の機能こそが他の枠組みではなし得ないような機能・効果をもたらすということでなければ知財信託を用いる意味が薄れてしまうことである。この点についてはさらに深掘りを要するところである。

2．原告適格の問題

なぜあえて知財信託なのかという点についてもう一つの答えは、知財信託の場合に米国における原告適格の問題がクリアできる可能性が高いという点も付け加えることができる。原告適格（standing）は、特許法においては日本やドイツなどの大陸法系の国では問題となることは少ないが、英米法においては大きな論点となる部分である。すなわち、英米法における原告適格とは、「訴えの利益」や「当事者適格」とも訳され、英米法辞典によると、特に憲法上の裁判などで問題となり、当該訴訟の解決によって自己の法律上の権利義務に影響を受けるもの及び単なる一般人としての関心を越えてその法律問題について事実上の利害関係を持つものに認められるものであるとされる[22]。

米国においては、特許侵害訴訟を提起するための原告たりうる資格として

---

21) 令和三年度知財プレゼンス向上委員会・前掲＜注1＞85頁。
22) 田中英夫編『英米法辞典』（東京大学出版会、1991年）803頁以下参照、拙稿「米国特許判例に基づく特許譲渡契約の留意点—適法な特許権譲渡と当事者適格の検討を中心に—」知財管理65巻7号（2015年）874頁、本書第5章参照。

法的な名義が必要であるとされている（米国特許法 201 条及び 100 条参照）。日本では特許庁の原簿への登録が効力発生要件であるが、米国において登録は第三者対抗要件に過ぎず、実際の特許の譲渡の有効性は譲渡契約を裁判所が検討して判断される。その際に、特許譲渡契約によって法的な名義が新権利者に移転するとすれば、これは原告適格ありと判断されるが、譲渡契約の検討の結果当該特許に基づく提訴権を含む「すべての実質的な権利」が移転されているかどうかが判断され、それが移転されていないとすると原告適格がないと判断され得る。このとき、特許譲渡と形式的に謳っていたとしても、それが実質的な意味で「すべての実質的な権利」が移転していない場合には当該特許譲渡は有効な譲渡とはいえない。たとえば、新権利者が旧権利者の管理監督権に服しているような場合や譲渡制限などの制限があるような場合、旧権利者が訴訟を提起する権利を留保しているような場合など当該特許譲渡が有効でないとされる場合がありうる。

連邦巡回控訴裁判所は、*Alfred E. Mann Foundation For Scientific Research v. Cochlear Corp.*, 604 F. 3d 1354, 1360（Fed. Cir. 2010）事件において少なくとも検討しなければならない項目という形で次のような 9 つの判断項目を挙げている（ライセンシーという言葉を用いているが独占的ライセンスの場合も含めて想定していると考えられ、ここではライセンサー、ライセンシーという用語が用いられている）。

① 当該特許権に基づいて製品やサービスなどを生産し、使用し、販売する独占的な権利
② ライセンシーのサブライセンス権の範囲
③ ライセンス契約の違反が起きた場合のライセンサーへの復帰権に関するライセンス条項の性質
④ ライセンシーによって提起された侵害訴訟の救済から配分を受けるライセンサーの権利
⑤ ライセンシーに許諾されたライセンス権の帰還
⑥ ライセンサーの管理監督権及びライセンシーの活動をコントロールする権利
⑦ 特許権の維持費を支払うライセンサーの義務
⑧ ライセンシーが当該特許権に基づく利益を移転する場合の制限の性質

⑨ 独占的ライセンシーの訴訟を提起する権利の性質と範囲及びライセンサーが留保する訴訟を提起する権利の性質と範囲

連邦巡回控訴裁判所は、これら9つの項目のうちでも特に①「当該特許権に基づいて製品やサービスなどを生産し、使用し、販売する独占的な権利」、⑨「譲受人の訴訟を提起する権利」の二つを重要な判断項目として挙げている[23]。

一方、米国法における知財信託の場合は、前述のとおり、コモンロー上の所有権とエクイティ上の所有権が分離し、コモンロー上の名義とその特許権の活用によって生じたロイヤリティを受ける受益権とが別々の主体に帰属することを前提とした制度である。したがって、仮に受益権が元の特許権者に残存していたとしても合法的に旧権利者は当該特許権の活用に関する利益を受領する権利を有する。他方、当該信託財産たる特許権の受託者は完全な法的名義を有するため、単独で特許侵害訴訟を提起することが可能である。したがって知財信託の場合に原告適格が問題となることは少ないであろう。この点も知財信託を用いるメリットといえる。

3．知財信託財産の価値評価

信託では信託財産の転換機能の活用し資産を受益権という流通性の高い、より投資に適した権利に転換させることで、資産の流動化を図ることが重要な役割の一つとなっている。知財信託も、知的財産権を流動化させることで資金調達を容易にすることが見込まれている。ただ、この点で大きな問題となるのは、知財の価値評価をどのように置くのかである。

一般的には、特許権の価値評価の手法として、①インカム・アプローチ、②マーケット・アプローチ、③コスト・アプローチがある[24]。また特許権の

---

23) 特許権の譲渡人の原告適格肯定例として Suffolk Technologies, LLC v AOL Inc and Google Inc, 910 F Supp 2d 850（ED Va 2012）と、否定例として Clouding IP, LLC v. Google Inc., 2014 WL 3767489, 7（D. Del.）（D. Del. 2014）がある。また、独占的ライセンスの原告適格肯定例として Speedplay, Inc. v. Bebop, Inc., 211 F. 3d 1245（Fed. Cir. 2000）と、否定例として WiAV Solutions LLC v. Motorola, Inc. 679 F. Supp. 2d 639（E.D. Va., 2009）がある。詳細は、拙稿・前掲＜注22＞874頁以下。Lone Star 事件でも特許譲渡の場合の原告適格否定例である（"We agree with the district court that Lone Star cannot bring suit in its own name because it does not possess all substantial rights in the asserted patents."）Lone Star Silicon Innovations LLC v. Nanya Tech. Corp., 925 F. 3d 1225, 1239（Fed. Cir. 2019）.

譲渡など、将来にわたる収入を売却時に一括して譲渡対価として支払うことから将来に見込めるキャッシュフローに割引率などをかけて現在価値を算出するディスカウント・キャッシュフロー法（DCF法）が用いられることもある[25]。これらは、コンサルティング会社や会計会社を中心に、主としてM&Aの際における会社資産の価値評価を算定する際に用いられてきた手法を特許権などの知的資産の評価に応用したものといえる。会社資産の価値評価に慣れた経営層や投資家などに広く受け入れられる考え方であろう。

　知財信託でもこのような価値評価手法を用いて評価が行われることも多い。しかしながら、知財信託をしている時点ではまだ将来のライセンスプログラムなどが確定していないことも多く、その金銭的評価は確実的なものではない。そのため、通常の特許譲渡時におけるような対価設定ではなく、一律の備忘価格[26]を置くことも多い。

　最近では、AIの発展にともない、マクロ的な特許分析の手法が発展してきている。例えば、IPwe社（米国本社）の「スマート・インタンジブル・アセット・マネジメント（SIAM）」サービスは、「企業が知的財産戦略を最適化するためのデータ、分析、指標、価値の実現を提供し、従来の知的財産管理

---

24) 特許庁および発明協会アジア太平洋工業所有権センター「知的財産の価値評価について」(2017年) 23-24頁 (https://www.jpo.go.jp/news/kokusai/developing/training/textbook/document/index/Valuation_of_Intellectual_Property_JP.pdf、2024年4月1日最終閲覧) の定義によると、①インカム・アプローチとは、「当該資産が事業活動などに用いられることによって生み出される収益（インカム）の規模をベースに評価する方法」をいう。②マーケット・アプローチとは、「当該資産が現に取引されている類似事例を参照し、そこで設定された取引価格をベースに評価する方法」をいう。③コスト・アプローチとは、「技術など当該資産を入手・開発するために要するコストをベースに評価額を設定する方法」をいう。これらの方法を、当方の経験からより特許権譲渡に特化してアレンジするならば、①インカム・アプローチとは、当該特許権によって生み出されるインカム（事業活動からの収益というよりは、ライセンス許諾時のロイヤリティ収入見込みが用いられることが多い）をベースに評価する方法であり、②マーケット・アプローチとは、当該特許権取引に類似する事例（必須特許の場合に同じ技術標準のレートや売買価格などが参照される）をベースに評価する方法、③コスト・アプローチとは、当該特許権の権利取得コスト（当該発明が生まれた技術研究開発費用などを考慮することもあるが算出が比較的容易な特許庁費用や代理人費用、翻訳費用などがベースにされることの方がより実務的であろう）をベースに評価する方法である。
25) 拙稿「特許権譲渡における価値評価―知財デューデリジェンスを通してみる特許権の価値―」パテント72巻2号（2019年）52頁、本書第4章参照。
26) 会計上、価額を0円とすると簿外資産となることから、例えば「1円」など、切りの良い価格を置くことで帳簿上認識できる財産とする実務。

ソフトウェアとは異なり、SIAM は技術的なバックグラウンドに関係なく、財務と知的財産ビジネスの両方が社内で使用できるように設計されてい」る（同社日本語ホームページ[27]）。

　このサービスでは、社名などで検索すると、その会社が持っている全世界の特許の件数、技術カテゴリー（大・中・小などクラスタの分け方も AI が提供する）、各特許のレーティング、金銭的な価値を算出する。どのようなアルゴリズムでこのようなサービスを提供しているのかは、非会員には非公開ではあるが、基本的には、特許権が属している技術分類（IPC コード）などから、当該技術分野に属する母集団となる特許数やレーティングなどを分母に、調査対象の特許ポートフォリオの特許数やレーティングなどを分子にして、相対的な価値を仮置きする。これに、被引用数や取得国、関連事業規模、当該分野におけるロイヤリティ期待値などさまざまなファクターを加味して最終的には、各特許権 1 件あたりの価値を金銭的に評価するという。このアルゴリズムは、AI によって使用ごとに見直され、学習されていくことで進化していき、発展していくことが予測されている。

　無論、このような AI ツールが万能で、デューデリジェンスのすべてを置き換えるものではないと考える。しかしながら、財務・知財コンサルタントなどがこれまで行ってきた方法がかなりプロセス化・可視化されてきているのもまた事実である。

　ライセンス交渉や特許譲渡、特許侵害訴訟などでさまざまな特許権の金銭的な価値を議論してきた筆者にとっては、特許クレームと侵害製品を対比したクレームチャートや Evidence of Use（"EoU"）などの分析に基づいた人間の目による個別の価値評価（筆者は、このような伝統的な評価手法を「ミクロ分析」と呼んでいる）を信じていきたいところではあるが、何百、何千、何万件といった特許権を一瞬のうちに分析する AI ツールには魅力も多いと言わざ

---

27) IPwe「これからの知的財産管理戦略ツール」(https://ipwe.com/ja/jp-smart-intangible-asset-management/、2023 年 12 月 1 日最終閲覧)。同社は、米国連邦破産法第 11 章（chapter11）上の再建手続を申請していたが、2024 年 3 月 5 日第 11 章（chapter11）の再建型の手続から第 7 章（chapter7）の清算型の手続に変換（convert）したことが報道されている。Angela Morris, "IPwe's bankruptcy takes a turn for the worse", IAM, 26 March 2024 (https://www.iam-media.com/article/ipwes-bankruptcy-takes-turn-the-worse、2024 年 7 月 22 日最終閲覧)。

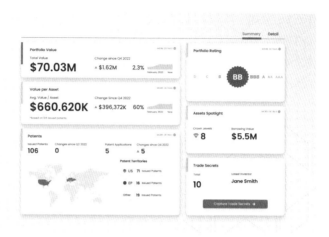

図5　IPwe社の「スマート・インタンジブル・アセット・マネジメント（SIAM）」

るを得ない。何百、何千、何万件といった特許権を信託財産とする知財信託においても、このようなツールと、専門家によるレビューが併存し、マクロ、ミクロの双方の観点から信託財産の価値評価が進むことを期待したい。

4．受託者の信認義務違反の効果

　信託財産の管理において、信託財産の受託者は委託者・受益者に対し各種の信認義務を負う。それら信認義務の内容は、多岐に渡る。すなわち、信託事務遂行義務（信託法29条1項）、善管注意義務（信託法29条2項及び信託行法28条2項）、忠実義務（信託法30条、31条1項、32条1項）、利益相反行為（自己取引の禁止）（信託法31条1項1号）、信託財産間取引の禁止（信託法31条1項2号）、双方代理的行為の禁止（信託法31条1項1号、同項2号、同項3号）、間接取引の禁止（信託法33条1項4号）、競合行為の制限（信託法32条1項）、公平義務（信託法33条）、分別管理義務（信託法34条及び信託行法28条3項）などがある[28]。

28）ここで述べた各種の信認義務に関しては条文を参照のこと。愛知靖之「新信託法と知的財産信託（下）」NBL870号（2007年）44頁以下に、これらの信認義務の詳細な解説がある。

これら受託者の信認義務の中でも重要な位置を占めているのは、一般的忠実義務（信託法30条）である[29]。本条の一般的忠実義務は、「信託の利益に反する行為を類型的に把握し、信託財産の不利益を防止しようとするものではなく、受託者が、受益者の利益の犠牲の元に、自己または第三者の利益を図ることを問題とするもの」とされる[30]。受益者のために忠実といえるかどうかは実質的・具体的に判断される。この一般的忠実義務違反の類型としては、(A)固有財産と信託財産の利益衝突、(B)受託者と受益者の利益衝突 (C)第三者と信託財産との利益衝突、(D)信託財産間の利益衝突などがある[31]。信託財産とされると、受託者の権限違反行為が取消されたり（信託法27条1項）、あるいは、受託者の利益相反行為の対象となった財産の処分行為等が取消されたりするので（信託法31条6項）、委託者は、受託者ばかりでなく、第三者に対しても一定の請求をなし得る、という効果が発生する[32]。

これらの信託法における一般的忠実違反の類型に則して知財信託の場合を考えてみると、(A)受託者が元々持っていた特許と信託された特許があってこれらをライセンスする場合に元々の固有の特許のライセンスを優先させて信託された特許のライセンスをないがしろにするような行為、(B)特許を信託された受託者と元の特許権者である委託者・受益者の利益が反する場合、(C)信託された特許のライセンスに関する活動よりも第三者の特許のライセンスに関する活動を優先させるような場合（もっとも、この第三者との信託財産の利益衝突については知財信託の場合に問題となる場合が少ないであろう）、(D)複数の特許権者から信託財産を受けていた受託者はそれらある特定の信託の受益者を有利に扱うことは他の信託における受益者の利益をないがしろにしてしまうおそれがあるためこの点も忠実義務違反の一類型といえる。

---

[29] 改正信託法（現行信託法）における忠実義務関連規定の中核となる規定は、一般的忠実義務であるということを強調する見解と、この一般的忠実義務は、利益相反行為（信託法31条）競合行為（信託法32条）で補足できない忠実義務違反を一般条項として記載しているとの見解がある。渡辺宏之「受託者の義務・責任(1)」信託208号（2008年）34頁など。
[30] 道垣内弘人『信託法〔第2版〕』（有斐閣、2022年）247頁、渡辺・前掲<注29>35頁。
[31] 渡辺・前掲<注29>35頁。
[32] 加毛明「情報の取引と信託」神作裕之＝三菱UFJ信託銀行フィデューシャリー・デューティー研究会編『フィデューシャリー・デューティーの最前線』（有斐閣、2023年）41-44頁〔加毛明〕、田村善之「知的財産とはいかなる意味において『財』なのか―財の把握の仕方をめぐるビジネス、経済学、法学の交錯―」金融法務事情 No.2227（2024年）20頁。

また、利益相反行為についても知財信託の場合を想定すると一筋縄ではいかない。これは法律事務所や特許事務所がクライアントとの関係において利益相反行為をなしてはならないことにも類似するものであるが、知財信託においては複数の委託者・受益者から信託財産を受任する場合にこの利益相反行為に当たる場合が出てくる可能性がある。これは代理人による訴訟行為や取引行為などに準じて検討することが必要であろう。間接取引の禁止や競合行為の制限、公平義務または分別管理義務についても同様のものと考えられる。

5．PAE 化の懸念

特許権を保有する企業が、特許権行使主体（Patent Assertion Entity,"PAE"）[33]に特許権を譲渡し、PAEからターゲット企業に対し権利行使する特許私掠船（patent privateer）の設立を行うことがある[34]。

このようなPAEと知財信託によって設立された委託者（trustee）と何が違うのか。これは、特許譲渡と知財信託がどのように異なるかという点にも関係している。特許譲渡はある特許権全体を譲受人に移転することによりその特許権の権能たる差止請求権や損害賠償請求権などの享受主体である地位を移転する。一方、信託は所有権（この場合、特許権）が法的な名義と受益権とに分離することを特徴とすると先に述べた。この枠組みを利用すると、特許

---

[33] 数年前までは、米国などでは特許発明の実施の事業を持たず特許権を保有している主体をNon-Practicing Entity（"NPE"）と呼ぶことが一般化していた。しかしながら、大学や個人発明家などの純粋な特許保有主体と、業として特許権を主張してライセンス料などを取得することを主な事業をしている主体とを区別するため、最近ではPatent Assertion Entity（"PAE"）という言葉が使われるようになってきた。例えば、米国の連邦取引委員会（Federal Trade Commission, "FTC"）が2016年10月6日に発行した "FTC Report Sheds New Light on How Patent Assertion Entities Operate ; Recommends Patent Litigation Reforms" では、PAEを主として特許権を取得し被疑侵害者に権利主張することで収入を得る事業主体と定義し、第三者から特許を取得する場合が多く特許資産を主たる財産とし、製品を製造、販売することに依拠しないことを特徴とすることと指摘している。さらに、同レポートは、PAEを膨大な特許権数を背景にライセンス取得を迫る巨大ポートフォリオ型と小規模の特許侵害訴訟を提起して低額の和解金を請求する訴訟提起型の2つの類型に分け、いずれも不当にスタートアップ企業や小規模の会社の研究開発資源をライセンス取得費用や訴訟費用に転換させており、イノベーションの促進に否定的な効果をもたらしていると指摘した上で、製造・販売事業をもつ被告とそれらを持たない原告（PAE）のディスカバリー負担の非対称性などの不平等を是正するため連邦民事訴訟規則などを改正することを提言している。

譲渡と法的には近いものとなり得るところ、受託者は一般に、信託以外の実態的な事業を行なっていないことが多い。すなわち、当該特許権の実施の事業に係る事業を実施していない場合が多い。とすると、いわゆる特許権の行使のみを生業とするPAEと活動としてはさほど変わらないのではないかという意見があろう。すなわち、特許信託はパテント・トロールなのかという疑問を呈する声も出てくるものと思われる。しかしながら、この点に関しては、何をもってパテント・トロールと呼ぶのかその定義は明確ではない。

　PAEという定義にしても、特許権を取得しこれを権利行使すること自体は特許法の許容するところである。仮に、当該事業体の生業が特許権の権利行使を大部分とするものであったとしても、それのみではなんら違法性はないはずである。知財信託の受託者は当然ながら特許権の管理と共に必要であれば権利主張を行うことを生業としているのであるから、その意味でPAEと呼ばれても致し方ないかもしれない。ただし、それが不当なのかと言われるとこれは程度問題であると考えられる。あまりにも不合理な法外なロイヤリティを要求することを生業とするのであれば、その属性や事業をしているかどうかに関わらず不当なものである。一方、当該特許の実施の事業をしていなかったとしても、合理的なロイヤリティを徴収すること自体はなんら特許法に反するものではないと考えられる。なぜなら、特許法は侵害者に対して

---

34) 拙稿「発生的ライセンス（"Springing License"）の研究—特許流通に平和をもたらすか—」Law and Technology 78号（2018年）33頁、本書第3章参照。「キャプテン・キッド」とは、海賊として世界中に名前を売ったウィリアム・キッドのことである。彼の乗った船は私掠船（しりゃくせん）（privateer）と呼ばれた。私掠船の歴史は、1243年にヘンリー3世が「敵国を悩ませるために」（annoying the King's enemies）」、自国の商船の船長に対し、他国の商船を攻撃してその船の積荷を奪ってもよいという許可状を与えたことに始まる。この私掠許可状を受けた船主に対しては、捕獲物の半分を国王に上納することが規定されていた。もともとは他国の略奪に対する報復から始まった私掠認可状だが、14世紀には利益確保へとその性格が変化していった。さらに17世紀に入るとヨーロッパ列強の各政府は、自国の海軍だけではリソースが足りない部分を補うため、大西洋に無数にいた海賊たちを傭兵のごとく雇い、私掠船として他国の海商を妨害・破壊した。しかしながら、時代を経るにつれて私掠船の数が増加し私掠行為の主目的が経済的利益から海軍力を補う海商破壊に発展すると、大西洋における通商に深刻な被害をもたらすようになる。これに対し、列強諸国は対策を講じ最終的には、1856年のパリ宣言にて私掠船の利用を相互に放棄することで幕引きされた。この間、私掠認可状の最初の発行から幕引きまで実に600年以上の歳月がかかっている。歴史は繰り返す。特許権を保有するPAEに特許権を譲渡し、PAEを原告として、当該ターゲット企業に対し、権利行使する戦略（特許私掠船（patent privateer））が盛んになって数年経つ。現在、それに対する対抗手段も講じられているが、それが業界全体の合意とまでは言い難い状況である。

差止請求権等の法的な救済措置を許容しているからである。これは排他権という特許法の性質から見ても、至極自然なものである。ましてや、元の特許権者から特許権を活用することを信託されている受託者にとっては、権利行使をすることがその本業たる事業である。これをもってパテント・トロールと呼ぶのは侮辱や名誉毀損に当たるかもしれないのである。自嘲的に信託者がそのようにいうことがあるかもしれないが、パテント・トロールという言葉には、法外なロイヤリティを取るものといった悪しきイメージが見え隠れするため、これを不用意に信認義務や善管注意義務をもって生業として特許権を活用する受託者に対し、そう呼ぶのは不適切な場合も多いであろう。権利行使の正当性を実施の事業のありやなしやで判断するのではなく、特許権の実施料を合理的なものとするのか法外なものとするのかで判断するべきであろう。何をもって法外とするのかは単に金額の多寡のみをもって判断するのではなく、当該特許権が包含する技術の価値や実施の事業規模などを裁判例に従って判断すべきであり、ひとつの立場から見たレッテル貼りにならないように留意すべきである。

　PAE化の懸念について、一つ信託が特許譲渡と違う点があるとすれば、それは信認義務の有無である。特許譲渡の場合、旧権利者から新権利者に対し譲渡が行われた後は新権利者が当該特許権の処分・収益を担うので、どのように権利行使をするかについて原則として旧権利者は口を差し挟むことができない。したがって、新権利者がPAE化したとしても、旧権利者はそれをコントロール手段を持たないはずである。そのようなコントロールをしてしまうと、前述の原告適格の問題を生じ得るからである。一方、知財信託の場合は、委託者と受託者との間に信認関係が生じる。したがって、委託者は受託者の利益が最善となるように努力する義務があり、受託者の願いに反するような行動をとることができない。例えば、受託者の事業上の顧客に対して委託者が当該権利を行使して法外なロイヤリティを請求したり、差止めを迫ったりすることは、受託者の利益に反する行為であるので、委託者の信任義務に反するおそれがある。とすると、知財信託の方がPAE化の懸念に対して歯止めがかかると考えられる余地もある。このように、通常の特許譲渡に比べ、知財信託の場合は信認関係があるためPAE化の懸念を払拭しやす

い傾向にあるといえるであろう。

6．会計上の連結会社か

　複数の子会社を伴う大企業がその保有する特許権を管理する目的で知財信託を利用する場合、当該企業グループが保有する特許権の一部を資産活用目的で知財信託に移転して運用する場合などに、どのような会計ルールに従って個別財務諸表及び連結財務諸表を作成するのかという点が企業などの実務界から気になるという声がある。日本の会計実務では、従来は個別財務諸表が重視されていた時代があるが、事業部門ごとに子会社化する場合や昨今ではホールディングス化などのコーポレートガバナンスのあり方が多様になっていることも相俟って、グループ会社を実質的に一つの企業として扱う連結財務諸表が重視されてきている。上場企業の多くが連結財務諸表を作成しその財務体質の明確化、透明性を担保している。このような中にあって、倒産隔離や資産と経営主体の明確化などを図るために特許権について知財信託が用いられる場合が増えてきているのは前述のとおりである。

　無論、当該知財信託がその管理者たる受託者によって個別の財務諸表が作成されることは当該受託者の報告義務からしても素直に捉えられることである。しかしながら、当該信託財産を拠出した元の企業が当該特許資産を知財信託に移転したことに伴って法的な特許権者たる地位を失っているにもかかわらず、その財産運用の全てについて連結財務諸表を作るのかという点については疑問の余地が残る。当該信託財産たる特許権の受益権は、元の特許権者のもとに存在するのでその限度において自己の個別財務諸表の中で当該受益権を計上するのはもちろんである。問題は、すでに、法的な特許権者たる地位が移転しており、かつ、当該信託財産たる特許権の管理権限が全て受託者に移転しているという場合においてまで委託者・受益者に連結財務諸表の作成義務が残るとなると、本来の知財信託の目的たる財産分離や倒産隔離などの諸機能を害することにならないだろうか。

　ここで、「連結対象とする企業の範囲をどのように定めるかについては、特段の理論的根拠があるわけではないが、現在の会計ルールにおいては、連結貸借対照表は、親会社の支配の及ぶ範囲の資産・負債を表示し、連結損益計

算書は親会社の支配の及ぶ範囲の損益を表示してから、親会社の株主に帰属する損益を計算することになっている。逆に、連結財務諸表作成会社がある企業の意思決定に重要な影響力を行使できるにとどまり、その企業の意思決定を完全に支配できない場合には、関連会社として扱われ、連結財務諸表上、持分法が適用される。[35]」また、知財信託をここでいう連結対象とするかどうかの点については、特別目的会社を連結するかどうかという論点と関連して論じられている。この点については、企業会計基準委員会実務態様報告第20号「投資事業組合に対する支配力基準及び影響力基準の適用に関する実務上の取扱い」（平成18年9月8日作成、平成21年3月27日改正、最終改正平成23年3月25日）が参考になる。この報告書によると、「投資事業組合に対しても、会社と同様に、支配力基準及び影響力基準を適用するが、投資事業組合の場合には、株式会社のように出資者が業務執行者を選任するのではなく、意思決定を行う出資者が業務執行の決定も直接に行うことなどから、株式会社における議決権を想定している連結会計基準等を投資事業組合に対して適用する場合には、基本的に業務執行の権限を用いることによって、当該投資事業組合に対する支配力又は影響力を判断することが適当である」とされる[36]。「もっとも、出資者（出資以外の資金の拠出者を含む。）が投資事業組合に係る業務執行の権限を有していない場合であっても、当該出資者からの出資額や資金調達額の状況や、投資事業から生ずる利益又は損失の享受又は負担の状況等によっては、当該投資事業組合は当該出資者の個別会社に該当するものとして取り扱われることがあることに留意する必要がある」とされる[37]。

　この報告では、投資事業組合が連結の対象に含まれるか否かについては連結会計基準等に従い、会社と同様に、支配力基準及び影響力基準を適用する

---

35) 太田康広「知財信託の会計について」日本弁理士会研究報告第21号「知財信託について」（2007年）107頁。
36) 企業会計基準委員会「実務態様報告第20号　投資事業組合に対する支配力基準及び影響力基準の適用に関する実務上の取扱い」（平成18年9月8日作成、平成21年3月27日改正、最終改正平成23年3月25日）2頁（https://www.asb.or.jp/jp/wp-content/uploads/kumiai.pdf、2024年3月12日最終閲覧）。
37) 企業会計基準委員会・前掲＜注36＞2頁（https://www.asb.or.jp/jp/wp-content/uploads/kumiai.pdf、2024年4月1日最終閲覧）。

ことによって判断するものの、近時、投資事業組合に係る不適切な会計処理が指摘されており脱税等の不正を防ぐために様々な例外が設けられている。しかしながら、ここでは微に入り検討するよりも大きな考え方を理解しておくことが重要と考えられる。すなわち、知財信託に関しては、その目的が正当なものであれば、基本的には、委託者の信託財産を受託者が受益者のためにその目的に従って適切に管理・運用するものを本旨とするものである。そして、その管理・運用は受託者の独立した判断（善管注意義務や各種の信認義務を負うことは前提ではあるが）によってなされるものであるとするならば、適切な知財信託であれば、委託者の支配力や影響力とは別に独自の判断を受託者がなせるものでなくてはならない。そうするならば、特に出資などの親子関係の所有関係にはなく、実質的な支配力や影響力も究極的にはないと考えられるため、連結対象ではないというべきである。ただし、脱法目的で作られた知財信託のように、実質的には委託者・受益者からの支配や影響力があるにもかかわらず形式的に信託を用いているような例外的な場合においては、当該親会社の連結対象に含むべきものである。

7．準拠法に関する課題

　信託をめぐる準拠法に関する課題については、重要であるものも非常に大きなテーマであるため、紙面の都合上、ここで縷々述べるには筆者の筆力が足りない。ここでは、論点となり得る準拠法上の課題について指摘するにとどめる。

　信託の成立と効力に関する準拠法の決定方法は、法の適用に関する通則法（以下、「通則法」という）に明文の規定が置かれていない。信託当事者関係を類型的に整理し、商事信託の設定及び管理において受託者が果たす役割が近年重要性を増している点を考慮し、通則法上、信託設定行為を契約として法性決定する見解が有力のようであり、その見解に基づくと、信託準拠法は、委託者及び受託者の合意によって選択又は変更することが可能であると解される[38]。

38）八並廉「信託の準拠法に関する考察―信託当事者間関係の多様性に着目して」国際私法年報15号（2013年）214頁。

また、信託財産である特許権は、我が国の特許権のみならず、対応する外国特許権の取得も一般的であるため、当該外国において信託制度があるのかどうかという問題もある。米国や欧州などでは、信託制度が整備されているが、それ以外の国では知財信託制度が認められていない国もある。このような国の特許権については、信託譲渡ではなく、通常の特許譲渡を行うほかないこととなる。

　また、信託の準拠法上は、適法に成立している信託であっても、その国の特許権の効力や権利行使の執行の態様が異なる場合があり得、国ごとに有効な権利行使であるかなど、個別に判断することを要する。

　受益権に関しては、受益権を信託財産との関係でどのような権利として捉えるべきか、という議論があり、受益権を信託財産に対する「債権」的な権利と考えるか、それとも信託財産の実質的な「所有権」と考えるかによって、適用されるべき法は根本的に異なってくるとされる[39]。また、受益者の所在地と信託財産の所在地、さらに受託者による信託財産の管理処分に係る行為地がそれぞれ異なっている場合には、受益権による信託財産からの利益享受が、どの段階で、かつ、どこで生じたと考えるべきか、など複雑な問題となる[40]。

　準拠法に関しては、複雑な問題となり得る可能性があるが、国際的な特許権を信託財産とする信託を活用するには検討を要する課題であるため、今後の議論の蓄積が望まれる。

8．特許法102条1項・2項問題

　従来より指摘されてきた知財信託に対する課題として、特許法102条1項または2項の損害賠償に対する推定が受けられないのではないか、という論点がある。この点、知財信託の対象である特許権がSEP（Standard Essential Patent,「標準必須特許」）である場合は、通常の実施料相当額のロイヤリティを請求するという実務が普及しており、さほど特許法102条1項または2項による損害額の推定の議論にならないことが多い。しかしながら、知財信託

---

39) 星野豊「国際知財信託に対する法適用原則に関する一考察」筑波法政第58号（2014年）33頁。
40) 星野・前掲＜注39＞33頁。

の対象の特許権が通常の特許権の場合、信託会社がその損害賠償を請求する際に、自己実施を行なっていないため、特許法102条1項または2項による損害額の推定が受けられないとすると、信託をしたことによって十分な損害賠償を受けられなくなるという可能性が高くなる。これが知財信託を利用するのに二の足を踏む要因の一つとなってきたようである。

　この点に関しては二つの説が考えられる。第一説は、推定否定説である。第二説は、推定肯定説である。第一説の推定否定説によると、この知財信託によって特許権が譲渡されているため、その新しい権利者たる受託者が特許権者であって、その特許権者が実施の事業をしていない時は、特許法102条1項または2項の前提となる特許権者による実施がないものとして損害額の推定もまた認められないと考えるのである。

　第二説は、これに対し、委託者、受託者、受益者の利益状況を実質的に一体と捉えることが可能なときは、委任者や受託者が行う損額賠償請求に際して特許法102条1項または2項の適用が認められる[41]。また、さらにこの利益状態の一体性に加え、「少なくとも、委託者が特許発明の実施によって挙げた利益のすべてが信託財産に帰属し、最終的に受益者に給付されるというケースについては、一体性を認め、損害賠償請求にあたって特許法102条1項または2項の適用を肯定」するという見解もある[42]。

　この点、我が国の裁判所でこの点が真正面から扱われたことはない。しかしながら、知財信託をしたことによって特許法102条1項または2項の適用が認められないとすると、知財信託をするインセンティブが失われるのみならず、侵害者の侵害行為を誘発してしまうおそれもある。委託者、受託者、受益者の利益状況は、信認義務や善管注意義務をもって明らかに一体性があるといえる。それが信託という形態をとっている最大の特徴でもある。したがって、本書の立場としては、第二説のように、適法な知財信託である以上、信認義務を通して委託者、受託者、受益者の利益状況を実質的に一体と捉えることができるため、委任者や受託者が行う損額賠償請求に際して特許法

---

41) 波田野晴朗＝戸崎豊「『特許権信託における特許法102条1項・2項の適用に対する考え方』について―産業構造審議会知的財産制作部会流通・流動化小委員会資料」NBL836号（2006年）13頁。
42) 愛知・前掲＜注28＞51頁。

102条1項または2項の適用が認められるとすべきである。この点は、裁判所による判例理論の確立はもちろん、立法論も含めて、再度検証されるべきであろう。

9．消尽の迂回

　周知のとおり、全世界的にみて、特許権等の拡布によって特許権が用い尽くされてしまう（消尽）ことを当然として特許消尽という法理が確立している。しかしながら、昨今この特許消尽論に対して一定の要件の下、「消尽の迂回」を解釈論または立法論として認めるべきではないかという声が産業界または研究者から起きている[43]。

　この「消尽の迂回」について、知財信託の枠組みとの関係が注目される。すなわち、特許権者または実施権者によって特許製品またはライセンス品が販売等されることによって、当該製品に係る特許権が消尽するということが起きてしまうところ、その特許権と実施の事業を分離する知財信託の枠組みを用いれば、委託者（または委託者と受益者が同一の場合は受益者）が実施の事業を継続していたとしても特許権が受託者に移転している以上、特許権の消尽の問題は当然には起きない。無論、当該特許権について委託者が受託者から、通常実施権を許諾されていれば当該委託者が販売する製品は実施許諾品ということになり、その実施許諾品を販売等することにより特許権は消尽することはいうまでもない。一方、そのような実施許諾をしない状態であれば、特許権と実施の事業とが分離するという信託の分離機能によって消尽のトリガーとならないということも考え得るのではないかただし、この点に関しては、受託者たる特許権者から委託者の実施について黙示の実施許諾が許諾さ

---

[43]　産業構造審議会知的財産分科会特許制度小委員会「AI・IoT技術の時代にふさわしい特許制度の在り方—中間とりまとめ—」（2020年）（https://www.jpo.go.jp/resources/shingikai/sangyo-kouzou/shousai/tokkyo_shoi/document/200710_aiiot_chukan/01.pdf、2024年3月12日最終閲覧）、一般財団法人知的財産研究教育財団知的財産研究所「標準必須特許と消尽に関する調査研究〜ネットワークやサービスに関する特許の現状と課題について〜消尽編」（令和4年3月）（https://www.jpo.go.jp/resources/report/takoku/document/zaisanken_kouhyou/2022_0501.pdf、2024年3月12日最終閲覧）、田中修「ヒアリング調査から見た企業などの消尽に関する問題意識」IPジャーナル21号（2022年）4頁、田村善之「IoT時代における特許権の消尽について：研究者の立場から」IPジャーナル21号（2022年）10頁、高橋弘史「IoT時代における特許権の消尽について：実務家の立場から」IPジャーナル21号（2022年）16頁など。

れているという考え方もできる。受託者は委託者のために信託財産を管理等するのであるから受託者が実施の事業をすることを妨げる意図はないだろうからである。しかし、黙示の実施許諾であれば明示での非許諾も可能であるようにも思える。明示の非許諾はあるが、信託関係がある以上、受託者が権利行使することは稀であって、実際には委託者による実施を容認しているというケースは、実質的には「黙示の許諾」を行っているに等しいともいえるため、直ちに消尽の迂回ができるとは言い切れない。

そのほか、実施権者たる委託者がクロスライセンスをある会社と締結しようとする際にも、ある特許群について知財信託をしてその経営権の及ばない範囲にその一定の特許権を分離すれば、その範囲内での特許権に関してはクロスライセンスの対象外ということになり、クロスライセンスの対象からも除外される。これもまた、ライセンスの許諾による消尽というものを迂回することができる一つの方策である。このように、特許権の消尽を知財信託の枠組みを使うことによって、合法的に迂回することは、場合によっては可能といえる。通常の子会社などに特許権を移転したとしても、クロスライセンス等によっては子会社条項でカバーされてしまうところ信託会社は出資関係がない第三者を受託者とすることが多いのでこの問題も解消することができる。

この点、消尽の迂回という意味では、特許権譲渡の場合でも同様ではないか、との議論がある。確かに、特許権と実施の事業が分離するという意味では特許譲渡でも同じであり、消尽の迂回の効果は同じである。しかしながら、特許譲渡の場合は完全に特許権が移転するため、原則として受益権を享受することができない（もっとも、契約上ロイヤリティの支払いを分割にすることは可能である）。また、新権利者と旧権利者の間に信認関係はないので、旧権利者の意図に沿わない権利行使を新権利者が行うリスクが残る。これに対し、知財信託に関しては特許消尽を迂回した上で信認義務を含めた受益権を残すことができるのでよりバランスの取れた活用態様であると考えられる。

10. 知財信託の障害は何か

かつて知財信託が検討され、今後の活用が期待された頃、知財信託の課題

であるといわれたのは前述した特許法102条1項・2項問題である。すなわち、この問題は、せっかく知財信託をしたとしても、損害賠償請求に対する推定が受けられないのでないか、ひいては、十分な保護が得られないのであれば、知財信託を行なっても意味がないのではないか、と考えられるに至った一因である。しかしながら、前述したように、特許法102条1項・2項が知財信託の場合であっても適用されるとすれば、さほど知財信託に対してデメリットにはならないものとなる。

　それでも知財信託がまだまだ日本において使われていないのは、その認知度や信託という枠組みが内在している煩雑さや複雑さではないだろうか。財産の分離機能や倒産隔離機能、信託財産への転換機能など信託財産の管理や活用などを考えるとかなり資産管理や活用に特化した制度であって大いなるメリットを有するものであるが、さほど使われていないのはやはりその複雑さゆえのことであろう。本章のような知財信託に関する概説やさまざまな論点における議論がもっと活発になってくると、この点は見直され知財信託が実務の中に浸透していくようになると考える。まだまだ現状では、知財信託が知財実務の中で身近な地位を占めているとは言い難いが、近い将来この枠組みが日常的に用いられ通常の業務の中に溶け込んでいくことを望む。そうすることによって、特許権の活用がより一層進み、技術が社会に実装されまたは特許権が適切に管理・活用される時代が来るであろう。そうなることを祈るばかりである。

VIII. 結びにかえて

　本章では知財信託の基本的な構造や特徴を、その淵源から外観し、基本的な枠組みを整理した。そして、日本と米国における現代的な知財信託の形をデータとともに分析した。さらに、知財信託をめぐる諸問題として、なぜあえて知財信託なのか、知財信託財産の価値評価、受託者の信認義務違反の効果、PAE化の懸念、会計上の連結会社化、準拠法に関する課題、特許法102条1項・2項問題、消尽の迂回などの諸論点に検討を加え、従来からの課題を整理した。

Ⅷ. 結びにかえて

	特許譲渡	知財信託
原告適格	米国において否定例あり	原告適格あり
PAE化の懸念	PAEの定義によるが、旧権利者が意図しない権利活用態様を新権利者がとることがあり得る。	旧権利者が意図しない権利活用態様を新権利者がとる場合、受託者の信認義務違反となる可能性あり。
会社法の連結対象か	子会社・関連会社外への譲渡は連結対象外	必ずしも明確ではない。適切な知財信託であれば、委託者の支配力や影響力とは別に独自の判断を受託者がなせるものであるから、特に出資などの親子関係の所有関係にはなく、実質的な支配力や影響力も究極的にはないと考えられるため、連結対象ではないというべき
特許法102条1項・2項問題	第三者への特許譲渡の場合、特許法102条1項・2項の推定は受けられないと考えられる。	推定否定説・推定肯定説の二説あり。「少なくとも、委託者が特許発明の実施によって挙げた利益のすべてが信託財産に帰属し、最終的に受益者に給付されるというケースについては、一体性を認め、損害賠償請求にあたって特許法102条1項または2項の適用を肯定」する有力説あり。
消尽の迂回	特許権と実施の事業とが分離するという信託の分離機能によって消尽のトリガーとならない。原則として受益権・信認義務なし。	特許権と実施の事業とが分離するという信託の分離機能によって当然には消尽のトリガーとならない。しかしながら、明示または黙認の通常実施権の許諾の有無によっても判断が分かれる。原則として受益権・信認義務あり。

　すなわち、原告適格においては、特許譲渡の場合は一定の場合に否定される可能性がある一方、知財信託において原告適格が問題となることはない。また、PAE化の懸念についても、PAEの定義にはよるが、特許譲渡の場合だと旧権利者が意図しない権利の活用対応を新権利者が取ることがあり得る。一方、知財信託においては、信認義務が受託者にあるため旧権利者が意図しない権利活用対応を防ぐことができると考えられる。会社法の連結対応か否かについては特許譲渡では第三者への譲渡にあたるため連結の対象外であるところ、知財信託に関しては出資などの親子関係にはなく実質的な支配力や影響力もないと考えられるため連結対象ではないといえると考える。

特許法 102 条 1 項・2 項の問題に関しては、特許譲渡の場合その推定を受けられないが、知財信託の場合は推定否定説及び推定肯定説の二説があり、推定肯定説が有力である。

　消尽の迂回については、特許譲渡及び知財信託ともに特許権と実施の事業とが分離するため、当然には消尽のトリガーとはならないと考えられるが、明示または黙示の通常実施権の許諾の有無によっても判断が分かれる。知財信託には原則として受益権や信託義務があるためこちらに軍配が上がると考えられる。

　このように特許譲渡と比較して、知財信託を使うメリットは多岐にわたっていると考えられる。今後、さらに活発な議論がなされ、さまざまな立場からの議論が蓄積されるべきであると考える。まだまだ知財信託は新しいタイプの法制度であり、実務や判例・学説などの蓄積がほとんどない分野である。各種の論点において近い将来、裁判所や実務において精査がなされる日が来たときに、僅かでも本章が参考になれば、と祈るばかりである。

〔付記〕　なお、本研究は、2021 年度公益財団法人トラスト未来フォーラムの研究助成の交付を受けた研究成果の一部である。ここに記して謝意を表したい。

第 8 章　「ライセンス亜種」とウェブ 3.0 時代の知的財産——知的財産法と契約法の交錯の中で——

I．はじめに

　本章は、知的財産法と契約法が交錯する場面における法的課題を、特許権の新たな活用形態としてライセンス実務より創出されてきた権利不主張、standstill, defensive termination, springing license といった各種の契約類型（以下、「ライセンス亜種」という）を題材として検証するとともに、「消尽の迂回[1]」に触れる。あわせて、AI/IoT の時代を迎える中で各国において展開されているデータ保護、サブスクリプション（以下、単に「サブスク」とも略することがある）といった新たな契約類型などをめぐる法的課題を検討する。

　本書が「ライセンス亜種」を研究する際に着目した端緒は、後述するように、法理論的な観点から、特許権を積極的な専用権とみるか、単なる禁止権として消極的権利とみるか、その本質をどう捉えるかという点で、通常実施権とライセンス亜種の一つである権利不主張との違いが浮き彫りになるのではないかということであった[2]。

　これら「ライセンス亜種」が実務上生まれて来た背景には、「消尽の迂回」が現状は明示的に認められていないという事情がある。ハード・ローとして、制定法や判例法で「消尽の迂回」が認められて来なかったことへの対抗策として、実務上、「ライセンス亜種」が登場し、契約というソフト・ローによる「消尽の迂回」に挑戦する実務が生まれて来た。時代背景としても、「モ

---

[1] 前田健「特許権者による消尽の迂回の是非—コト消費時代における消尽論—」パテント 76 巻 1 号（2023 年）48 頁は、「『迂回』とは、特許製品を譲り渡したにもかかわらず、譲受人又は転得者が当該製品を使用する行為に対して、特許権の行使が可能となるよう、何らかの手段を講じることを意味する」とする。

[2] 拙稿「特許法における『権利不主張』をめぐって—権利不主張の法的性質と当然対抗制度について—」知財管理 64 巻 6 号（2014 年）916 頁以下、本書第 1 章参照。

ノ」から「コト」に産業競争力の源泉が変化し、サービスの提供により収益を上げるビジネスモデルが増加するというように産業構造が変化している。このような中、果たして、消尽理論は、「特許製品等の拡布によって特許権は必ず用い尽くされてしまう」という伝統的な考え方に固執していて良いのだろうか[3]。本章では、「ライセンス亜種」について概観するともに、「消尽の迂回」を認めるべきか否かという問題も一つのテーマとする。

この議論の出発点として、特許権の本質論が検討のきっかけにならないかと考えた。日本においては、後述するように、特許権は排他権であるという排他権説が優勢であるが、そうなると、特許権は禁止権であり、通常実施権は差止請求権等の不行使であるから権利不主張と異ならず、通常実施権の許諾である以上、ライセンス品の拡布となって特許権が消尽してしまうということになる。この考え方は、一定の要件の下、契約による「消尽の迂回」を認めるべき場合がある[4]という本書の立場には整合しないように思われた。

3）近時、「モノ」の販売から「コト」の提供へとビジネスモデルや産業構造が変化していることに伴い、従来の消尽論の見直しの可能性が議論されている例として、産業構造審議会知的財産分科会特許制度小委員会「AI・IoT技術の時代にふさわしい特許制度の在り方―中間とりまとめ―」（令和2年7月）(https://www.jpo.go.jp/resources/shingikai/sangyo-kouzou/shousai/tokkyo_shoi/document/200710_aiiot_chukan/01.pdf、2024年3月12日最終閲覧)、一般財団法人知的財産研究教育財団知的財産研究所「標準必須特許と消尽に関する調査研究～ネットワークやサービスに関する特許の現状と課題について～（消尽編）」（令和4年3月）(https://www.jpo.go.jp/resources/report/takoku/document/zaisanken_kouhyou/2022_0501.pdf、2024年3月12日最終閲覧)、田中修「ヒアリング調査から見た企業などの消尽に関する問題意識」IPジャーナル21号（2022年）4頁、田村善之「IoT時代における特許権の消尽について―研究者の立場から―」IPジャーナル21号（2022年）10頁、高橋弘史「IoT時代における特許権の消尽について―実務家の立場から―」IPジャーナル21号（2022年）16頁、小林和人「IoT時代の特許消尽の概念の再検討の動きとその考察」文理シナジー26巻1号（2022年）45-51頁、重冨貴光「方法特許の消尽論「モノ」から「コト」への産業構造変化を踏まえて」パテント75巻11号（別冊27号）（2022年）99頁など。田村善之「モジュール化・デジタル化・IoT化時代における特許権の消尽について～ソフト・ローとハード・ローの交錯～」日本工業所有権法学会年報46号（2023年）130頁は、「第一に、標準規格とモジュール化が進展しているために、特許製品の用途が多様化しており、特許権者自身かその許諾を受けた者が市場に特許製品と入荷時点で特定し得なかった用途に特許製品が用いられる事態が増えていること」、「第二に、デジタル技術の普及によりユーザーの使用量を把握することが容易となっており、さらに、IoTが組み合わされる場合には、出荷後、製品が転々流通しても行く先々で誰がどの程度当該製品が利用されているのかを適時把握することも可能となる。これらの事情を背景に、特許権者に最初の出荷時に一律に対価をとらせるのではなく、最終的な製品の利用者のところでその利用料に応じて対価を取得させ、利用価値に応じた対価の還流を実現しうる点で望ましい、という議論が勢いを得つつある」とする。後に詳述するように同様の方向を示すものとして、島並良「商品の流通と権利消尽―種苗法令和2年改正を契機に―」日本工業所有権法学会年報第45号（2021年）102頁など。

I．はじめに　159

解釈論または立法論としても、いかなる場合にも契約による「消尽の迂回」を認めないのであれば、サービスの提供により収益を上げるビジネスモデルが増加しているという産業構造の変化に対応できないおそれがある。

後述するように、条文上、特許権の本質を排他権として捉える米国では、権利不主張を通常実施権と同一のものであると解し、「消尽の迂回」を認めなかった。一方、特許権の効力を積極的効力と消極的効力の2つの側面から、ライセンスを積極的ライセンスと消極的ライセンスと2つに分けて考える従来のドイツでは権利不主張と通常実施権は相違するものであると解し、ライセンス許諾の効力を任意的に選択する余地を認めた。この両者の違いは、特許権の本質をいかに解するかという点が議論の分かれ目になっている。これが、本章で特許権の本質論から「ライセンス亜種」の成否という個別の論点を検討しようとする意義である。

さらに、この点について検討を進めていく中で、伝統的に物権的権利[5]として構成される特許権や著作権に代表される知的財産権が、モノの時代からネットワークの時代、AI/IoT の時代、さらにウェブ3.0の時代へと発展、変遷していくにつれて、次第にその物権的性格を弱め、その保護が相対化（本書でいう「契約による相対化」については次項以下参照）しているのではないか、との考えに至るようになった。

他方で、それら物権的保護の変遷とは対照的に、特許法や著作権法、意匠法、商標法などの典型的な知的財産法では保護されない、あるいは、保護が十分でない領域として、ノウハウやキャラクター権、パロディ権、商品化権、半導体IP、衣服ファッション[6]、振り付けなど、事実上、市場において価値を有する無体財産が次々と生まれ、契約により当事者間で規定され、取引さ

4）田村「モジュール化・デジタル化・IoT化時代における特許権の消尽について～ソフト・ローとハード・ローの交錯～」・前掲＜注3＞139頁以下は、特許製品そのものではないものが譲渡された場合、消尽法理ではなく、黙示の実施許諾の適用の余地があるとし、従来特許権の消尽というか黙示の許諾というかは単に表現の問題に過ぎないとされたことから、明確に両者を区別する判決（知財高裁平成26年5月16日判決（判時2224号146頁）〔アップルジャパン対三星電子事件〕）が登場するなど、反対の意思表示を明示する場合に黙示の許諾の場合防ぐことができるという差異があることを指摘する。本章で、「消尽の迂回」というときは、狭義の特許消尽法理の他、黙示的実施許諾論も含め、その迂回の是非を論じるものとする。
5）中山信弘『特許法〔第5版〕』（弘文堂、2023年）15頁。

れてきた(「契約による保護間隙の補充」については後述)[7]。さらに、AI/IoT 時代の幕開けとともに、契約上、これまで債権的に取引されてきたいわゆるビッグデータについて、改正不正競争防止法が定める一定の要件を満たすものについては、「限定提供データ」として差止請求の対象となることが明記され、行為規制アプローチとしての保護が強まった[8]。

　一般に、知的財産法は、特許法や著作権法などのように、人間の知的創作物にいわゆる物権的保護を与える創作法と、創作法の枠組みでは捉えきれない他の対象を保護する不正競争防止法などの行為規制法とに分けて考えられてきた。日本において独自に保護対象となった限定提供データは、行為規制法の枠組みの中で差止請求の対象とされるようになった。

　しかしながら、欧州委員会では、データ作成者に物権的な権利(a right in rem)を付与する案[9]と、事実上のデータ保有者に不正利用に対する純粋に防

---

6) 例えば、山本真佑子「デッドコピー規制における実質的同一性判断―衣服デザインに関する事例分析を通じて―」知的財産法政策学研究 Vol.58(2021年)67頁は、「不正競争防止法2条1項3号による規制(以下、「デッドコピー規制」という。)は、出願・登録手続なくしてデザイン保護の結果をもたらすものである。そのため、特にライフサイクルの短さ、費用の問題、その他の事情により意匠登録を受けていない商品のデザイン保護に活用しやすい」とし、不正競争防止法2条1項3号(デッドコピー規制)による保護の必要性を論じている。

7) 中山信弘＝韓相郁「知的財産研究叢書9 知的財産法の未来」(信山社、2010年)59頁は、「従来は、知的財産法で規定されていないものは、知的財産法の関与する部分ではないと考えられていた。そしてこの問題は、従来から独禁法や民法上の公序良俗の問題等として議論されてきた。しかし、ここまで縷々に述べてきたとおり、今後はこの残余部分等について、知的財産法はどのような判断をすべきか、という態度を明らかにしなければならないであろう。これからも技術的保護手段、契約法と知的財産権制度との関係について、原理的な考察が必要となろう」という。

8) 田村善之＝岡村久道「《対談》限定提供データ制度導入の意義と考え方」NBL1140号(2019年)6頁〔田村善之発言〕、田村善之「限定提供データの不正利用行為に対する規制の新設について―平成30年不正競争防止法改正の検討」高林龍ほか編『年報知的財産法2018-2019』(日本評論社、2018年)31頁では、ビックデータ保護に関する立法論として、大別して、二つの方向性があり得るとしている。「一つは、保護される客体に着目して、その保護の要件を調整することを主眼とする法技術であり、他方は、規制される行為に関して、その態様を特定することを主眼とする法技術」であるとする。前者を客体アプローチ("subject matter approach")、後者を行為アプローチ("conduct-based approach")と呼ぶ。EUデータベース指令(1996年)によるデータベース保護に関する sui generis right(個別立法により認められた権利)は、客体アプローチとされる。

9) 山根崇邦「ビッグデータの保護をめぐる法政策上の課題―欧米の議論を手がかりとして―」パテント73巻8号(別冊23号)(2020年)101頁注(46)によると、データ作成者に物権的な権利(a right in rem)を付与する案は、バーゼル大学 Herbert Zech が提唱したと言われる。Herbert Zech, "Daten als Wirtschaftsgut-Überlegungen zu einem 'Recht des Datenerzeugers'", Computer und Recht 137 (2015); Herbert Zech, A legal framework for a data economy in the European Digital Single Market: rights to use data, 11 J. Int. Prop. L. & Prac. 460 (2016); Herbert Zech, Data as tradeable commodity, in EUROPEAN CONTRACT LAW AND THE DIGITAL SINGLE MARKET, 51 (Alberto de Franceschi, ed., Intersentia, 2016) 参照。

御的な権利（purely defensive rights）を付与する案[10]の両案が対立していたが、それらは、現在までのところ、事実上取り下げられている状況にある。一方、米国では、人間の創作ではなく、機械生成されたデータを保護するために新しい権利や制度を導入する必要があるかという点について、これを積極的に支持する意見は少ないとされる[11]。そうすると、米国では既存の営業秘密による保護の他、現状どおり当事者の契約による保護で対処することになり、当事者の力関係による行き過ぎた契約交渉については、競争法上の保護で対応するということになろう。

　このような欧州や米国での議論を踏まえると、果たして、日本だけが限定提供データのような不競法上の保護の創設によるインセンティブを与えたことが本当に妥当だったのであろうか[12]。ましてや、データは国境を越えたネット上でやり取りされる以上、日本だけが特異な制度を持っていたところで実効性を欠く。本書は、AI/IoT、サブスクリプションモデル（サブスクモデル）など、第四次産業革命を視野に入れたときに、日本の産業の競争力を保つうえでこのような枠組みで課題はないのか、あるいは、グローバル企業が新規な知的財産の保護を求める上で日本がjurisdictionとして魅力的な法制度を備えているのか—これらの点について考察する。

II．知的財産権の排他権的構成の「契約による相対化」

　伝統的な知的財産権の時代—単独の機械や医薬品に代表されるように一つ

---

10) European Commission, Commission Staff Working Document on the free flow of data and emerging issues of the European data economy, SWD（2017）2 final（10 January 2017), 33 f.
11) 山根・前掲＜注9＞95頁。
12) 参議院経済産業委員会「不正競争防止法等の一部を改正する法律案に対する附帯決議」（平成30年5月22日）（https://www.sangiin.go.jp/japanese/gianjoho/ketsugi/196/f071_052201.pdf、2024年8月1日最終閲覧）では、「本法施行後3年を目途として、…データに関連するビジネスの展開、技術革新の動向を踏まえ、改正後の不正競争防止法の規定の実施状況について検討を加え、所要の措置を講ずること。また、我が国企業が不利益を被らないよう、諸外国におけるデータ保護制度との整合性の確保に努めること」という附帯決議がなされている。山根・前掲＜注9＞94頁注（8）は、ビッグデータを念頭に置いた行為規制を世界に先駆けて新設するほどの必要性を示す立法事実が、本当に存在したのか、などを含めた懐疑的な産業界からの意見について紹介している。

の特許権が一つの製品を保護するようなモノの時代—においては、知的財産法における創作法が当初から想定してきたように、特許権や著作権を物権的に構成し、財産権の侵害＝差止請求権の行使と構成することでその救済を図ってきた[13]。

　本章で知的財産権の「契約による相対化」と呼んでいるのは、以下のような事象を指す。例えば、知的財産権の代表として特許権を例にとると、本来排他権として存在する特許権の保有者は、その権利が侵害されれば、その侵害行為を直ちにやめるよう差止請求権を行使することができる。このように単純化すると、排他権であるから差止請求権を行使するというのは至極当たり前のことのようにも思われる。

　しかしながら、標準化技術の実施に技術的に必須の特許権（Standard Essential Patent、以下、「SEP」という）を取得した場合、特許権は排他権なのであるから直ちに差止請求権が請求できるという流れは当てはまらない。すなわち、特許権者は、SEPを保有する前から、標準化団体に加盟する際には、FRAND宣言（Fair, Reasonable and Non-Discriminatory Declaration）を行う義務があり、たとえSEPを取得したとしても、標準化団体に加盟する会社に対しては、公正で妥当かつ非差別的な条件でのライセンスを行う、という宣言をしなければ、標準化団体に加盟することができない。つまり、標準化団体加盟者に対して差止請求権は行使せずに、将来的にライセンスをするという予約をしておく、という制度である。このFRAND宣言は、相手方のない一方的な宣言に過ぎず、契約ではないという解釈も成り立つが、広く見れば債権的な行為であることに異論を差し挟む余地はない。とすると、本来物権として排他的な権利である差止請求権による絶対的な保護を生来的に備えた特許権が、FRAND宣言という債権による制限に服し、差止請求権の行使に一定の制限を受けることにより、相対的な保護を受けるに留まる。このような事象を本書では「契約（あるいは「債権」といってもよい）による相対化」と呼んでいる。

---

13) 一方、著作権に関しては、便宜上、所有権的構成をとっているものの、その本質は情報財の「利用権」であるという説が有力である。中山信弘『著作権法〔第4版〕』（有斐閣、2023年）302-307頁。

「契約による相対化」について、他の例を挙げる。例えば、著作権の場合、従来視聴者は、音楽や映画などそれぞれの作品の一つずつに対し、対価を支払って視聴してきた。コンサート会場や映画館などを訪問したり、CDやDVDなど著作物が記録された媒体を購入するなどして視聴を楽しんできた。ところが、スマートフォンなどの情報機器が発達してくると、その情報端末の中でストリーミング配信されたものを視聴するようになる。こうなると、コンサート会場や映画館などを訪問したり、CDやDVDを購入するという従来型の著作物の収益化の方法が変化してくる。すなわち、アップル・ミュージックやネットフリックス、アマゾン・プライムなどによる音楽・映画配信などのサブスクモデルに代表されるように、期間ごとに契約するという形で数々の著作物が群として取引され、それぞれの著作物1件1件の価値は相対的に低くなる。そうすると、著作物1件1件の価値よりも、群としてどのプラットフォーマーのサブスク上で取引されているかという価値の方が相対的に高くなるということである。つまり、ひとつひとつの著作物としての物権的価値よりも、どのプロバイダーのサブスク契約上で取引されているかという債権的価値の方が高くなるという状態が生じる。これも、本書でいう知的財産権の「契約（債権）による相対化」の一例である。

　もっとも、「契約による相対化」といっても、当該契約による制限はもともと特許法が予定していた特許権者による自由な権利処分の一環であるため、特許権自体は何もその物権的性格が変わったわけではないともいえる。しかしながら、FRAND宣言という一定の制限が加わっているSEPの方が通常の特許権よりも経済的価値があるというような場合も想定される。また、音楽や映画の著作物におけるサブスク契約のように、サブスク契約で束になって管理処分される著作権群の方が1件1件の著作権よりも価値を生む、という事例もある。特許権の物権的性格に一定の制限をかける知財関連契約の価値が高くなっているともいえる。

1．権利の本質論（排他権的構成の妥当性）

　ここでは、まず、「権利の本質論」を取り扱う。知的財産法の本質を議論する現代的意義として、新たな契約モデルにおける法律問題を検討していく上

で、権利の性質論という原点に返った考察が未知の法律論の課題解決のヒントになり得ると考える点を以下で説明する。次に、権利の本質論を議論する上で、知的財産権の保護を、初期のフランス特許法のように物権そのものの効果として捉えるのか、中山のいうように物権そのものではなく、物権的概念を借用したものと捉えるのか[14]、田村のいうように「知的財産」は単なるメタファであって、実質的には行為規制にすぎないと捉えるのか[15]、を議論する。さらに、権利不主張といった「ライセンス亜種」の法的性質に迫るための議論のスタートラインとして、専用権説と排他権説の伝統的対立に触れる。ここで、専用権説や排他権説という古くから論争の対象となっていた見解の対立が、近時に至って、特許権の存続期間延長登録制度を巡っていずれが妥当かとの議論になった経緯を概観し、その対立が議論の実益を失っていないことについて触れる。

(1) 知的財産権法の本質を議論する現代的意義

特許権の効力の捉え方について、古くから専用権説と排他権説の両説があることは周知のとおりである。すなわち、専用権説とは、特許発明の内容は、自ら特許発明を独占的に実施しうるという効力(これを「積極的効力[16]」という)をもつ「実施権」と、他人の実施を排除する効力(これを「消極的効力」という)をもつ「禁止権」とからなるとされる。一方、禁止権説においては、特許権の効力とは、上記のうち消極的効力、すなわち、他人が特許発明を実施することを排除(禁止)する効力のみであるとする[17]。

専用権説に立った場合、特許権の場合、専用権の範囲と禁止権の範囲は基

---

14) 中山・前掲<注13>332頁。
15) 田村善之「知的財産法学の課題―旅の途中―」知的財産法政策学研究 Vol.51(2018年)16頁。
16) 田村善之「特許権の存続期間延長登録制度の要件と延長後の特許権の保護範囲について―アバスチン事件最高裁判決・エルプラット事件知財高裁大合議判決の意義とその射程―」知的財産法政策学研究 Vol.49(2017年)400頁注(10)は、竹田和彦『特許の知識〔第8版〕』(ダイヤモンド社、2006年)364-367頁、田村善之『知的財産法〔第5版〕』(有斐閣、2010年)241~242頁を引用し、「特許権のいわゆる積極的効力なるものが幻想にすぎず、特許権はあくまでも他人の業としての特許発明の実施を禁止する権利であって、自ら特許発明を実施しうる権利でない」と断じる。
17) これまでの学説の動向については、鈴木將文「第68条(特許権)」中山信弘=小泉直樹編『新・注解特許法 中巻(第66条~第112条の3)〔第2版〕』(青林書院、2017年)1138頁に詳しい。

本的には一致しているが、商標権の場合、類似の範囲をどのように取り扱うかについて専用権と禁止権の実質的な差異がある。すなわち、商標権の場合、類似の範囲では禁止権を有するのみであって、権利者であっても積極的な使用または実施が認められているわけではなく、類似の範囲について通常使用権を許諾することもできない。無論、商標法の特殊性として創作者の保護ではなく、需要者の保護や混同の防止という観点があるため、権利の本質論についても法目的ごとに論じられてしかるべきところではある。特許権の場合には、類似の範囲という概念がなく、特許権の権利範囲の中では専用権と禁止権の範囲は一致する。間接侵害規定（特許法101条）によって侵害とみなす行為については、特許権者といえども専用権が認められているわけではなく、積極的に通常実施権を許諾することはできない。この範囲では禁止権が認められているに過ぎない。

　これらのことは、基本書の序盤で述べられるような基本的なことではあるが、特許権の場合、専用権の範囲と禁止権の範囲は基本的には一致しているというのは、専用権が禁止権の単なる言い換えに過ぎないのか、それとも専用権は禁止権とは異なる別の側面があることを意味しているのか、はっきりしない。しかしながら、専用権が禁止権の単なる言い換えに過ぎないとすると、特許権については、禁止権説しかあり得ないということになり、起草者が、条文上も特許権を専用権（特許法68条）であることを前提に起草したこととも齟齬を来してしまう[18]。

　本章では、専用権は禁止権とは違った別個の積極的効力を有するという前提に立って議論する。本書の立場では、特許権の専用権説とは、特許権者が、他の知的財産や他の法律によっても制限されることなく、自己の発明を独占的に実施することができる権利（専用権）と、他者に対して差止請求などの排除権を行使できる権利（排他権）の２つを有することをいい、さらにその効果として、特許権者として他者に対してその積極的な効力としての対世効を有する通常実施権を許諾するか、消極的な効力として当事者効しかない権

---

[18] パリ条約5条A(2)は「特許権に基づく排他的権利の行使から生ずることがある弊害」として不実施を挙げており、日本特許法の起草者も不実施の裁定通常実施権を規定している。一方で、米国における不実施主体（Non-Practicing Entity, "NPE"）の問題など、排他権に極端に偏った状態によって起こる禁止権の濫用の問題は、パテント・トロール問題として広く知られている。

利不主張のみを許諾するかを任意的にまたは選択的に許諾することができる権利を含む、と解する。これにより、解釈論または立法論により、契約による「消尽の迂回」を認める理論的根拠を見出すことも可能となる。

ではなぜ、今、特許権を含む知的財産権の本質[19]を議論する必要があるのであろうか。それは、新たな契約モデルにおける法律問題を検討していく上で、権利の性質論という原点に返った考察が未知の法律論の課題解決のヒントになり得ると考えるからである。特に、AI/IoT、サブスクなどの普及を背景に、サプライチェーンにおけるサービスの価値がますます高まる時代において実務界に登場してきた「ライセンス亜種」は、なんとか伝統的な特許消尽を迂回しようとすることで、下流におけるサービスまで特許権の効力を及ぼし、サプライチェーンの中でライセンス料を実施者間で公平に負担させる方法はないかと実務家の試行錯誤の中で生まれて来たものである。この実務上のニーズが真であるとすると、伝統的な特許消尽のあり方そのものが思考停止に陥っているのではないだろうかという疑問が沸く[20]。

---

19) 本章では、特許権の本質から知的財産法の本質を論じていることが多いが、著作権法においても積極的利用権に重きを置くのか禁止権を中心とする消極的利用権に重きを置くのかという議論がある。田村善之「著作権法の体系書の構成について」中山信弘古稀『はばたき―21世紀の知的財産法』(弘文堂、2015年) 513頁、田村善之『知財の理論』(有斐閣、2019年) 430頁は「実際、著作権法の条文は、『権利の行使』の表題の下に利用許諾について論じ (第2章7節)、なかんずく共同著作物にかかる著作者人格権や共有にかかる著作物に関しては、利用許諾に止まらず、著作者や著作権者自身が著作物を利用できることを含めて、『著作者人格権』ないし『著作権』の『行使』と表記している (64条1項、65条2項)。これらの用語も、起草者が著作権をして著作物を利用することができる権利であり、利用許諾とはそのような積極的な権能を他者に分け与えることであると理解していたことを物語る」とする。その上で、「著作権は自ら著作物を利用することができる権利などではなく、他人の利用行為を禁止する権利に過ぎない」から、「著作権法の条文が『権利の内容』と『権利侵害』を分離する趣旨が、禁止権しかない著作権の本体を積極的な利用権にあると誤解に基づいており、そのような積極的な利用権を『権利の内容』に置き、本来の本体であるはずの禁止権の行使に他ならない『権利侵害』の章と分断して独立の章立てとしたにすぎないとすれば、著作権法の体系書においてあえてそのような誤解に基づく体系を採用する必要はない」とする。

20) もっとも、前田・前掲<注1>54頁は、「契約による消尽の迂回については、方法特許等を活用した消尽の迂回がある程度可能なことを前提とすれば、原則、認めない方向で考える方が、取引の安全に資すると考える。解釈論としては、特許権者は契約により消尽を迂回できないとの原則は、維持すべきである。しかし、立法論として、表示又は公示を条件に迂回を認めることは検討に値する」という。この立場からすると、契約による「消尽の迂回」については、解釈論ではなく、立法論になるため、解釈論において権利の本質論を検討する意義はあまりないともいえる。しかしながら、本書の立場および実務では、立法論によらずとも現行法の範囲の中でも、権利不主張や standstill や defensive termination などの「ライセンス亜種」を用いることで「消尽の迂回」が可能な場合があるという立場に立ったものである。

これについて、法学がある原則的な理念や理論についてつけているある一定の結論をもとに、次の論点、そしてさらに次の論点というように検討されていくというモデルを考えてみる。このように法概念が第一層目、第二層目、第三層目とレンガを積んでいくような漸進的な発達をしているとしたら、第三層目についての論点で問題なく事案への解決がなされているとすればそれでよいのだが、第三層目のレンガがどうもうまくはまらないとすれば、実は第一層目が誤った前提、あるいは未検討な前提になっていた、そのため第三層目の議論をうまく整理できなかった、というようなこともあると考える。第一層、第二層、第三層といった単純な構造であればそう問題発見に時間がかかるわけではないだろう。しかし、かなり前に検討された古層が実は欠陥を有していたとしたらどうだろうか。その古層の時代の限界で事案の出現が限られており、その法概念を十分に明らかにできていなかった。にもかかわらず、その古層に疑問を投げかけることなく、さらに議論を積み上げているとする。すると、新たな議論を積み上げる際の障害になってしまう。このようなことが起きるのではないかとの観点から、権利の本質論という古層を今一度検討することで現代的な論点の前提を見直すことができるのではないかと考えた。それにより、新たな論点の議論のデッドロックを解消できるのではないかと考えたからである。具体例を示すと、多数説によると、第一層目として、「特許権の本質は排他権である」という前提の上に、第二層目として「特許権は、販売またはライセンスにより必ず消尽する」という命題が乗り、さらにその上に第三層目の帰結としては、「ライセンスも権利不主張も排他権の不行使、つまりは不作為請求権であってライセンスと同じであるから権利不主張によっても消尽する」ということになろう。

　他方、第一層目として、例えば、「特許権の本質は専用権と排他権の両方があり得、どちらかを原則とし他方を例外」と考えるとすると、第二層目として「特許権は、販売またはライセンスにより消尽するが例外も想定できる」と考え、さらにその上に第三層目として、「ライセンスは専用権に基づく積極的な権利の利用許諾であり権利不主張は排他権の不行使としての消極的な実施の容認である」と考えると、権利不主張によって消尽しない場合があり得るという帰結となる。もちろん、積極的な実施権と消極的な実施をどのよう

に区別して取引の安全を確保するか、どのように公示するかは次の論点として残る。しかしながら、このような古層に遡った検討によって、AI/IoT、サブスクなどの新しい技術やビジネスモデルが普及してきた場合のサプライチェーンにおけるサービスの価値に法理論がどのように向き合っていくか、という点に何らかの示唆を与えることができると考える。

　イノベーションの発展に伴って変化するビジネス環境に対応するために、知的財産権を巡って現実の取引が多様化し、その取引を反映した契約枠組みも多種多様なビジネス環境に沿って複雑化する中で、従来想定していなかった契約モデルを生み出した。

　例えば、電機分野においては、ビジネス環境の激化に伴いグローバル企業が垂直統合型から水平分業型に移行した。日立やソニー、パナソニックなどの多くの日本企業が、垂直統合型で事業を行い、部品製造から完成品の製造まで全て自前で行うビジネスモデルを2000年代まで維持しようとしていたのに対し、アップル社はiPhoneの製造などを水平分業で行い、製品の核となる部分は自社で行い、それ以外の部分は他社に任せるというビジネスモデルで世界を席巻した。

　これに伴い、特許ライセンス関係でいえば、従来の包括的特許ライセンス型から、サプライチェーンの中の自社の特定の競争相手のみに権利行使できる余地を残しつつ、顧客となるような会社には保護を与えるといったような選択的なライセンスのニーズが生まれ、特許消尽論を考慮すると従来のような包括的ライセンスでは必要を満たさないことから、権利不主張といった選択的に保護を与える手段が、契約実務家の中から発展してきた。この権利不主張は、従来のライセンスとは何か異なるのか。それは、表面的な契約文言を検討したとしても、深い性質論にはたどり着けない。また、米国で特許ライセンスと権利主張とが特許消尽を巡っては、大差がないという判決[21]が出ると、さらに権利行使の一定期間の猶予（standstill）といった新たな枠組みが発展してきている。このような新しい契約枠組みを検討していく上で、その法的性質を考えるために、知的財産権の性質に立ち戻ることで、従来の考

---

21) TransCore LP v. Electronic Transaction Consultants Corp., 563 F. 3d 1271 (Fed. Cir. 2009).

え方から逸脱せず、しかも未知の論点について説得性のある議論ができると考える。これは、田村が、「法の解釈というものは、各場面での判断が相互に矛盾しないように、そのような中でもがき苦しみながらも、相互になるべく矛盾しないような解釈、ある場面とある場面で取扱いを違えるのであればそれについて整合的な説明が付くような解釈を見付けていく、そのような漸進的な試行錯誤がインテグリティとしての法という言葉で包括されている」と述べている[22]ように、未知の論点の取り扱いを考える時になるべく、既存の議論と整合的な説明がつくような解釈を見つけていく、という試みである。

なお、専用権説または禁止権説のいずれに立ったとしても、すべての場合に禁止権を貫徹し、特許権侵害があれば自動的に差止請求を認めるというのは行き過ぎであると考えるのが世界的にも広がっている。米国では、2006年のeBay判決[23]により、差止を認めるにはさらに衡平法上の要件として、①回復不可能な損害（irreparable injury）が存在すること、②損害賠償等、法に基づく救済手段では救済が不十分であること、③両当事者に生ずる不利益のバランスがとれていること、④公共の利益が害されないこと、という4つの要件を満たす必要があるとされた。

ドイツにおいても、2021年の特許法改正によって差止請求に対する防御情報として比例の例外が成文化された（2022年施行）。これは、ドイツ連邦最高裁判所（Bundesgerichtshof）が2016年のWärmetauscher判決で民法の一般則である信義則の原則より導かれる比例の原則（Verhältnismäßigkeitsgrundsatz）を、差止請求権の例外として特許法139条(1)項に成文化することとしたものである[24]。

また、このような差止請求権に対する特許法上の制限ではないが、標準必須特許におけるFRAND宣言などは、標準化活動に参画するにあたって標準特許を取得した場合は、公正で合理的、かつ、非差別的な条件でのライセンス許諾を債権上、合意によって約するものであり、自主的な差止請求権の一部放棄ないしは制約を行うことによって、標準化技術の実施を促進するものである。これら一連の差止請求権に対する制限は、これまで禁止権一辺倒で

---

22) 田村・前掲＜注16＞38頁。
23) eBay Inc. v. MercExchange, L.L.C., 547 U.S. 388 (2006).

考えられてきた通説的な立場に対するアンチテーゼのようにも見え、特許権の持っている禁止権的側面ではなく、報酬請求権としての側面を強調するものである。

(2) 「知的財産」というメタファ

後述するように、特許権の存続期間延長登録制度を巡って、専用権説と排他権説についていずれが妥当かとの議論がある。また、国際的動向としても、近時の単一欧州特許制度は、特許権の効力を禁止権として定めている（単一特許制度に係る規則（EU1257/2012））、との指摘がある[25]。しかしながら、後に本書で改めて議論するように、通常実施権と権利不主張の異同を議論するにあたっては、専用権説と排他権説のいずれに立つかによって、明確にその効果に異同があるように思われる[26]。

専用権説か排他権説かという議論のはるか以前から、知的財産権法は、無体物の上に存する権利とは如何、を説明するために、ローマ法以来の所有権概念を借用し、所有権とは本来全く異なる情報である無体物について、あたかも物権的の権利という概念ですべてが説明できるかのように扱われてきた。

古くまで遡れば、知的財産権を物権的権利ではなく、文字通り物権だととらえる考え方もあった（基本的財産権説）。1791年フランス特許法は、「(1)そ

---

24) 改正ドイツ特許法139条(1)項：

Wer entgegen den §§9 bis 13 eine patentierte Erfindung benutzt, kann von dem Verletzten bei Wiederholungsgefahr auf Unterlassung in Anspruch genommen werden. 2Der Anspruch besteht auch dann, wenn eine Zuwiderhandlung erstmalig droht. Der Anspruch ist ausgeschlossen, soweit die Inanspruchnahme aufgrund der besonderen Umstände des Einzelfalls für den Verletzer oder Dritte zu einer unverhältnismäßigen, durch das Ausschließlichkeitsrecht nicht gerechtfertigten Härte führen würde. In diesem Fall kann der Verletzte einen Ausgleich in Geld verlangen, soweit dies angemessen erscheint. Der Schadensersatzanspruch nach Absatz 2 bleibt hiervon unberührt.

（筆者訳）
第9条から第13条までに反して特許発明を実施する者に対して、反復継続のおそれがあるときは、被侵害者は、差止請求による救済を請求することができる。この請求権は、侵害行為が初めて差し迫っている場合にも適用される。この請求は、個々の事案の具体的な状況により、侵害者又は第三者に対して排他的権利の執行によって正当化されない不均衡な困難をもたらす場合には、適用されない。この場合、侵害された当事者は、合理的と思われる限りにおいて、金銭による補償を要求することができる。このことは、第2項に基づく損害賠償請求に影響しない。

25) 中山＝小泉編・前掲＜注17＞1142頁〔鈴木將文〕。
26) 拙稿・前掲＜注2＞930頁。

の発表（manifestation）および発展が社会に有用であるようなすべての新規な概念（idee）は本質的にその創作者に属すること、および(2)工業的発明はその創作者の所有物であると考えないと、本質において人間の権利を害することになるということを確認する」と述べている[27]。このように、基本的財産権説の考え方では、物権的権利ではなく、特許権を文字通り物権（所有権）として扱っていた[28]。

フランス特許法が、特許権を物権的権利ではなく、文字通り物権と捉えていた背景には、アンシャン・レジームの末期からフランス革命を経て、自然権論が唱えられた時代であるということが挙げられる。フランス民法は、所有権の対象たる「物（bien）」を有体物に限らず、広く無体物も含むものとする[29]。「フランス革命は、人々を解放して身分による特権を廃したのみならず、実に所有権をも解放した。革命以前のフランスの一大禍根は、土地所有者が種々の利用権に分裂したいわゆる"propriété démembrée"であったことと、王と人民との間に、各種の領主や団体が介在して所有権の負担を構成していったことと、に存在した。従って、革命は全力を挙げてこの中間の介在物を排斥し、紛糾した関係を断ち切って「単純にして自由な所有権」propriété pleine et libre となすことに成功した」（筆者により現代仮名遣いに表記を変更）[30]。このように、特許権や著作権といった知的財産権についても所有権として権利構成することで、「単純にして自由な所有権」、すなわち、国王や領主などの支配の及ばない市民の権利として解放したといえる。ここから、市民（発明者や創作者）が国王や領主などの支配から離れて、「独占的に実施する権利」を特別に許諾（特許）するという専用権説が導かれるともい

---

27) Le préambule de la loi du 7 janvier 1791 affirmait de même que《toute idée nouvelle appartient primitivement à celui qui l'a conçue》et《que ce serait attaquer les droits de l'homme dans leur essence, que de ne pas regarder une découverte industrielle comme la propriété de son auteur》. 橋本良郎「外国特許制度シリーズ　フランス特許制度の解説（新訂版）」(発明協会、1983年) 3-4 頁. 吉藤幸朔「特許法概説〔第13版〕」(有斐閣、1998年) 9 頁。
28) 吉藤・前掲＜注27＞9 頁。
29) 大村敦志『＜法律学の森＞フランス民法―日本における研究状況』(信山社、2010年) 135 頁。横山美夏「フランス法における所有（propriété）概念―財産と所有に関する序論的考察―」新世代法政策学研究 Vol.12 (2011年) 258 頁。日本におけるボアソナード旧民法6条1項も同様の考え方に立っていた。
30) 我妻栄『近代法における債権の優越的地位』(有斐閣、1953年) 12 頁。

える。

　この基本的財産権説への批判としては、吉藤が指摘するように、「①特許権が最先発明者又は最先出願人のみに付与されること、②発明をしても特許出願をしない者には特許が付与されないこと及び③一国で付与された特許はその国限りであるとの原則（属地主義）を説明することができない」ということもあり[31]、現在この立場を取る見解はない。

　中山が指摘するように、特許権は所有権と異なり、産業政策的要素の強い権利であり、特許権の物権的構成は必然的なものではなく、特許制度が産業的に意味を有するようになった19世紀の時代の産物であり、物権的概念を借用したのは便宜に過ぎない。中山は、権利付与法（特許法、商標法、著作権法）と、行為規制法（不正競争防止法）という対比の中で、「特許法は、一定の要件を満たした技術的情報に対して、特許権という所有権に似た物権的効力を与え、差止請求権と損害賠償請求権を与えている。特許権を物権（具体的には所有権）化することにより、譲渡・相続・ライセンス・担保権設定が可能となる。もちろん情報は物と異なった性格を有しているため、情報を物とみるということはあくまでも法的フィクションであり、物権的効果といっても、民法に規定されている物権と同一の内容の権利である必要はない。」という物権的効力説に立つ[32]。

　一方で、田村は、「知的財産」というのはメタファであると指摘する。すなわち、知的財産法は、法技術として「知的財産」や「知的創作物」というメタファを用いるのであり、そこには一定の効用と陥穽があると指摘している[33]。田村によると、本来人間の精神的活動である知的創造や取引の中で生まれた営業上の信用などを可視化できる有体物の財産と類似の財産であると比喩的に説明することで、その侵犯行為が何であるかをイメージさせやすくする、という効用があると説く。メタファを活用することで、「知的財産」とその「利用行為」を峻別し、何が規制される行為かを明らかにする。田村は、「知的財産」といっても、実は客体としてそのようなものが存在しているわけ

---

31) 吉藤・前掲〈注27〉9頁注 (3)。
32) 中山・前掲〈注5〉15頁。
33) 田村・前掲〈注16〉9頁以下、田村『知財の理論』・前掲〈注19〉52頁以下参照。

ではなく、実体は、政府による人工的な行為規制でしかないと指摘する。知的財産権における物権的な効力がメタファでしかないのであれば、専用権説か排他権説か、といった議論自体があまり意味のないようにも思われる。

ここで、知的財産権の保護を、最初のフランス特許法のように物権そのものの効果として捉えるのか、中山のいうように物権的保護として捉えるのか、田村の言うように「知的財産」というメタファを与えたものと捉えるのか、この点について未だに決着がついておらず、知的財産権による保護の根幹は未だ安定していないように思われる。

中山は、「特許権の内容は一義的に決定されるべきものではなく、政策的判断で制度設計しうるものであり、独占権ではなく、対価徴収権として構成することも理論的には背理ではないし、また一定期間は独占権でその後は対価徴収権に変わると構成することも可能である」とする[34]。今後議論がまだまだ発展していく余地があるように思われる。

(3) 専用権説及び排他権説をめぐる伝統的見解

本章では議論のスタートラインとして、専用権説と排他権説の伝統的対立[35]に触れる。

知的財産権保護の黎明期に、専用権説が多数説であったことは想像に難くない[36]。特許法の起源を見ても専用権説をベースに法律として構成されてき

---

34) Takenaka, Toshiko, Patents for Sharing (September 16, 2019). Michigan Technology Law Review, Vol. 26, Pp. 93-144 (2019), Available at SSRN：https://ssrn.com/abstract=3453360 は、米国において、排他権に対するアンチテーゼとして提唱され始めている inclusive right という概念を紹介している。この概念は、排他権 (exclusive right) としての米国特許権に対し、専用権・利用権 (inclusive right) としての第二の特許制度を創設すべき、との構想のようである。

35) 中山＝小泉編・前掲＜注17＞1138頁〔鈴木將文〕。

36) 内田剛「特許権の効力である「する権利を専有する」の意義について」日本工業所有権法学会年報第42号 (2019年) 41頁は、著作権、意匠権、特許権など重畳的な保護をめぐる専用権説 (処分権説) についてドイツでの積極的利用権説などに触れて詳説し、結論として、我が国の「特許権の効力である「する権利を専有する」の意義は、文字通り特許権が特許発明についての支配権であるということを述べているだけであった」とし、その上で、「その条文の文言を示し、その内容を意味する限りにおいて「専用権」は、従来専用権説の論者が述べてきた意味とは異なるが、我が国における特許権の本質を適切に言い表しているといえよう」とする。この見解によると、「特許権について排他権以外の積極的な内容をわずかではあるが観念することには一定の意味を見出すことができる」とし、「特許権について排他権以外に処分権や実施権者のための利用権を肯定することには独自の意義を見出し得るものであった」とする。

たように思われる。例えば、特許法のルーツと目される英国専売条例も、大陸の優れた技術を持った職人で構成されるギルドによって支配された技術独占から、特定の業者を解放するために、国王から特権を与えるためのものであった[37]。したがって、産業を発達させるためには、ギルドの技術支配から免れて、積極的効力として、その技術の実施を認める特許という特別の許可が必要だったという歴史的経緯があるといえる。

欧州では例外的ともいわれるが、ドイツにおいては、専用権説が通説とされ、従来より、特許権につき積極的な実施権（positives Benutzungrecht）と消極的な禁止権（Verbietungsrecht）に分けて説明されることが通例とされる[38]。このドイツ法の影響を受けたとされる明治32年の特許法でも、1条において、「物品ノ発明ニ係ル特許ハ特許ヲ受ケタルモノニ限リ其ノ発明ノ物品ヲ製作、使用、販売若ハ拡布スルノ権利ヲ有セシム」など、専用権説に立ったと思われる表現が用いられていることが指摘されている[39]。近年においても、我が国の立法者が、特許権について積極的効力を持つことを前提としていた事実がある[40]。

一方、現在の日本においては、「特許権を含めた知的財産権の本質は排他権にある」とする排他権説が通説とされている[41]。また、先に述べたとおり、国際的動向としても、近時の単一欧州特許制度は特許権の効力を禁止権として定めている（単一特許制度に係る規則（EU1257/2012））、との指摘がある[42]。

---

37) 中山・前掲＜注5＞28頁。
38) ドイツでの議論については、中山＝小泉編・前掲＜注17＞1142頁〔鈴木將文〕、内田・前掲＜注36＞30頁以下参照。
39) 中山＝小泉編・前掲＜注17＞1137頁〔鈴木將文〕。ただし、明治21年特許条例においては特許権を禁止権として規定されていた（1条2項）。これは明治21年、特許条例が米国法をモデルとしており、かつ、フランス法の影響を受けた旧民法時代に制定されたのに対し、明治32年特許法は、表向きはパリ同盟条約加盟のためのものとされているが、この改正はむしろそれを口実として新民法に整合させるためのものであったとされ、ドイツ法の影響を受けていることが指摘されている。（特許庁工業所有権制度史研究会編『特許制度の発生と変遷』（大蔵省印刷局、1982年）67頁、特許庁編「工業所有権制度百年史上巻」（発明協会、1984年）187頁、中山＝小泉編・前掲＜注17＞1138頁〔鈴木將文〕。）
40) 豊崎光衛ほか『不正競争防止法』（第一法規、1982年）62頁、田村善之『不正競争防止法概説〔第2版〕』（有斐閣、2003年）234頁、中山＝小泉編・前掲＜注17＞1140頁〔鈴木將文〕などは、平成5年改正前の旧不正競争防止法6条は「特許法、実用新案法、意匠法又は商標法ニ依リ権利ノ行使ト認メラル行為」を適用除外とする旨を定めていたが、同条は実施権を想定しないと意味をなさない規定だったことを指摘する。

この排他権説の根拠の一つに、「発明の実施は本来自由になしうるはずであり、これについてあえて権利と構成する必要はないこと」[43]が挙げられる。しかしながら、歴史的に見れば、イギリスにおいては、新規の技術はギルドによる独占があったのであり、このギルドによる技術独占からの解放として英国専売条例が制定されたのである。日本においても、江戸時代には、「新しい事物の出現を白眼視する考え方が支配していた。このことは、徳川幕府の施政方針でもあり、享保6年（1721年）に公布された「新規法度」のお触れは、これを端的に表している。すなわち、呉服物、書道具・書物はもちろん、書商品・菓子類もすべて新製品を作ることは一切まかりならぬ」とある[44]。とすると、「発明の実施は本来自由になしうる」という場合の、本来自由というのはどういう意味になるか。歴史的事実は、必ずしも排他権説のいう帰結となっていない。特許権は、排他権であるから差止請求権を有するのだ、というのは単なる言い換えに過ぎず、排他的構成はトートロジーに過ぎないという批判がある[45]。差止請求権に内在的な限界があるとすると[46]、そのような限界を内在的に持つ差止請求権を排他権説の一点張りで説明できるのだろう

---

41) 中山・前掲＜注5＞346頁は、「わが国現行法では、『業として特許発明の実施する権利を専有する』（68条）と規定されており、形式的には積極的効力であるかのような規定振りとなっている。これに対して、我が国の明治21年特許条例においては禁止権として規定されていた（1条2項）。現行法では、業としての実施の独占権と規定されているが、特許権を含めた知的財産権の本質は排他権にある。特許権は独占権であるのか排他権であるのか、という点をめぐって古くから論争があるが、この議論は実益のあるものとは思えない。特許権の対象は技術的情報であり、情報というものの性格からして、その本質は基本的には排他権と解すれば足りる。独占権であれば排他性が認められるし、排他権であれば独占権であることが多い」とするが、では、なにゆえ特許権が独占権ではなく排他権と解すれば足りるのか、なにゆえ情報というものの性格からしてその本質が基本的には排他権と解されるのか根拠が明確ではないと思われる。この記載だけからは理由が明確でなく、筆者にはドグマの理解に見える。
42) 中山＝小泉編・前掲＜注17＞1142頁〔鈴木將文〕。
43) 中山＝小泉編・前掲＜注17＞1139頁〔鈴木將文〕。
44) 吉藤・前掲＜注27＞24頁。
45) 山本敬三「北方ジャーナル事件判批」別ジュリNo.175「民法判例百選Ⅰ総則・物権［第5版法対応補正版］」（2005年）17頁。愛知靖之「民法学における差止請求権理論と知的財産法における差止請求権（日本弁理士会中央知的財産研究所 研究報告第35号 知的財産権侵害に基づく差止請求権を巡る諸問題）」パテント66巻5号通巻762号（別冊10号）（2013年）14頁は、「排他性の有無、排他権であるか否かはアプリオリに決定されるのではなく、なぜ、その権利を保護するために妨害排除を認める必要があるのか、妨害排除を認めるべき程に重要な権利なのかという本質的な問いが不可欠であるはずである」とする。
46) 平嶋竜太「特許権に基づく差止請求権における『内在的限界』」パテント66巻5号通巻762号（別冊10号）（2013年）1頁以下。

か。特許権の本質が排他権にあるといいながら、差止請求権に内在的な制約を設け、ある場合には、差止請求権が全面的に肯定される場合もあるが、ある場合には差止請求権でなく利用に対する報酬請求権しかないというように運用するならば、最初に「特許権の本質は排他権にある」と高らかに宣言することに意味がないようにも思われる。それよりは、特許権は、差止請求権と、ライセンスなどの実施権に対する対価請求権を両方有していると、捉え方がシンプルではないだろうか。

　これに対しては、権利の本質論とは、その権利を得ることによって何が得られるのかという観点からの議論であって、ある発明をなした発明者は、必ずしもその発明を保護する特許権がなくとも（ノウハウとして秘匿するなどして）その発明を実施することが可能であるから、発明を積極的に利用することが特許権の本質ではなく、あくまで差止請求権の付与という形で特許権の侵害に対する禁止権を得るだけであるから特許権の本質は排他権である、また仮にそこに内在的な制約があったとしても、権利の本質が排他権であることに何らの影響もない、との議論が考えられる。

　ここでは、特許権を取得した場合に差止請求権や損害賠償請求権等の侵害に対する救済のほかに、一体何を得ることができるのかについて検討する。旧不正競争防止法第6条には、不正競争防止法上の救済は、特許法や商標法等の産業財産権法により権利の行使と認められる行為には適用しない旨の規定があった[47]。商標法の文脈ではあるが、判例も「平成5年法律第47号による不正競争防止法の全面改正の際には、旧不正競争防止法6条に対応する明文の条文は置かれなかったものであるが、改正後の不正競争防止法（現行法）の下においても、権利の行使はそれが濫用にわたるものでない限り許されるとの一般原則の適用として、商標法上、商標権の行使と認められる行為であれば、それが権利の濫用に該当するものでない限り、不正競争行為該当性が否定されるものというべきである」としている[48]。この一般原則が現在もなお適用されると考えると、特許権の効果としても、その権利行使が濫用に当たる場合でない限り、不正競争防止法上の請求に対して、自己の「特許権の

47）旧不正競争防止法（昭和9年3月27日法律第14号）第6条。中山＝小泉編・前掲＜注17＞1140頁〔鈴木將文〕参照。

実施の抗弁」が可能なのではないか。

(4) 近時の見解（存続期間延長登録制度をめぐって）

この専用権か排他権か、という議論は、特許法72条、80条、及び92条に関して古くから論争の対象となっていたが、「いずれの立場からも説明可能であり、特許権について専用権説を取らなければならない根拠とはならないように思われる。そして、排他権説によったほうが、上記規定の解釈や二重特許の場合の扱いについて、一層合理的な結論を導くことができると思われる」と指摘されており[49]、あまり現在では議論する実益がないとされる。しかしながら、近時に至って、特許権の存続期間延長登録制度をめぐって専用権説と排他権説についていずれが妥当かとの議論が展開されたことがある。

この存続期間延長登録制度を巡る両説の対立は、アバスチン事件（一般名はベバシズマブ）[50]で浮き彫りになった。すなわち、アバスチン事件では、特許権存続期間の延長登録出願の理由となった医薬品の製造販売の承認に先行して、同一の特許発明につき医薬品の製造販売の承認がされている場合、当該先行処分の存在により、延長登録出願が拒絶されるか否かが争われた。最高裁は、「出願理由処分と先行処分がされている場合において、延長登録出願に係る特許発明の種類や対象に照らして、医薬品としての実質的同一性に直接関わることとなる審査事項について両処分を比較した結果、先行処分の対象となった医薬品の製造販売が、出願理由処分の対象となった医薬品の製造販売を包含すると認められるときは、延長登録出願に係る特許発明の実施に出願理由処分を受けることが必要であったとは認められないと解するのが相当である」と判断し、一定の規範を定立することで当該論点に関する解決を

---

[48] 東京地裁平成15年2月20日判決（平成13年(ワ)2721号、裁判所HP参照）〔マイクロシルエット事件〕。このマイクロシルエット事件では、登録商標の専用権の使用の範囲では登録商標使用の抗弁を主張することができるとしつつも、被告商標取得の過程で原告標章の周知性をただ乗りする意図があったことなどから権利濫用を理由に同抗弁の適用を否定したものである。平野和宏「登録商標使用の抗弁〔マイクロシルエット事件〕」茶園成樹ほか編『商標・意匠・不正競争判例百選[第2版]』（2020年）174頁。他方、東京地裁平成26年1月20日判決（平成25年(ワ)3832号、裁判所HP参照）〔FUKI事件〕では、登録商標使用の抗弁は肯定されている。村井麻衣子「内部分裂の場合の処理〔FUKI事件〕」・同書172頁。

[49] 中山＝小泉編・前掲＜注17＞1140頁〔鈴木將文〕。

[50] 最高裁平成27年11月17日判決（民集69巻7号1912頁）〔アバスチン事件〕。

図った。原審の知財高裁は、傍論で、延長された特許権の効力の及ぶ範囲に言及しているところ、最高裁判決では、延長された特許権の効力について何ら言及していない。この点について、傍論のため最高裁の判断はなかったが、仮に最高裁が判断していたとしたら専用権説と排他権説のいずれに立っていたのか、どのような結論を出していたのか、については興味深いところである。

しかしながら、ここで、本事件を詳細に議論し、延長登録制度について詳しく検討することは本章の趣旨ではない。むしろ、権利の性質論が個別の論点にどのような影響を与えるのか、という考察のみを行う。なお、本事件について、前田が、「本書の見るところでは、特許権は排他権であるのか専用権であるのかという特許権の本質を見る議論の混乱が、延長登録制度をめぐる議論の対立を錯綜させているのであり、そこを解きほぐさないことには問題解決の指針を得ることはできない」としており[51]、専用権説と排他権説の対立が実際に個別の制度の結論に影響を与え得ることを示唆している点は興味深い。

ここで、専用権説と排他権説のそれぞれの立場からの代表的な見解を紹介する。

> **(1) 専用権説による説明**
> 「判例は、特許権の効力について専用権説（特許発明を独占的に実施しうる効力を認める考え方）に立っていると解される。[52]」「専用権説の立場では、処分を待つ間、特許発明を実施できるという特許権の効力が損なわれているため、これを回復しなければならないことが必然的に導かれ、存続期間を延長するのは、処分を待つために特許発明を実施できなかった期間であることは、法的な帰結であって、裁量の余地はなく、明確な基準を立てることができるからである。[53]」

---

51) 前田健「特許権の本質と存続期間の延長登録」神戸法学雑誌65巻1号（2015年）7頁。
52) 井関涼子「特許権の存続期間延長登録出願の拒絶要件と延長特許権の効力範囲―ベバシズマブ（アバスチン）事件最高裁判決とその後の侵害訴訟―」特許研究62号（2016年）19頁。
53) 井関・前掲＜注52＞19頁。

(2) 排他権説による説明

　排他権説の代表的な説として、田村は、特許権の本質については禁止権という立場をとっているが、「こと延長登録の制度がかかわる場面では、禁止権の存在だけでは特許権の保護として十分ではなく、さらに規制により実施できなかったという事情がないことも必要であると判断していることとなる。これを、禁止権＋（排他権の庇護の下での）実施（正確には規制により実施が禁止されていなかったということであるが）という二本柱が備わって初めて保護が万全となると法は考えていると言い換えてもよい。規制により実施が禁止されていた時期は、この二本柱の一つが欠けていた時期であるから、法はあえて存続期間の延長を認めることで、（5年の限度ではあるが）禁止権＋実施の二本柱が備わる期間を特許権者に追加することで、二本柱の期間を回復しようとしているのである（傍点は筆者）[54]。他の論者として、「『特許発明の実施』については、一般的には、発明の無体物としての性質、すなわち、複数人が同時に実施・利用可能であり、他者が実施・利用しても自身の実施・利用が妨げられるわけではないという性質（利用の「非競合性」）に基づきすでに保障されている。法制度によって追加的に保障しなければならないのは実施の『排他性』・『独占性』、すなわち、他者による特許発明の無断実施を排斥する効力のみである。…特許制度は、無体物としての性質から生来的に保障されている『実施』と特許権という権利の創設によって追加的に保障した『排他性』・『独占性』を両輪として『特許発明の独占的実施』を特許権者に認めているわけである。…しかしながら、特許法とは異なる法規制ゆえに、特許発明の『実施』を一定の期間行うことができなくなるという事態が定型的に生じる例外的な場合には、『特許発明の独占的実施』を保障するという特許制度の趣旨が全うされていないことになる。『特許発明の独占的実施』を構成する両輪の一方が脱落している状態である[55]」。

(3) 両者を止揚した立場による説明

　「特許権という権利の第三者に対する効力はあくまで排他権である一方、

---

54) 田村・前掲＜注16＞400頁。この点、田村は「二本柱」という独自の用語を用いているが、結局はその二本柱によって失われた独占実施を補完するという意味で、つまるところ井関のいう「専用権説」の内容と何ら変わらないように思われる。しかしながら、同論文400頁注（12）は、「二本柱」論は、「異なる場面で異なる取り扱いをしているだけであって」、専用権説（または積極的効力説）を必要ないとし、「悪しき意味での概念法学に陥っているのである」としている。

55) 愛知靖之「先行する製造販売承認と特許権の存続期間延長登録の要件―アバスチン事件―」判例評論第702号（2017年）172頁。

特許権が保護する利益は、その発明の利用にかかる市場を独占できる地位[56]」である。「特許権がその目的を果たすためには、発明の利用にかかる市場を独占できる地位が保証されることが必要であり、そのような地位こそが特許権が保護している利益である。とはいえ、そのような地位を保護するために、特許権は排他的効力を有するのみで十分である。なぜなら、発明の利用は本来的には自由であるから、他者の利用を禁止できる権能さえ手に入れれば、発明の利用にかかる市場を独占する地位を得ることができるからである。それゆえに、特許権は排他権とされているのである。旧来の『専用権説』そのものでも『排他権説』そのものでもない、両者を止揚した理解が、特許制度の精確な理解であると考えられる。」このように、この説は、旧来の「専用権説」でも「排他権説」でもない両者を止揚した理解であると述べる。「特許権者は、その発明を利用した財の市場を独占することができることを通じて、特許権者は研究開発の費用を回収することができるが、これは、①特許権者がその発明の利用を自ら自由にすることができること（あるいは誰かに利用させることができること）、②特許権者は無許可の発明の利用を禁止できることの2つを前提として実現される。[57]」このうち、①は行政処分により一時的に奪われた状態になっているのでこれを回復させ、市場を独占し費用を回収する機会が奪われてしまったことを②を伴う特許権の存続期間の延長で手当てするものであるとする[58]。ここで、前田がどのような観点で、自説を「両者を止揚した理解」であるとしているのかは必ずしも明確でない。上記①、②があることをもって専用権説と禁止権の両者を兼ね揃えたものであると言っているのだとすれば、①の自己実施は、特許権がなくてももともと発明を利用することができるともいえるから、特許権固有の効果ではないとの反論が得られる。また、他者への利用許諾も、不作為請求権の設定という禁止権からの説明も可能である。そうすると、この前田説も、実質的には田村説や愛知説の立場と変わらないように見えるため、排他権説に分類した方がよいようにも見える。

---

56) 前田・前掲＜注51＞10頁。
57) 前田・前掲＜注51＞11頁。
58) 類似の見解として、前田・前掲＜注51＞の他、田村善之「特許権の存続期間延長登録制度の要件と延長の特許権の保護範囲について―アバスチン事件知財高裁大合議判決の意義とその射程―」AIPP 60巻3号（2015年）236頁。ただし、田村説はあくまで排他権説を建前にしているので、ここでは第(2)説（禁止権説）に分類されよう。

このように、これらの説は、主に存続延長登録制度の制度趣旨をめぐって対立する。ここで、特許権の存続期間の延長登録制度が創設された際の起草趣旨を素直に読むと、専用権説に基づいて制度が創設されたように思われる。すなわち、「特許制度は、発明者にその発明に係る技術を公開することの代償として一定期間その権利の専有を認め、これによって発明を保護しつつ、一般の利用に供し、もって産業の発展を図ることを目的としている。すなわち、発明者に一定期間の権利の専有を保証することが制度の基本になっている。

しかしながら、一部の分野では、安全性の確保等のための政府の法規制に基づく許認可を得るにあたり所要の実験によるデータの収集およびその審査に相当の長期間を必要とするため、その間はたとえ特許権が存続していても権利の専有による利益を享受し得ず、その期間に相当する分だけいわば特許期間が侵食されているという問題を生じている。

このような法規制そのものは、その趣旨からして必要欠くべからざるものであるが、その結果として、当該規制対象分野全体として、かつ、不可避的に、本来享受できるはずの特許期間がその規制に係る期間の分だけ享受し得ないこととなっており、特許制度が本来予定しているはずの発明者への一定期間の権利の専有が保証し得ないこととなっている。…このため、今回、特許権の存続期間の延長登録を創設することとした。(傍点は筆者)[59]」

この起草者の考え方と同様の趣旨が、平成 31 年（2019 年）3 月 27 日に公開された改正審査基準（以下、「平成 31 年改訂審査基準」という）[60]にも反映さ

---

59) 新原浩朗編『改正特許法解説』（有斐閣、1987 年）79 頁。
60) 「環太平洋パートナーシップ協定の締結及び環太平洋パートナーシップに関する包括的及び先進的な協定の締結に伴う関係法律の整備に関する法律」により、特許法第 67 条等は改正され、平成 31 年（2019 年）3 月 27 日に改正審査基準が公開された。最高裁判所は、アバスチン事件により、特許権存続期間の延長登録出願に関する従来の特許庁の審査基準を否定する判断を示した。特許権存続期間の延長登録出願の審査をめぐっては、過去にも特許庁の審査基準が最高裁のパシーフカプセル 30 mg 事件（最高裁平成 23 年 4 月 28 日判決（民集 65 巻 3 号 1654 頁））によって否定され、特許庁の審査基準の改訂が余儀なくされた（平成 23 年 12 月 28 日改訂）。アバスチン事件の最高裁判決は、この平成 23 年改訂後の審査基準を再度否定した。特許庁は審査基準を再度改訂し、平成 28 年 4 月より再改訂後の審査基準に基づく審査の運用を開始した。平成 31 年（2019 年）3 月 27 日に公開された改正審査基準は令和 2 年（2020 年）3 月 10 日以降による特許出願に係る特許権の存続期間の延長登録の出願の審査に適用されるが、「第 2 章　医薬品等の特許権の存続期間の延長」の内容に、平成 28 年 4 月再改訂後審査基準からの実質的な変更はない。ただし、特許法等の条文の項番等のずれに対応するための形式的な修正を行うとともに、これまで審査の実務で行われてきた、暦に従って存続期間（年月日で表された期間）を算定することを記載する。

れている。すなわち、「特許制度の目的は、発明者にその発明に係る技術を公開することの代償として一定期間その権利の専有を認めることによって発明を保護・奨励し、もって産業の発達に寄与することにある。

　しかしながら、医薬品等一部の分野では、安全性の確保等を目的とする法律の規定による許可等を得るにあたり所要の試験・審査等に相当の長期間を要するため、その間はたとえ特許権が存続していても権利の専有による利益を享受できないという問題が生じている。

　このような法規制そのものは、その趣旨からして必要欠くべからざるものであるが、その結果として医薬品等の分野では、その分野全体として、本来享受できるはずの特許期間がその規制に係る分だけ享受し得ないこととなっている。しかも、薬事審査等の期間の短縮にも、安全性の確保等の観点からおのずから限界がある。

　こうした事態は、特許制度の基本に関わる問題であり、これを解決するためには、特許期間の延長措置が必要である。

　そこで、特許法は、安全性の確保等を目的とする法律の規定による許可その他の処分であってその目的、手続等からみて当該処分を的確に行うには相当の期間を要するものとして政令で定める処分を受けることが必要であるために、特許発明の実施をすることができない期間があったときは、5年を限度として、延長登録の出願により当該特許権の存続期間を延長することができることとした（第 67 条第 4 項）（傍点は筆者）[61]。」

　このように、起草者による起草趣旨と、平成 31 年改訂審査基準とを比較すると、制度趣旨の説明としてそう変わるものではないと評価できる。アバスチン事件最高裁判決にて、異なる医薬品につき延長後の特許権の効力を同じくする範囲での延長登録は一回限り、すなわち最初の処分に関する延長登録のみが認められるという実務は否定されたものの、制度趣旨の説明としては少なくともこの平成 31 年改訂審査基準を見る限り、引き続き専用権説が維持

---

61) 特許庁調整課審査基準室「『特許権の存続期間の延長登録出願に関する審査基準』の改訂について」（平成 31 年（2019 年）3 月 27 日）第Ⅸ部 特許権の存続期間の延長「2 章 医薬品等の特許権の存続期間の延長（特許法第 67 条第 4 項）」1 頁。（https://www.jpo.go.jp/system/laws/rule/guideline/patent/tukujitu_kijun/kaitei2/document/encho_shitsumon_1903/ix_nashi.pdf、2023 年 9 月 12 日最終閲覧）。

されているといえる。

　これは、「医薬品等の特許権の存続期間の延長」とは別に、「環太平洋パートナーシップ協定の締結及び環太平洋パートナーシップに関する包括的及び先進的な協定の締結に伴う関係法律の整備に関する法律」による特許法第67条等が改正に伴って追加された「期間補償のための特許権の存続期間の延長の制度」の制度趣旨との対比によっても明らかである。

　すなわち、起草者は、特許審査・審理に要した期間について延長をしない理由として、薬機法[62]などの他の法律の規定による審査の場合には、「許可その他の処分を受けなければ、発明の実施そのものが法律上禁止されているため、権利者は利益を享受することができない」一方、特許審査・審理の場合には、「発明の実施は自由にでき、かつ、審査・審理の進捗状況とかかわりなく、出願の日から一年六月経過すれば出願公開され補償金請求権も発生する。したがって、後者の場合には権利が完全に空洞化しているとは言えないのである」としていた[63]。

　平成31年改訂審査基準は、「期間補償のための特許権の存続期間の延長の制度」の制度趣旨として、「特許権の存続期間は、特許出願の日から20年をもって終了する（第67条第1項）一方、特許権の差止請求や損害賠償請求等の権利行使は、設定登録により権利が発生してから可能となるため、特許権の設定登録が、想定される一定の期間を超えた時期にされた場合には、特許権者にとっては権利行使が可能である期間が短くなることになる。…そこで、特許法は、特許権者の権利行使の期間を十分確保する一方で、存続期間の延長による出願人間の公平性、第三者への影響等を考慮し、特許権の設定登録が特許出願の日から起算して5年を経過した日又は出願審査の請求があった日から起算して3年を経過した日のいずれか遅い日（以下、「基準日」という）以後になされたときは、延長登録の出願により存続期間を延長できることとした（第67条第2項）（傍点は筆者）」としている[64]。これは、すなわち、「医

---

[62] 薬機法は、「医薬品、医療機器等の品質、有効性及び安全性の確保等に関する法律」に変更された法律の略称であり、旧薬事法が平成25年に改正されたものである。
[63] 新原編・前掲＜注59＞83頁。
[64] 特許庁調整課審査基準室・前掲＜注61＞「1章　期間補償のための特許権の存続期間の延長（特許法第67条第2項）」1頁。

薬品等の特許権の存続期間の延長」の制度趣旨としては、従前から唱えられてきたように、専用権を延長するものと捉え、「期間補償のための特許権の存続期間の延長」の制度趣旨としては、排他権を延長するものと捉えたと考えられる。起草者が言うように、薬機法などの他の法律の規定による審査の場合には、「許可その他の処分を受けなければ、発明の実施そのものが法律上禁止されているため、権利者は利益を享受することができない」一方、特許審査・審理の場合には、「発明の実施は自由にでき」るところ、短くなった権利行使可能期間（すなわち、排他権の行使期間）を延長するものである。ここまでの「医薬品等の特許権の存続期間の延長」と「期間補償のための特許権の存続期間の延長」との対比をまとめると、下記の**表1**のようになる。

　医薬品等の特許権の存続期間の延長については、先に見たイギリスにおけるギルドの独占や江戸幕府における「新規法度」のお触れのように、（医薬品等の安全確保の目的とは言え）日本政府によって実施そのものが禁止されている場合に、本来的に自由なはずの発明の実施を後日特許制度が・特・別・に許す（特許する）というものなのではないかと考える。そう考えると、「積極的効力なるものが幻想にすぎず」と言って切り捨てるのではなく、「積極的効力」として、国家あるいは団体等による実施の禁止から特許権者の実施の自由を確保する、という特許権の「積極的効力」があるのではないか。

　一方、前出の新・注解特許法〔第2版〕（鈴木將文「第68条（特許権）」）は、この専用権説、排他権説の対立を概観し、アバスチン事件[65]及びそれに先立

	特許法	発明の実施	排他権	各延長制度による手当
医薬品等の特許権の存続期間の延長	第67条第4項	発明の実施そのものが法律上禁止されている。	権利行使可能期間は変わらないが発明の実施が法律上禁止されているので、他者も実施できない。	特許発明の実施をすることができる期間を十分確保。（結果として、権利行使可能期間も延長。）
期間補償のための特許権の存続期間の延長	第67条第2項	発明の実施は自由にできる。	権利行使可能期間が短くなる。	権利行使の期間を十分確保。

表1　「医薬品等の特許権の存続期間の延長」と「期間補償のための特許権の存続期間の延長」

つパシーフカプセル 30 mg 事件[66]につき、井関説を引用しつつ、上記アバスチン事件控訴審[67]が、存続期間延長登録制度の趣旨につき、「特許権者の被る不利益の内容として、特許権の全ての効力のうち、特許発明を実施できなかったという点にのみ着目したものである」と、「一見、専用権説に立つかのような説示をしている（傍点は著者）」と述べるも、「上記の 2 つの最高裁判決は、特段、特許権の効力に直接関係する説明をしていない」と指摘し、存続期間延長登録制度は、「特許権の効力そのものが当該期間制限されていたことに配慮する制度と述べているわけではなく、（特許制度との関係では外在的な規制による）特許権者に不利な事情を考慮する制度と捉えているにとどまるとも解しうる」点を指摘し、「特許権者が、特許権＝禁止権の行使により他人の実施を排除しつつ自己が実施をして利益を実現するという方途が閉ざされていたという事情を考慮して、存続期間を延長する制度と理解すれば（最判の説示の下ではこのような理解も可能である）、存続期間延長登録制度は排他権説と整合的に説明可能である」とする[68]。

　このように、専用権説と排他権説の争いは、存続期間の延長登録制度の制度趣旨をめぐる説明の仕方の違いという形で表れてきている。しかしながら、この両説のいずれの立場に立ったとしても、登録要件の解釈について、登録排除効の範囲と延長登録の効力の範囲の一致といういわゆる連動説を否定する直接の論拠とはならない。最高裁は、アバスチン事件において、登録要件の解釈につき、出願理由処分と先行処分医薬品とを比較した結果、先行処分の対象行為が出願理由処分のそれを包含すると認められるときは登録できないと判断し、登録排除効の範囲と効力範囲とを一致させる考え方を否定した。平成 28 年 3 月改定の現審査基準においてもこの連動説は破棄された。しかし、これは専用権説や排他権説の違いから導かれたものではない。

　では、実質的な法律上の効果に、両説のいずれを取るかによる違いはあるのであろうか。この点、詳細に議論するのは本章の趣旨ではないが、代表的な学説を以下の**表 2**のとおりまとめる。

---

65) 最高裁平成 27 年 11 月 17 日判決〔アバスチン事件〕・前掲＜注 50＞。
66) 最高裁平成 23 年 4 月 28 日判決〔パシーフカプセル 30 mg 事件〕・前掲＜注 60＞。
67) 知財高裁特別部（大合議）平成 26 年 5 月 30 日（判時 2232 号 3 頁）〔アバスチン事件控訴審〕。
68) 中山＝小泉編・前掲＜注 17＞1140-1141 頁〔鈴木將文〕。

	代表的説	特許権の本質	存続期間延長登録制度の制度趣旨	67④の「必要」	連動説	68の2の効力の範囲
学説	起草者	専用権説？	権利の専有の侵食による不利益確保。		肯定	
	井関	専用権説	専用権説の立場では、処分を待つ間、特許発明を実施できるという特許権の効力が損なわれているため、これを回復しなければならないことが必然的に導かれる。		肯定	医師が処方した特許権のある医薬品に変えて、後発医薬品が調剤される場合
	愛知	排他権説	「特許発明の独占的実施」を構成する両輪の一方が脱落している状態を回復。		否定	医師が処方した特許権のある医薬品に変えて、後発医薬品が調剤される場合
	田村	排他権説	規制により実施が禁止されていた時期は、この二本柱の一つが欠けていた時期であるから、法はあえて存続期間の延長を認めることで、(5年の限度ではあるが) 禁止権＋実施の二本柱が備わる期間を特許権者に追加することで、二本柱の期間を回復。		否定	市場競合性のある製品
	前田	特許権の効力は排他権。特許権が保護する利益はその発明の利用にかかる市場を独占できる地位。	①特許権者がその発明の利用を自ら自由にすることができること（あるいは誰かに利用させることができること）、②特許権者は無許可の発明の利用を禁止できることの2つを前提として実現される。このうち、①は行政処分により一時的に奪われた状態になっているのでこれを回復させ、市場を独占し費用を回収する機会が奪われてしまったことを②を伴う特許権の存続期間の延長で手当てするもの。	後行処分と同種の医薬品についての先行処分を受けていた場合には、後行処分に基づいた延長登録は受けることができない。	肯定	市場競合性のある製品

表2　存続期間延長登録制度に関する代表的な学説の対比

このように、ひとくちに専用権説、排他権説といっても論者によってその意味内容が必ずしも一致せず、専用権説であるからといって、連動説は必ず肯定されるのか、排他権説であるからといって、連動説は必ず肯定されるのか、といった画一的な帰結が導かれるのではない。田村のように、特許権の本質は、排他権説を取るという明確な立場が表明されていたとしても、「こと延長登録の制度がかかわる場面では、禁止権の存在だけでは特許権の保護として十分ではなく（傍点は筆者）」、禁止権＋（排他権の庇護の下での）実施という二本柱論による説明となり、これは実質的には井関がいう専用権説と本質的に変わるところがないように見える。愛知の「特許発明の独占的実施」を構成する両輪の一方が脱落している状態という表現や、前田の「特許権者がその発明の利用を自ら自由にすることができることが行政処分により一時的に奪われた状態になっている」という説明も、結果として井関のいう専用権説を専用権という言葉を使わずに表現しただけのようにも見える。ややうがった見方をすれば、「特許権の本質は排他権である」という命題を変更することは憚れるので、存続期間延長登録制度の趣旨のみ説明に窮するので、「専用権説」という言葉を使わずに、排他権説から導いた、とも読み取ることができる。存続期間延長制度のみ、専用権説に立った説明が整合的だからといって、特許権の本質が排他権であることは変わりがない、と主張する方がまだ説明としてはわかりやすい。

(5) 特許法第80条1項1号の中用権をめぐる論点

他に、排他権説と専用権説で結論が異なり得る場面として、中用権をめぐる議論がある。

中用権とは、同一発明について過誤登録により二以上の特許権が登録され、この特許権を信頼して実施していた場合に、後日この特許権が無効になり、存続している方の特許権者から権利行使を受けた場合の保護として、無効とされた特許権を有していた者に法定通常実施権を与えるものである（特許法第80条）。中用権については、「先使用権が、国民経済的意義のほかに、両当事者の衡平という意義を有しているのに対し、中用権には衡平の観点というようなものはなく、事業設備の保護という国民経済的意義に基づくもの

である」とされる[69]。80条の中用権には、同条1項1号及び2号の2種類があるが、同条1項1号の中用権について、先願特許が無効になった場合の先願特許権者にのみ発生するのか、後願特許が無効になった場合の後願特許権者にも発生するのか、という論点がある。

この点、条文の文言上、「同一の発明についての二以上の特許のうち、その一を無効にした場合における原特許権者」とあり、先願特許のみに適用されるという内容は条文上からは読めない。

ここで、80条1項1号の中用権は、先願特許が無効になった場合の先願特許権者にのみ発生するという立場からの説明では、「後願特許が無効になったからといってもともと特許発明を実施できなかった後願特許権者には特許法80条の中用権を与える必要はない」といった説明がなされる[70]。中山も「中用権とは、特許を信頼して実施あるいはその準備をしていた者を救済する制度であるから、元来実施できない者に中用権を認めるべきではなく、ダブル・パテントの場合の後願特許権者には中用権が認められないと解すべき[71]」とし、田村も、「特許権の積極的効力なるものを否定する立場からは、本条を額面通りに受け取るわけにはいかないであろう」という[72]。

一方、80条1項1号の中用権を後願特許が無効になった場合の後願特許権者にも認める立場からは、「たとえ過誤による権利の付与であっても、それによって独占的な支配権は発生するのであり、無効にされるまでは有効なものとして扱わなければならない」と説明される[73]。森﨑も「後願特許が過誤で特許されたにしろ、いったん特許査定された以上は無効審決を経て無効が確定するまではその特許を実施できると解するべき[74]」、「ダブル・パテントの

---

69) 中山＝小泉編・前掲＜注17＞「第80条（特許権）」1515頁〔森﨑博之＝松山智恵〕。
70) 髙林龍『標準特許法〔第8版〕』（有斐閣、2023年）235頁は、さらに続けて「特許法80条1項2号の場合のように、たとえば後願特許が無効とされた時点までは先願発明は未だ特許されておらず後願特許権者は発明を実施することはできた場合であるならば、自らの独鈷に無効原因があることを知らなかった後願特許権者に中用権を与えて、発明の実施である事業を継続させてもよいことになる」とする。
71) 中山・前掲＜注5＞602頁。
72) 増井和夫＝田村善之『特許判例ガイド〔第4版〕』（有斐閣、2012年）240頁。田村善之「知的財産権法おぼえがき」知的財産研究所五周年記念『知的財産の潮流』（1995年）270頁、田村善之『知的財産法〔第3版〕』（有斐閣、2003年）256頁も同旨。
73) 織田李明＝石川義雄『新特許法詳解 増訂』（日本発明新聞社、1972年）291頁。
74) 中山＝小泉編・前掲＜注17＞1519頁〔森﨑博之＝松山智恵〕。

II. 知的財産権の排他権的構成の「契約による相対化」   189

後願が無効になった場合も本条の要件を満たせば、中用権が発生すると考える[75]」とする。

　下級審の裁判例でも、過誤登録の後願特許への中用権を与える他ないとするものがあり、「同一発明即ちてい触する二個以上の発明に対し誤って特許権が付与せられ、てい触する特許権が併存する場合、後願の発明に対し付与せられた権利も、その付与手続きが有効になされたものである限りは、確定の無効審決があるまではなお有効のものとして取り扱う外なく、後願の発明の特許権者は、先願の特許権者の実施許諾を得ることなく・自・己・の・権・利・の・行・使・と・し・て、その特許にかかる発明を実施することができるものと解するのを相当とする（傍点は筆者）[76]」。この判決の書き振りでは、特許発明の実施は、自己の権利の行使のひとつである、ということになる。これは、この判決が特許権を単なる禁止権の行使ができるのみと考えているのではなく、自己の実施も自己の権利行使の一態様と考えているからと推測される。別の裁判例においても、後願の特許が先願の特許と抵触する場合に、「特許の付与（特許査定・登録）は、行政処分であり一種の公定力をもつものであるから、裁判所といえどもこれを無視することはできず、従って、右行政処分の法的効果である特許権についても、無効審決を経ることなく、裁判所が独自の判断によって、その権利行使を制限することは許されない」とする[77]。こちらの裁判例も、自己の実施も自己の権利行使の一態様と考えているからと推測され、これらの裁判例が専用権説を前提としていることが見て取れる。

　特許権の本質を専用権として捉え、たとえ後に過誤登録であったことが判明したとしても、特許権を受けた以上は、安心して自己の実施できるというある種の期待が生まれると考えるとすれば、これを保護することが国民経済的意義にも適い、また特許庁がなした行政判断を尊重するという裁判所の基本的な姿勢が表れていると考えられる。現状、特許法第104条の3のように無効の抗弁が認められた現行の特許法の解釈によっても、この理は変化しているようには思えない。

---

75) 中山＝小泉編・前掲＜注17＞1519頁〔森﨑博之＝松山智恵〕。
76) 大阪地裁昭和33年9月11日判決（判時162号23頁、25頁）〔クロルプロマジン事件〕。
77) 山口地裁昭和39年4月30日判決（判時391号32頁、34頁）〔ポリプロピレン事件〕。

⑹　契約不適合責任をめぐる論点

　専用権説と排他権説のいずれの立場に立つかによって結論が異なり得る問題は他にもある。契約不適合責任をめぐる議論である。

　旧民法第570条では、売主の担保責任は、「売買の目的に隠れた瑕疵があったとき」とされていたものが、2020年4月1日施行の民法の一部を改正する法律（平成29年法律第44号）では、契約不適合責任という表現が用いられている。なお、これまで「瑕疵」とされてきたものは、この表現の変更によって実質的な意味の変更はないとされており、流通過程における知的財産権の侵害も、契約不適合責任の問題が生じる場合があるとされる[78]。

　民法改正前の古い事件ではあるが、売主と担保責任について判示したミネラルウォーター生成器事件[79]がある。この事件では、被告（ライセンサー）が、被告の特許権と実用新案登録を有し、その製品化の技術につき精通しており、本件特許権等に基づき専用実施権を設定する契約を締結していた。当該専用実施権設定契約では、「第三者より原告に対して特許並びに実用新案製品について侵害行為の通告ありたる時は、被告は責任をもってその排除を行う」との条項があった。その他判決で認められた事実は以下のとおりである。すなわち、「原告は、本件契約締結後、本件特許及び実用新案の実施に必要な技術資料を文書によって原告に開示する」、「原告は、本件契約締結後、本件特許及び実用新案に係る物品の工業的生産を行うものとし、被告は必要な技術的援助を行うものとする」、「第三者より原告に対して特許並びに実用新案製品について侵害行為の通告ありたる時は、被告は責任をもってその排除を行う」、「原告は、本件契約締結後、まず、被告が従前から本件特許発明等の実施品として製造、販売していたミネラルウォーター生成器『若水』（以下被告製造品という）の完成在庫品を被告から引き取って販売していたが、その後は被告所有の部品在庫を引き取って組み立てる等して被告製造品と同一の構成製品を『若水』の名称で製造、販売していた（以下、原告が製造、販売した製品を本件製品という）」。

---

78)　勝久晴夫「知的財産権侵害製品の取引と契約責任」同志社大学知的財産法研究会編『知的財産法の挑戦Ⅱ』（弘文堂、2020年）47頁。
79)　大阪地裁平成元年8月30日判決（特許と企業250号60-66頁）〔ミネラルウォーター生成器事件〕。

裁判所は、本件条項が、有償契約であって担保責任の規定の準用の余地があること、被告から原告への技術開示及び技術援助を定めているとの事情の下では、「原告が本件特許発明等の実施品として、製造、販売した製品について、第三者からその有する特許権又は実用新案権の侵害品である旨の通告があった場合には、被告が、その責任と費用負担において、その真偽を調査し、侵害、被侵害いずれの場合にせよ、右第三者と接渉して、原告において円滑に本件特許発明等の実施品を製造、販売できるようにすべき義務を負うことを定めたもの」と解するのが相当である、と判示した。

　本判決は、必ずしも有償の実施許諾契約であったということ一点のみをもって担保責任ありと判断したわけではなく、被告が「特許発明等とその製品化の技術につき精通していると考えられ、現に本件契約において前示のような技術開示条項と援助条項が認められること」という事情も含めて「総合考慮」したものである。したがって、この判決で裁判所が、専用実施許諾契約の直接の効果として、専用権にもとづく積極的利用（担保責任に基づく侵害排除の義務など）までを許諾していると判断したわけではない。しかしながら、有償の実施許諾契約について担保責任の規定が準用される余地があると判断した点で意義があると考えられる。

　この事件を批評し、「ライセンス契約の客体が、現実に占有できる物（有体物）ではなく、特許権という無体財産権であり、実施権の性質をどのように考えるかでも議論があるため、ライセンサーがいかなる場合に担保責任を負うかについては、必ずしも確立された見解があるとはいえない」としつつも、特許権の本質論に遡り、「ライセンサーはライセンシーに対し差止請求権を行使しないという不作為請求義務を負うのみではなく、ライセンシーに実施許諾した発明等の利用を積極的に享受させる義務を負うとし、これを根拠にライセンサーの担保責任を肯定する」見解がある[80]。一方で、「ライセンスの性質を特許権者の差止請求権の放棄と解する米国法の影響もあり、担保責任を否定する立場も有力」とされる[81]。

---

80) 嶋末和秀「ライセンス製品が第三者の特許権を侵害する場合におけるライセンサーの責任」山上和則還暦『判例ライセンス法』（社団法人発明協会、2000年）181-182頁。
81) 嶋末・前掲＜注80＞182頁。

第三者知財補償に関する最近の裁判例[82]では、必ずしも知財補償条項がない場合に有償契約についてデフォルト状態で担保責任があるのか否かについては判断されなかった[83]。むしろ、知財補償条項がある中で、その契約解釈や過失相殺についての論点について議論がなされた。本件事案における契約中には、「X は、Y に納入する物品並びにその製造方法及び使用方法が、第三者の工業所有権、著作権、その他の権利を侵害しないことを保証する」との規定（基本契約 18 条 1 項）があった。このような単に非侵害保証を規定しているに過ぎない場合は、「かかる規定から何ら具体的な義務を導くことはできず、また、その違反を主張するためには、権利侵害を立証することが求められるため、権利侵害が確定していない段階でも実効性には疑問がある」とされる[84]。

なお、排他権説を採り、担保責任を否定する立場からは、第三者知財補償の問題を売買契約に基づく契約不適合責任の問題とせず、売買契約とは別個の損害填補条項とする他ないと考えられるが、その場合、新たな問題が生ずる可能性もある。すなわち、「一方当事者が相手方に対して、発生するかもしれない損害の補償を約束するという契約である以上、契約当事者間の力関係を直接反映する場面であり、一方当事者に過大な負担を強いる場合」があり得ることが指摘されている[85]。損害担保契約については、債権法改正でも見送られた部分であり、契約当事者の力関係だけに任せるには不安定なリスクを残す。従来どおりの専用権説に立ち、第三者知財補償の問題についてライ

---

82) 知財高裁平成 27 年 12 月 24 日判決（判タ 1425 号 146 頁）〔チップセット売買代金請求控訴事件〕。
83) そもそも売買契約に特許補償の条項がない場合でも、特許権侵害が成立すれば、①特許権を侵害しないものを納入すべきという従たる給付義務に違反する債務不履行（民法 415 条）、②売主の特許権侵害による不法行為責任（民法 709 条）、特許権侵害という隠れたる瑕疵のある製品の販売による瑕疵担保責任（民法 570 条）といった視点で売主の責任が判断される、との見解がある。紋谷崇俊「特許権侵害に係る補償に関する一考察―知財高判平成 27 年 12 月 24 日（平成 27 年(ネ)第 10069 号）の事案を参考に―」渋谷達紀追悼『知的財産法研究の輪：渋谷達紀追悼論文集』（発明推進協会、2016 年）291 頁、青木潤「売買契約における第三者特許補償事件―契約文言と特許補償の範囲について―」知財ぷりずむ 16 巻 182 号（2017 年）30 頁、青木潤「第三者特許補償条項について（今更聞けないシリーズ：No. 40）」知財管理 60 巻 11 号（2010 年）1909 頁。
84) 重冨貴光「知的財産権の非侵害保証・紛争対応条項と紛争発生時の対応―ADSL モデム用チップセット売買代金請求事件―」知財管理 66 巻 5 号（2016 年）561 頁、勝久・前掲＜注 78＞55 頁。
85) 勝久・前掲＜注 78＞58 頁。

Ⅱ．知的財産権の排他権的構成の「契約による相対化」　193

センサーの担保責任を肯定する方が、安定性が保てると考える。

　そうだとすると、排他権説の立場に立ちつつ、たとえば、こと存続期間延長登録制度の説明のみ、こと中用権の説明のみ、こと契約不適合責任の説明のみは、専用権説での説明の方が整合的であると考える場合には、これらの制度の説明には専用権説が適しているが、他の制度の説明については排他権説で説明する方が整合的、ということになり、都合の良い部分だけをみて排他権説が妥当と結論付けているようにもなってしまう。これでは、都合の良いところだけをつまみ食いする「チェリー・ピッキング」ともいうべき説明になってしまう（無論、排他権説からはすべての個別論点も排他権説で説明しきれているという立場であろうが）、特許権の本質は排他権、と言い切る根拠が薄くなってくるようにも思われる。もちろん、存続期間延長登録制度や中用権といった特許法の制度の一部にのみ専用権説の残滓が残っており、他は排他権説での説明の方が整合的であるから、全体として特許権の本質は排他権説である、という論法もあるにはある。しかしながら、それであればそもそも特許権の本質、というような統一的な思想を持ち出すことなく、ある場合には専用権として捉え、ある場合には排他権として捉えるといった中立的な性格付けもできるのではないだろうか。本章では、知的財産法の本質を議論する現代的意義として、新たな契約モデルにおける法律問題を検討していく上で、「専用権説」か「排他権説」か、といったどちらかに絞った二分論よりも、原則として、排他権説を取りつつも、個別論点によっては。専用権説を採るといった柔軟性をもつことが未知の法律論の課題解決のヒントになり得ると考える。これにより、存続期間延長登録制度や中用権、権利不主張、契約不適合責任についても、より整合的に説明できると考える。

　もっとも、権利の本質論については、歴史的に見ても起草者の法制定の過程でも規定ぶりが時によって揺らいでいる部分もあり、各々の説から個別論点の結論が常に必然的に導かれるものではないため、問題点ごとに個別の論証が必要である。

2．「契約による相対化」

　ここまでの議論の中では、特許権の存続期間延長登録制度や中用権といっ

た個別論点における、専用権と排他権説の対立について触れた。

　もともと、本書により、知的財産の排他権的構成の限界を探求しようとしたきっかけは、先述したように、法学理論的な観点から、特許権を積極的な専用権とみるか、単なる禁止権として消極的権利とみるか、という特許権の本質をどう捉えるかという点で、実施権と権利不主張の違いが浮き彫りになるのではないかということであった。事実、特許権を禁止権と捉える米国での権利不主張の取り扱いはライセンスと同様であるのに対し、積極的利用権を観念する専用権説を取る従来のドイツでは、権利不主張はライセンスとは違うとするものであった[86]。米独での違いが本質論の捉え方の違いに起因していることを明らかにし、権利の本質論が、個別具体的な論点の性質に深く影響を与え得ることを示した。この点について検討を進めていく中で、伝統的に物権的権利として構成される特許権に代表される知的財産権が、モノの時代からネットワークの時代、AI/IoT の時代、ウェブ 3.0 の時代へと発展、変遷していくとともに、次第にその物権的性格を弱め、その保護が相対化しているのではないか、と考えを及ぼすようになった。ここでは、物権として規定されてきた知的財産権が、契約によって次第に相対化していく過程を概観する。先にも述べたように、ここでいう「契約による相対化」とは、本章では、SEP に対する FRAND 宣言による差止請求権の制限、音楽や映画の著作物に対するサブスク契約による包括的な取引のように、元来の物権的権利が債権（契約）により加工されて債権的価値が高まった状態を指す。その分、相対的に特許権または著作権の物権的効力または物権的価値が制限されている状態である。

　ここで、発明に対する支配権として、物権的性格を有する特許権が、人と人との関係である契約と出会う一番の典型例は、ライセンス許諾である。すなわち、通常実施権を許諾することで無体物たるモノに対する支配権であった特許権は、ライセンス契約を締結することで人に対する権利としての債権へと変化する。

　「資本主義経済組織の下においては、所有権の最も重要な作用は、もはやそ

---

[86] 拙稿・前掲＜注 2＞917 頁以下、本書第 1 章参照。

の客体たる物を物質的に利用することではなく、これを資本として利用して利得を収めることである。即ち、この組織の下においては、所有権はその作用において物に対する支配ではなく、人に対する支配である。然るに、所有権が資本として作用し、他人を支配せんがためには、各種の債権契約と結合しなければならない。従って、資本主義経済組織においては、所有権は債権と結合することなくしては、その最も重要なる作用を営むことができないといわねばならない。既にこの点において、我々は近代法における物権に対する債権の優越的地位の第一点を発見するのである（筆者により現代仮名遣いに表記を変更）[87]。」これは、我妻「近代法における債権の優越的地位」からの引用であるが、この引用箇所の「所有権」を「特許権」または「知的財産権」と読み替えてもそのまま通じるような内容である。特許権が資本として作用し、当該市場を支配するためには、ライセンス契約と結合することが一番の早道になる。特許権者としてある技術規格の必須特許を持っていたとしても、自己実施では不十分であり、二社間やプールのライセンスによる許諾なくしては、当該技術規格を市場に広げ、支配することはできない。したがって、資本主義経済組織においては、特許権も所有権と同じく、結局債権と結合することなくしては、その最も重要なる作用を営むことができないといえるのではないか。

このようにして見てみると、特許権による物権的な発明の保護から、ライセンス契約によって債権的に発明の利用を促進していくことで、発明が死蔵することなく、世の中で使われて技術発展に資する、という特許法が目指した素朴な世界感が現れてくる。このようにして、特許権が契約によって相対化することにより、特許発明は、特許権者による独占から解放され、実施権者のライセンス製品とともに市場に広がっていく。

(1) 通常実施権の本質——権利不主張をめぐって

本節では、前節で述べた「契約による相対化」をより具体的に検討するため、実施権の代表例として、通常実施権の本質を考察する。後に詳細に検討

---

[87] 我妻・前掲＜注30＞9頁。

する「ライセンス亜種」の問題は個別具体的な契約類型を対象とするので、前項までの抽象的な議論と「ライセンス亜種」で対象とする具体的な問題を架橋するものとして、ライセンス契約一般に通底する原則である通常実施権の本質を再度整理しておくことは有用であると考える。

通常実施権は、不作為請求権である、と一般に言われる。すなわち、「通常実施権とは、当該発明を業として実施しても差止請求や損害賠償請求を受けることがない権原」と言われている[88]。実務上は、通常実施権はライセンス契約によって許諾される。このライセンス契約では、通常実施権の他にも、定義条項や、守秘条項、一般条項など、様々なことが規定される。中山は、「具体的には不作為請求権以上の内容をもつ契約、たとえば実施しうるように協力する義務、ノウハウ提供義務、侵害排除義務等々の規定が設けられることもあるが、これは通常実施権それ自体から当然に発生するものではなく、個別の契約の問題である。…このような種々の形態の実施権がすべて通常実施権であり、その共通項が特許法上の通常実施権ということになる」と説明する[89]。この説明は、確かに、種々の通常実施権の共通項としての不作為請求権という内容であり、説明として非常にわかりやすい。特許権の本質を禁止権として観念する排他権説の立場からも整合するといえよう。

ここで、二つの論点を考えてみたい。一つは、特許消尽、今一つは当然対抗の問題である[90]。典型的には、下記に図示した事例1に示すように、特許権者が半導体などの部品メーカーであり、競合相手の部品メーカー（ライセンシー）とクロスライセンス契約を締結した後に、その競合相手から半導体部品を購入した最終製品メーカー（顧客）から権利行使を受けた際に、特許

---

88) 中山・前掲＜注5＞562頁。
89) 中山・前掲＜注5＞561-562頁。
90) 著作権譲渡と当然対抗については、第201回通常国会において、令和2年6月5日に成立し、同年6月12日に令和2年法律第48号として公布された「著作権法及びプログラムの著作物に係る登録の特例に関する法律の一部を改正する法律」により、著作権法第63条の2が導入され、令和2年10月1日から施行された。これにより、著作権法においても、特許法同様のライセンシー保護が得られるようになった。詳細は、桑野雄一郎「当然対抗制度導入後の出版契約の実務」コピライトNo.717/Vol.60（2021年）19頁以下、澤田将史「著作権法における利用権の当然対抗」ジュリストNo.1566（2022年）2頁以下など。松田俊治『ライセンス契約法―取引実務と法的理論の橋渡し―』（有斐閣、2020年）171頁は、令和2年著作権法改正後の「利用権」と権利不行使との関係について触れている。ここでは、特許権譲渡と当然対抗の問題に絞って議論する。

権者は、その最終製品メーカー（顧客）に権利行使できるか、という問題がある（争点①）。

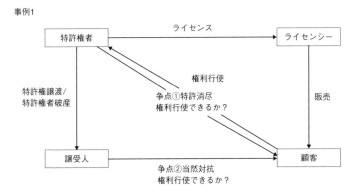

この場合、通常のライセンス契約であれば、特許権者からライセンシーに対し、通常実施権が許諾されるので、ライセンス製品が顧客に販売されれば、当該特許権は、特許消尽の法理により当該顧客に権利行使することができない。

次に、特許権者から特許権を譲渡という形で特定承継を受けた者や破産や相続などの一般承継により譲り受けた者は、当該ライセンシーや当該顧客に権利行使できるのであろうか。これは、いわゆる当然対抗の問題である（争点②）。これは、それまで実務界からの批判が多かった登録を対抗要件とする改正前99条3項[91]が、平成23年改正特許法（平成23年6月8日法律第63号）

---

91) 特許庁工業所有権制度改正審議室編『平成23年特許法等の一部改正産業財産権法の解説』（発明協会、2011年) 8頁は、通常実施権の登録制度の問題点として、以下の理由を挙げる。「(ｱ)登録には手間とコストがかかる。実務では、一つの製品について開発から最終製品の製造に至るまでの間に、多数の特許権者との間で、多数の特許権を対象としたライセンス契約が締結されることが多くなっている。そのため、通常実施権の件数は数千を超えることもあり、企業がこれらの通常実施権の全てを登録するためには、登録申請のための膨大な手間と登録免許税や代理人手数料等高額なコストを要することとなる。(ｲ)ライセンス契約においては実施の範囲に係る条件を詳細に定めることが多く、通常実施権を過不足なく第三者に対抗するためには、その条件全てを登録する必要があり、現実的ではない。(ｳ)特許庁への登録は、原則として登録権利者と登録義務者とが共同で申請しなければならない（共同申請主義）とされており（特許登録令第18条）、通常実施権登録については、特許権者と通常実施権者とが共同で申請をする必要がある。しかしながら、特許権者には、通常実施権の登録に協力する義務はなく、特許権者の協力を得にくい。」

の成立により、通常実施権は登録なくして当然に対抗力を有するように改正され、一応の立法的な解決をみたことになる[92]。

一方、特許権という権利を、一定の条件の下、特許権者自らがあえて主張しないということも行われる。本章中ではこれを「権利不主張」として論じていきたい。権利不主張とは、他者に対して、ある権利を行使しないことを約することをいう。この「権利不主張」は、英米契約実務では non-assertion とも呼ばれ、「非係争契約（covenant not to sue）」を含み、特許ライセンスの世界ではしばしば話題となっている[93]。この「権利不主張」は、特許権者自らがあえて特許権を主張しないという点において通常実施権と同じものなのか。あるいは、何か別のものなのか。「権利不主張」が通常実施権と同じものならば、特許消尽の対象となるものなのか、当然対抗制度の対象となるものなのか。

権利不主張とは、「契約において、『通常実施権を許諾する』と定めるのではなく、特許権者等が契約相手方に対して権利行使をしないことのみを定める場合」をいう[94]。「特許権等の消尽をできるだけ避けたいという権利者側からの考えから採用されることが多い」とされる[95]。これは、通常実施権を一旦許諾してしまうと、特許消尽により、特許権者としては、例えば、そのライセンシーの製品を買った顧客に対する権利行使ができなくなってしまうの

---

[92] もっとも、争点①の特許消尽は、当事者の契約では回避できないという強行性を持つ一方、争点②の当然対抗の問題は、契約での別途取り決めが可能という任意性を持つので、両者を同列に扱うことはできないという議論もあり得よう。しかしここでは、特許製品が転々流通する場面と、特許権が転々流通する場面、あるいは実施の事業自体が M&A などにより転々流通する場面を想定し、それらの三要素がそれぞれ転々流通した場合の権利関係を想定しなければならないという現在の実務家にとっての課題に対し、何らかの示唆を得たいため、これらの争点を並行して検討し、各ライセンス亜種の影響がどのように生じるのかを検討したいと思う。実業界において、オープンイノベーションや事業の統廃合が進んでいる中で、M&A や事業譲渡、資産譲渡などの局面における知財デューデリジェンスなどでも、既存ライセンスや「ライセンス亜種」が設定されている場合の取り扱い、特許譲渡との関係、資産譲渡との関係の整理がリスク評価としてクローズアップされる場面も多くなっているからである。
[93] 「非係争契約」が注目を集めたとしてマイクロソフト事件審決（公取委審判審決平成20年9月16日（審決集55巻380頁））、クアルコム事件審決（公取委命令平成21年9月28日（審決集56巻65頁））。Round Rock Research 社の"covenant not to sue"の契約枠組みが特許オークションの場において落札した点についてなどは、拙稿・前掲＜注2＞917頁、本書第1章参照。
[94] 中山＝小泉編・前掲＜注17＞1465頁「第78条（通常実施権）」〔城山康文〕。
[95] 中山＝小泉編・前掲＜注17＞1465頁「第78条（通常実施権）」〔城山康文〕。

II．知的財産権の排他権的構成の「契約による相対化」　199

でこれを避けようとする試みである。さもなくば、その顧客から特許権者が権利行使を受けた際に、カウンター特許として防御する権利が消尽してしまう、ということになる[96]。

　先程の事例1を、ライセンスではなく、権利不主張に代えたものについて考えてみる。事例2に示すように、特許権者が半導体などの部品メーカーであり、競合相手の部品メーカー（ライセンシー）に権利不主張を与えた後に、その競合相手から半導体部品を購入した最終製品メーカー（顧客）から権利行使を受けた際に、特許権者は、さらにその最終製品メーカー（顧客）に権利行使できるか、という問題である（争点①）。

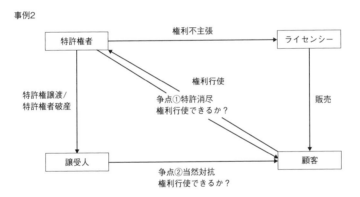

---

[96]　なお、FRAND 義務を伴う標準必須特許の場合、標準化された技術に係るアクセスの開放の意味を巡って、access for all と license to all と呼ばれる2つの考え方がある。これは、標準化された技術に係るアクセスの開放が、単に特許実施品の製造や販売に当たって当該技術の利用が妨げられないという意味に留まるのか、それとも標準必須特許権者が特許実施品のサプライチェーン側の指定する任意のメーカーとの間において強制的にライセンス契約を締結させられるという意味まで含むのかという点において、相違がある。伊藤隆史ほか「CPRC ディスカッション・ペーパー　異業種間の標準必須特許ライセンスに関する独占禁止法上の考察」（公正取引委員会競争政策研究センター、2019 年）(CPDP-72-J July 2019) 3-5 頁。この2つの考え方の対立は、FRAND 条件として、あるいは競争法違反とならないために、「サプライチェーンのどの段階の標準実施者に対しても、ライセンスをしなくてはならない」（license to all）のか、「最終製品の製造者のみに対してライセンスすることも可」（access to all）であるのかとの点をめぐるものであるが、いずれも特許消尽を前提とした議論である。ライセンスすれば消尽という図式が前提（ライセンシー保護重視）となっている。ここで、権利不主張あるいは standstill のような特許消尽のトリガーとなるか否かが必ずしも明確でないものを想定すると、議論が変わってくる。

水平分業のビジネスが展開されており、複雑な商流を経てエンドユーザーに商品が提供される現代において、車載製品の分野でも tier 1、tier 2 といった種々のレイヤーが存在しそれぞれが特許権を保有している。したがって、部品メーカーの特許権者が競合相手に対する権利行使をやめ、権利不主張ということで和解に至ったとしても、その顧客である最終製品メーカーから別の特許で争いを仕掛けられるリスクはある。知財係争は必ずしもビジネス上の競争や共存と一致しない。ライセンス契約による通常実施権の許諾であれば、特許消尽のトリガーとなり、ライセンス製品が顧客に販売されれば、当該特許は特許消尽の法理により当該顧客に権利行使することができない。これを避けるために、権利不主張が用いられることがあった。

　この権利不主張には様々なバリエーションが考えられる。例えば、①ある権利をある人には行使しないと規定する場合、②ある権利をある対象製品には行使しないと規定する場合、③ある権利をある時期には行使しないと規定する場合である[97]。①の場合、ある人には行使しないといったときに、その製品を購入した顧客には権利行使できるのかという問題は、すなわち、特許消尽が適用されるのかどうかの問題である。

　②の場合、ある対象製品には権利行使しないといったときに、その対象製品を組み込んだ製品については権利行使できるのか。部品に対する権利不行使は、最終製品に対する権利不行使になるのか。この点は、そもそもカーセンサーの特許をもつ者が、そのカーセンサーを組み込んだ車両そのものの販売を差止できるのか、という問題と裏返しの問題でもある。

　③の場合、ある時期には権利行使しないといったときに、その時期を過ぎた後に遡って権利行使できるのか。この「ある時期限定の権利不主張」のことを「権利不主張」とは呼ばずに、後述のとおり、standstill と呼ぶことがある。これが合意による時効の中断を意味し、一定期間、特許権の行使をしない旨の約定を指し、一定期間経過すると、その時点から過去の実施分にも遡って請求をすることを約するものである。これも時期的な権利の不行使という点で、広義には権利不主張の一種であるといえる。しかしながら、これ

---

97) 拙稿・＜注2＞919頁、本書第1章参照。

はその時期についての責任を追及しないわけではなく、時期的に責任追及をずらすというものに留まるので権利不主張とは言えない、という論理も成り立つ。この点については、standstill として後述する。

　中山は、「通常実施権の許諾と特許権の不行使契約とは、従来の判例・通説では異なった解釈をする必要性は乏しかったが、今後は異なった意味合いを持つ可能性もあり、注意を要する」とし、既存の説を見直すべき可能性を指摘している[98]。これはどのような意味だろうか。従来の判例・通説では、通常実施権と権利不主張について異なった解釈をする必要性が乏しかったものが、当然対抗制度導入を契機に既存の考え方では対応できなくなってきた、という意味であろうか。ここで、中山がどのような理由で「今後は異なった意味合いを持つ可能性」があると言っているのかは必ずしも明確ではない。

　一方、竹田は、通常実施権は、特許権者に対して、差止請求権と損害賠償請求権を行使させないという不作為請求権であるとする見解が有力であるとしつつも、通常実施権と権利不主張とは異なるという説に立っているようである[99]。産業界で結ばれることがある権利不行使約定や、特許侵害訴訟における和解の一環として、無効審判請求の取下条項などとともに行われる権利不行使条項に触れ、通常実施権を不作為請求権と解せば、このような権利不主張も特許権の範囲や期間、対象製品などについて制限のない無償の通常実施権が成立したと評価することになろうが、権利不主張をそのような強力なライセンス付与と同視できるかについて疑問を呈している。もっとも、権利不主張は、必ずしも広範な権利不主張しかないわけではなく、契約によって、細かな限定を加えることもできるのだから、広範だからといって権利不主張

---

98) 中山・前掲＜注5＞579頁注(36)。なお、中山の注(36)は第3版（2016年）に挿入された（中山信弘『特許法〔第3版〕』（弘文堂、2016年）522頁注(34)。それ以前の第2版の同様の個所には「特許権の不行使契約」の記載はない（中山信弘『特許法〔第2版〕』（弘文堂、2012年）476頁）。「黙示の通常実施権」の記載があるのみである。中山の立場である通説的な排他権説に立てば、通常実施権も権利不主張も禁止権行使に対する不作為請求権であるということになり、そうであれば、「今後は異なった意味合いを持つ可能性」があるという趣旨の記載を追加する必要はなく、その方が同氏の主張に論理的な整合があるように思われる。ところが、2016年に挿入された注の記載ぶりから推測するに、同氏が、権利不主張に通常実施権とは「異なった意味合い」がある可能性を認識されていると考えられる。
99) 竹田稔「特許ライセンス契約と当然対抗」高林龍ほか編集代表『現代知的財産法講座4（知的財産法学の歴史的鳥瞰）』（日本評論社、2012年）26頁。

がライセンスとは違う、という議論は必ずしも成り立たない。

　横山は、「従来、我が国では、通常実施権者の登録がなされることは稀で、ほとんどの通常実施権が対抗力を有しないものであったために、特許権不行使の合意は広く通常実施権の合意として扱われてきたが、改正特許法の下では、通常実施権一般に対抗力が付与されることとなるため、これまでのように緩やかに通常実施権の成立を認めてよいかについては検討の余地があろう。」と指摘する[100]。

　確かに、米国における特許権行使主体（Patent Assertion Entity、以下、「PAE」という）[101]などとの訴訟において、訴訟の対象となっている特許の他に、現在または将来に原告が持っているまたは持つであろう特許については権利主張しない、といった和解契約が行われる場合がある。これは、たとえ訴訟の対象となっている1、2件の特許権について和解しても、和解した次の日にまた同じ原告から別の特許権で提訴されてしまえば、また訴訟に舞い戻ってしまうので一括解決を図りたいという被告側の意思を反映させつつ、完全なライセンスとなると金銭的価値の評価が難しくなるので、その両者の要望のバランスを取るために権利不主張という形態が実務上取られることがあった。

　この権利不主張と、通常のライセンスについての異同については、本書第一章[102]にて、米国の *TransCore* 判決[103]を中心に米独の判例を分析し、特許権を積極的な専用権とみるか、単なる禁止権として消極的権利とみるか、とい

---

100) 横山久芳「ドイツにおける当然対抗制度」日本工業所有権法学会年報第35号（2011年）138頁。
101) 数年前までは、米国などでは特許発明の実施の事業をもたず特許権を保有している主体をNon-Practicing Entity（"NPE"）と呼ぶことが一般化していた。しかし、大学や個人発明家などの純粋な特許保有主体と、業として特許権を主張してライセンス料などを取得することを主な事業をしている主体とを区別するため、最近ではPatent Assertion Entity（"PAE"）という言葉が使われるようになってきた。"FTC Report Sheds New Light on How Patent Assertion Entities Operate；Recommends Patent Litigation Reforms" Federal Trade Commission Press Release（Oct 6. 2016）などを参照。官公庁の出版物や和文の論文などにも登場するいわゆる「パテントトロール」という呼称は、必ずしも定義が明らかでないばかりか、侮蔑的な意味合いを含むため本章では用いない。特許権の本質を禁止権と捉えるならば、単に訴訟することをもって不当な行為とは言えない。訴訟を盾に高額なロイヤリティを請求することの是非が論じられることがあるが、差止請求権の行使は特許法が認めている正当な行為であるし、何をもって高額というか、何をもって不当と呼ぶかについては慎重な評価が必要である。
102) 拙稿・前掲＜注2＞917頁以下。
103) Supra note＜21＞。

う特許権の本質をどう捉えるかという点で、実施権と権利不主張の違いが浮き彫りになるのではないかということを検討した。

　ここでは、紙幅の都合もあり単純な繰り返しは避けるが、かいつまんで説明すると、*TransCore* 判決以前の従来の米国特許ライセンス実務では、通常の非独占的ライセンス（non-exclusive license）と権利不主張とは異なるものだと解し、非独占的ライセンスの場合は特許消尽（patent exhaustion）や特許権移転の場合の第三者への対抗力があるのに対し、権利不主張の場合は当事者間の対人的な（personal）契約上の約束であると解し、必ずしも特許消尽しない、あるいは、必ずしも特許権移転の場合の第三者への対抗力がないとする実務者が多かった（以下、「対人的権利説」という）[104]。

　これに対し、2008年に出された *Quanta* 最高裁判決で、特許消尽論が特許権者によって許可された販売（authorized sales）によって生じると判断されたこと[105]により米国における特許消尽論適用の要件がある程度明確になったことを契機に、2009年に出された TransCore 判決は、権利不主張と特許消尽論との関係について検討し、従来の対人的権利説を否定した。さらに、2021年の判決として、*Fuel Automation Station* 事件[106]でも、下流の顧客を明記しない権利不主張を約した特許権者は、もはや下流の顧客に対する権利主張ができない旨を判断しており、*TransCore* 事件以前の対人的権利説を否定している。

　一方、従来のドイツでの議論は専用権説に立つといえる。前提となる単純ライセンス契約（einfache Lizenzvertag）の法的性質としては、不作為請求権説と、積極的利用権説が対立する。不作為請求権説では、「特許実施契約の実施許諾者は、当該特許に基づく差止請求権を実施権者に対し行使しないという不作為請求権を負うに止まり、それ以外に何ら積極的義務（従って瑕疵担保責任）をも負担しないものと解する（瑕疵担保責任否定）[107]。」他方、積極的利用権説では、「実施許諾者は単に差止請求権の不行使義務のみならず、当該特

---

[104] 拙稿・前掲＜注2＞919頁。
[105] "The authorized sale of an article that substantially embodies a patent exhausts the patent holder's rights and prevents the patent holder from invoking patent law to control post sale use of the article." Quanta Computer, Inc. v. LG Elecs., Inc., 553 U.S. 617, 638, 128 S. Ct. 2109, 2122, 170 L. Ed. 2d 996（2008）.

許発明の利用をも実施権者に積極的に享受させなければならない義務を負い、その一つとして実施権者の瑕疵担保責任も同様に肯定せられるべき」という積極説（担保責任肯定）が台頭し、ドイツにおける通説的な地位を占めていた[108]。この積極的利用権説に対しては、我が国における不作為請求権説から通常実施権は特許権者からの権利行使を受けないという不作為の受忍義務があるに過ぎないので、積極的利用権など観念できないとの批判がある[109]。

106) Fuel Automation Station, LLC v. Frac Shack Inc., No. 20-CV-01492-STV, 2021 WL 6118728 (D. Colo. Nov. 10, 2021). 本件は、2016年にFrac Shack社がFuel Automation Station社（以下、「FAS社」という）を特許権侵害で提訴したことに始まり、その後、2019年に両社の間で和解が成立し、権利不主張が和解契約の中に盛り込まれたことに端を発する。本和解契約は守秘情報のため判決では公開されていない。しかしながら、当事者の主張によると、本和解契約は下流の顧客が明記されていないものであった。一方、この和解契約締結後にもかかわらず、Frac Shack社の代理人は、2021年、FAS社の下流の顧客に対し、警告レターを送付し、Frac Shack社の特許権侵害のおそれがあると通知した。これらの顧客は、FAS社に対し、本件についての懸念を示し、FAS社がFrac Shack社を相手取り、同和解契約の権利不主張は顧客に対する権利不主張を含むことの確認訴訟を求めたものであり、その他予備的な主張として契約違反の確認を求めた事案である。本件では、和解契約の権利不主張条項の中に下流の顧客に対する言及がなかった。この場合に、本和解契約が下流の顧客に対する権利不主張を含むものと解釈されるのかについて、当事者の議論は契約法上の曖昧さ（ambiguity）の問題として議論されている。米国契約法上、契約解釈の主目的は当事者の意思の探求であり、契約文言が明確で、いかなる曖昧さもなければ、裁判所としてはその契約文言のみに基づいて当事者の意思を決定しなければならなず、契約文言が曖昧、すなわち、ある契約文言が二つ以上の合理的な解釈ができる場合にのみ契約書以外の外的証拠（extrinsic evidence）を参考することができるとされる。
ただし、下流の顧客に対する権利不主張が本件和解契約に含まれないと解釈される場合であっても、Frac Shack社のFAS社に対する権利不主張がライセンスと評価される場合には、消尽によってFAS社の顧客に対する権利行使ができなくなる。したがって、FAS社の権利不主張についての解釈はTansCore事件のそれと同様、すなわち、権利不主張はライセンスと同様であって、特許消尽の対象となる、というものであった。一方、Frac Shack社の解釈は、権利不主張の場合は当事者間の対人的な（personal）契約上の約束であって、特許消尽の対象とはならず、Franc Shack社はFAS社の顧客に対して、権利行使ができるはずである、というものであった。コロラド州連邦地裁は、本件権利不主張は当事者間の対人的な契約上の義務であって、FAS社の顧客に対して権利行使ができるというFranc Shack社の解釈を何の根拠もないと退けた。同時に、本件権利不主張が、TansCore事件のそれと同様、すなわち、権利不主張はライセンスと同様であって、FAS社の顧客に対する販売等を許可するものであるというFAS社の主張に同意した。本件は、TransCore事件の事案をトレースするような事件であるが、改めてTransCore事件以前の対人的権利説を完全否定している点で特筆に値する。
107) 野口良光「79発明の瑕疵に対する実施許諾者の担保責任」別ジュリNo. 23「ドイツ判例百選」(1969年) 218頁。E. Kappel "Der Lizenzvertrag—eine patentrechtliche Untersuchung" 1896 Reichtrechtliche 1886.12.17 RGZ Bd. 17, A. 53.
108) ドイツにおいて、ライセンサーの瑕疵担保責任を肯定した例として、ドイツ連邦通常裁判所1954年11月26日判決（GRUR 1955, S. 338）。野口・前掲＜注107＞218頁。Josef Kohler "Handbuch des deutschen Patentrechts" S. 509.
109) 田村・前掲＜注16＞400頁注 (10) など。

しかしながら、ドイツにおける積極的な実施権（positives Benutzungsrecht）は、「排他的であると否とを問わず、積極的な実施権を含んでいるとされる。特許権者は、ライセンシーの実施権を確保するために、特許権を保持し、保全する義務（特許料の納付、異議・無効審判等への対応義務）を負う。また、特許権者はライセンシーに無断で特許権を放棄することができない」とされる[110]。また、積極的実施権ではドイツ特許法15条3項の当然対抗が適用され、特許権の移転等に対する承継的保護が与えられる[111]。

さらに、古い説ではあるが、不作為請求権説と、積極的利用権説以外の説として準物権説がある。この準物権説として、コーラーは、ライセンス権は、quasi-dingliches Recht（準物権）であるとし[112]、単純ライセンスは禁止権を伴わない物権類似の権利である準物権的利用権であると定義している[113]。

このような通常実施権に対する理解を前提に、従来のドイツの通説は、権利不主張を、「不起訴の合意」（*Pactum de non petendo*）と解している。すなわち、権利不主張は、積極的実施権ではなく、消極的な禁止権の不行使であって、単純ライセンスとは異なるため、厳密には特許法上のライセンスには当たらないとされる[114]。したがって、特許権者は、消極的実施権を確保する必要がないため、消極的実施権者に対しては、特許権を保持し、保全する義務（特許料の納付、異議・無効審判等への対応義務）を負わない。ドイツ特許法15条3項による当然対抗の対象ともならないとされる[115]。なお、ドイツ特許法15条3項は任意規定と解されている[116]。

---

110) 横山・前掲＜注100＞139頁。Gottzmann, Sukzessionsschutz im Gewerblichen Rechtsschutz und Urheberrecht, GEW Band 17, Carl Heymanns Verlag, 2008, S. 35. Rn127.
111) 立法の経緯を含めた詳細な解説は、横山・前掲＜注100＞145頁以下参照。
112) 詳細は、志賀典之「著作権ライセンス保護の法的基礎に関する一考察―ドイツ法のサブライセンスに関する判例を手がかりに―」著作権研究45号（2018年）108頁。
113) Kohler, Das Autorecht, 1880, S. 295 ff.[297]；vgl. Palow, Das einfache Nutzungsrecht als schuldrechtliche Lizenz, ZUM 2005, S. 865 [868].
114) 横山・前掲＜注100＞142頁。
115) Peter Mes 連邦裁判所判事の見解が通説。Peter Mes, Patentgesetz, 3. Aufl., 280, 2011, §15, marg. Note 43. Georg Benkard/Ullmann, Patentgesetz, 10. Aufl., 584, 2006, §15, marg. Note 111. 地裁判決として、LG Mannheim Urteil vom 23.4.2010, 7 O 145/09 および LG Mannheim, judgment of 27.2.2009, 7 O 94/08. 拙稿・前掲＜注2＞925頁。後者の事件については、平成22年度特許庁産業財産権制度問題調査研究報告書「権利行使態様の多様化を踏まえた特許権の効力の在り方に関する調査研究報告書」（財団法人知的財産研究所、2011年）66頁以下に詳しい。
116) 横山・前掲＜注100＞149頁。Benkard/Ullmann (o. Fn. 84), §15, Rn. 110.

一方、ドイツでも近年に至って、covenant to sue last（権利不主張ではないが、訴訟をするならば最後に訴訟するという約束）を約していたとしても、「消尽の迂回」はできないとする連邦最高裁判決[117]が出た。この判決では、必ずしもその理由を明確に記載しているとは言えないが、covenant to sue last 及び covenant not to sue（不提訴の約束）によっては、ともに「消尽の迂回」はできないとする[118]。ただし、本判決では、特許権者が特許に基づくいかなる権利も主張しないが、そのような権利を主張する権利を明示的に留保すると宣言する契約は、個別の場合において、特許権者が特許権を放棄しないことを意味すると解釈される可能性がある[119]、とする。このような契約がどのような契約を意味するのか具体例は提示されていないが、後述する standstill のような権利行使の一定期間の留保も含まれるのではないかと考える。

我が国での議論は、判決などはなく、まだ発展途上といえる。前提となる通常実施権の法的性質は、上述のとおり、不作為請求権説（通説）である。その上で、日本における権利不主張の法的性質を検討すると、米国型の「同一説」、従来のドイツ型の「相違説」、両者の「折衷説」の3つが考えられる。

「同一説」では、「通常実施権はそもそも、特許権者に権利行使をさせないという不作為義務を課すことが本質であり、権利不行使契約とその点で本質的に異なるものではないと解される」[120]。このような性質の権利が許諾された場合には、契約上の文言の如何にかかわらず、特許法上の通常実施権が許

---

117) IP Bridge v. HTC, Bundesgerichitshof, Docket no. X ZR 123/20, 24. Januar 2023.
118)「控訴裁判所が行った検討は、最後に訴えるという約束に基づいて市場に出された製品に関して消尽をもたらさないという結論を裏付けるものではない。」"Die vom Berufungsgericht angestellten Erwägungen tragen nicht die Schlussfolgerung, dass ein covenant to be sued last nicht zur Erschöpfung im Hinblick auf Erzeugnisse führt, die auf der Grundlage einer solchen Vereinba-rung in Verkehr gebracht worden sind." 前掲＜117＞判決 42 段落。「控訴裁判所の見解に反して、不提訴の約束は、通常、これに基づいて市場に投入された製品に関する権利の消尽につながる。」"Entgegen der Auffassung des Berufungsgerichts führt ein covenant not to sue in der Regel zur Erschöpfung der Rechte im Hinblick auf Erzeugnisse, die auf dieser Grundlage in Verkehr gebracht werden." 前掲＜117＞判決 43 段落。
119)「ただし、特許権者が特許に基づくいかなる権利も主張しないが、そのような権利を主張する権利を明示的に留保すると宣言する契約は、個別の場合において、特許権者が特許権を放棄したくないことを意味すると解釈される可能性がある。」"Ein Vertrag, in dem der Patentinhaber erklärt, keine Rechte aus dem Pa-tent geltend zu machen, sich die Geltendmachung solcher Rechte aber ausdrück-lich vorbehält, kann im Einzelfall allerdings dahin auszulegen sein, dass der Pa-tentinhaber seine Rechte gerade nicht aufgeben will." 前掲＜注 117＞判決 53 段落。

諾されたものと評価し、等しく当然対抗制度を適用するというアプローチである。この同一説は、通常実施権の法的性質についての我が国の通説とは親和性があるものの、契約時における当事者の意思とは異なる場合が多く、さらに、特許消尽や当然対抗の結果、権利者が意図していなかった範囲まで実施権者側の保護が厚くなるという結果を生じさせる[121]。田村は、同一説であることを「デフォルト・ルール」としつつも、「99条が制定された結果、今後は、当然対抗に値しない程度の法的な利益に過ぎないということで、一部の不行使契約により設定される地位を『通常実施権』に該当しないとする見解が唱えられるかもしれない」とするが[122]、「特許権者が権利行使不可という状況をもはや撤回不可能となった場合を、「通常実施権」と解すべきであり（ゆえに、単なる放任はこれに該当しない）、それ以上になにがしかの積極的な

---

[120] 中山＝小泉編・前掲＜注17＞1465頁〔城山康文〕。田村善之「標準化と特許権—RAND条項による対策の法的課題—」知財研フォーラム90号（2012年）24頁、（同「標準化と特許権—RAND条項による対策の法的課題—」知的財産法政策学研究 Vol.43（2013年）104頁所収）、飯田圭「当然対抗制度—解釈論上の課題と実務上の留意事項」ジュリスト1436号（2012年）55頁。田村・知財研フォーラム24頁、知的財産法政策学研究104頁は、「第三者への特許権の譲渡というコントロール困難な事情により自己の地位が変動するのを防ぐことにより、予測可能性を保障するという今回の改正の趣旨に鑑みれば、特許権者が権利行使不可という状況をもはや撤回不可能となった場合を、「通常実施権」と解すべきであり（ゆえに単なる放任はこれに該当しない）、それ以上になにがしかの積極的な要素が付与されている必要はないように思われる」とする。なお、飯田圭「当然対抗制度—解釈論上の課題と実務上の留意事項」ジュリスト1436号（2012年）54-55頁は、「特許権等の不行使の合意の対抗力の有無については、同合意は（仮）通常実施権を許諾するものではないので、上記「（仮）通常実施権」に係る当然対抗制度を直接適用し難いものの、（仮）通常実施権は特許権者等に差止請求権等を行使しない不作為請求権を中核とし、その点で同合意と実質的に異ならないこと、特許権の効力との関係において、同合意による特許権不行使の範囲は許諾による（仮）通常実施権の範囲と同じであり、正当な実施権の抗弁としての機能も共通すること等からは、経緯・目的・規定内容等の如何によっては」99条1項の類推適用を肯定する余地ありとする。その意味からは、飯田は実質的に同一説ともいうべき立場にあるといえる。

[121] さらに、権利不主張のみならず、いわゆるFRAND条項についても単に特許権者に誠実交渉義務を課すに止まらず、「特許権者の状況から反射的に生じる第三者の地位も『通常実施権』に該当すると解し、当然対抗の対象となるという解釈も不可能でない」とする見解がある。田村・前掲＜注120＞24頁。同一説といっても、通常実施権と同一なのは権利不主張までであり RAND条項までは含まないという見解もあり得るであろう。RAND宣言と通常実施権との関係について、中山＝小泉編・前掲＜注17＞1462頁〔城山康文〕は、「かかる宣言がなされていた場合であっても、合理的な条件というだけでは条件が一切具体的に特定されていないので、通常は、通常実施権許諾の効果が直接に生じると解することはできないであろう」とする。

[122] 田村・前掲＜注120＞知財研フォーラム24頁、田村・前掲＜注120＞知的財産法政策学研究104頁、飯塚卓也「当然対抗制度」ジュリスト1437号（2012年）79頁。

要素が付与されている必要はないように思われる[123]」としている。この点から、田村は、同一説に立っているといえる[124]。もっとも、田村は、こと 99 条に関しては、「かりに必要があるのであれば当事者間で当然対抗しえないとする第三者のためにする契約が締結されたと理解し、新特許権者はそれを援用しうると理解すれば十分であろう」としている。

「相違説」では、権利不主張は、当事者の意思として特許権を行使されないように請求する「契約上の権利」を確保するが、特許法上の通常実施権ではないとする[125]。当事者の意思や産業界における使い分けの実態及び利益を強調し、同一説に対しては、「法律上保護される通常実施権を与えるのを望まない権利者の意思に反した過度の保護を与えることにならないだろうか」と疑問を呈し、当然対抗制度の導入後も実務的な選択の余地が狭められるべきではないとする[126]。この相違説では、裁判外の権利不主張、裁判上の和解にお

[123) 田村・前掲＜注120＞知的財産法政策学研究 104 頁。
[124) 近時の論文においても、田村は同一説をとる。例えば、田村・前掲＜注3＞日本工業所有権法学会年報第 46 号 148 頁において、「通常実施権は、何らかの積極的な権利を与えるもの（かつての通説）ではなく、単に相手方に対して特許権を行使しないという約束に過ぎないと考えるのが理論的な帰結であるかことに鑑みると、特許権の不行使契約だろうが、通常実施権を許諾していると評価しなければならないのであって、その意味で一般のライセンスと区別することはできない。そして、前述したように、実施権者に対してであれ、実施を許諾したと評価される以上は消尽が妨げられることはないと解される以上は、このような実務的な対応で消尽の効果の発生が阻止されると解することには疑問符を付けざるをえない」とし、明確に同一説をとる。もっとも、田村・前掲＜注3＞日本工業所有権法学会年報第 46 号 156 頁注 28）は、黙示許諾論との関係において、「NAP 条項には、この種の事例（知財高大判平 26 年 5 月 16 日（判時 2224 号 146 頁）〔アップルジャパン対三星電子事件〕）で、間接侵害品を譲渡していても、流通先で権利行使をなす意図があることを示しているという効果を期待できるかもしれない」とし、黙示許諾論との関係で権利不主張が一定の役割を果たす可能性を指摘している。
[125) 竹田・前掲＜注99＞26 頁、松田俊治「平成 23 年特許法改正 当然対抗制度の導入でライセンス契約実務はどう変わるか」Business Law Journal 2011 年 9 月号 No.42（2011 年）69 頁、松田俊治「当然対抗制度の特許権の通常実施権への導入と今後に残された問題について」中山信弘＝斉藤博＝飯村敏明編『知的財産権 法理と提言牧野利秋先生傘寿記念論文集』（青林書院、2013 年）759 頁、飯塚・前掲＜注122＞77 頁、中山＝小泉・前掲＜注17＞1610 頁「第 99 条 通常実施権の対抗力」〔林いづみ〕、辻居幸一「知的財産のライセンス契約—当然対抗制度と登録対抗制度」自由と正義 Vol.66 No.4（2015 年）59 頁。
[126) 竹田・前掲＜注99＞26 頁、飯塚・前掲＜注122＞77 頁、松田・前掲＜注125＞「当然対抗制度の特許権の通常実施権への導入と今後に残された問題について」759 頁。中山＝小泉・前掲＜注17＞1610 頁〔林いづみ〕は相違説をとり、権利不行使条項について当然対抗力を明示的に否定する約定も有効であると解される、という。松田・前掲＜注125＞「平成 23 年特許法改正 当然対抗制度の導入でライセンス契約実務はどう変わるか」69 頁、「当然対抗制度の特許権の通常実施権への導入と今後に残された問題について」759 頁、松田・前掲＜注90＞170 頁は、同一説と相違説の両説の立場を挙げ、相違説の見解が採用され得る可能性がある以上、契約において設定される権利が、「通常実施権」であるか否かを契約書に明記する工夫をすることの重要性を説く。

ける不起訴条項、FRAND宣言など通常実施権とまでいえない消極的な権利を通常実施権と区別し、当然対抗や特許消尽の対象とはしないという帰結になろう。中山が、「通常実施権の許諾と特許権の不行使契約とは、従来の判例・通説では異なった解釈をする必要性は乏しかったが、今後は異なった意味合いを持つ可能性もあり、注意を要する」とし、既存の説が見直される可能性を指摘した[127]のは、この点ではなかろうか。つまり、中山の指摘は、ある一定の類型の場合は、通常実施権と権利不主張とが相違することがあり得るという可能性への示唆ではないかと考える。

「相違説」は、当事者の意思を反映し権利不主張は当然には新権利者には対抗できないものとするが、通常実施権の法的性質を不作為請求権とする我が国での有力説に立つと、権利不主張という「契約上の権利」の中身がはっきりせず、権利不主張とはどのような権利なのかが不明確であるとする。また、特許消尽の場合を考えると、特許権者が実施権者に通常実施権を許諾するか、権利不主張を与えるかによって特許権が消尽するか否かをコントロールすることができることになる。BBS最高裁判決[128]が指摘した「仮に、特許製品について譲渡等を行う都度特許権者の許諾を要するということになれば、市場における商品の自由な流通が阻害され、特許製品の円滑な流通が妨げられ」ることを防ぐという特許消尽論の趣旨は、このようなコントロールを権能特許権者に与えることにより、没却される可能性がある。

「折衷説」は、通常実施権と権利不主張について、両者が同じであるときと、異なるときがあるとする。すなわち、原則として通常実施権と権利不主張は同一のものであると考えるが、例外として当事者がその反対の意思を表示した場合などは、両者は異なるとする立場である[129]。例えば、契約書に、単に通常実施権と同義語として権利不主張であることのみが記載されていた場合には、通常実施権と異なるものとは解されないが、契約書に当事者の合意として、ある特定の場合には権利を主張しないが他の場合には権利行使を留保すると記載していた場合など、通常の通常実施権とは異なる旨を明確に示していた場合は、これを通常実施権とは解さずに、通常実施権とは別の権

---

127) 中山・前掲＜注5＞579頁注（36）。前掲＜注98＞参照。
128) 最高裁平成9年7月1日判決（民集51巻6号2299頁）〔BBS並行輸入事件〕。

利不主張であるとする立場である。

　岩坪は、この権利不主張をどう捉えるかについて「詰まる所、権利不行使条項の締結に至る当事者の合理的意思解釈の問題として処理すべきものであろう」とする[130]。すなわち、裁判上の和解など、たとえば特許侵害訴訟の和解として、その対抗手段としての特許無効審判を取り下げるとともに権利不主張を条件として約する場合などの例を挙げ、この場合の「権利不主張を不起訴合意とみて当事者限りのものと見るのが自然」とする。一方で、権利不主張に一時金などの解決金が支払われるような場合は、「権利不行使条項の性格は、イニシャルのみ・ランニング無しの通常実施権の許諾契約（当然対抗の対象）に限りなく近づく」とする[131]。

　この「折衷説」に対しては、当該契約が通常実施権の許諾を目的とするか否かは契約解釈の問題であるから、権利不主張の法的性質についても究極的には権利不行使条項の締結に至る当事者の合理的意思解釈の問題として処理することは当然であるが、この説によると裁判外の和解については、当事者限りとすることにつき、「口頭弁論終結後の承継人に既判力を拡張する民事訴訟法115条1項3号によって新権利者も和解条項に拘束されると考えれば、当然対抗を認めたのと同じ結論を導き得る」という指摘がある[132]。また、権利不主張が有償の場合と無償の場合で性質が変わるとするのは、現実に、無

---

129) 紋谷崇俊「サプライチェーンにおける特許権行使/ライセンス—近時動向と検討」日本工業所有権法学会年報第46号（2023年）73頁は、「(3)権利不行使」の項で、「無論、実質的にライセンスに近いものは同様に消尽を認めるべきであろうが、他方でFrand宣言やhave-made-rightsのほか差止制限や賠償額取得後の流通（Franking）等を含めライセンス実体を伴わない不行使（権利者の適法な拡布という前提を欠く単なる侵害の放置ないし容認）に広く明示又は黙示のライセンスとして全て一律に消尽を認めるなら、一般のライセンス概念や国際慣行に必ずしも合致しないことから、下記3の特許保護等とのバランスにも鑑み、その限界が検討されるべきと解される」とし、消尽が適用されない余地もあり得るように捉えているようである。なお、紋谷・同論文72頁は、「権利不行使条項等は、…特許実務上は、単なる時効中断や訴訟手続停止（暫定的な停戦協定）などライセンス契約の実態を伴わない他用かつ適法な態様もあり、諸外国でも扱いが異なるため、留意を要する」とし、権利不主張のほか、本章が紹介したstandstillやdefensive termination条項などの「ライセンス亜種」（そのような用語は用いていないが）の存在を認識している。

130) 岩坪哲「当然対抗の実務的観点からの諸問題」中山信弘＝斉藤博＝飯村敏明編『知的財産権 法理と提言牧野利秋先生傘寿記念論文集』（青林書院、2013年）735頁。

131) 岩坪・前掲＜注130＞735頁。

132) 松葉栄治「論説・解説/改正特許法とライセンス契約〜当然対抗制度を中止に〜」Law & Technology第56号（2012年）49頁。

償での通常実施権の許諾も存在しており、現行法の通常実施権が対価を要件としていない以上解釈として無理があろう。

いずれの説を我が国の裁判所が取るかについてはまだ解がない。我が国における学説はいずれの説も一長一短があり、十分な裁判例の蓄積を待たなければはっきりした結論を導くことは困難である[133]。特に日本での権利不主張の法的性格の議論は法改正によって導入された当然対抗に焦点が当たっているように見えるが、当然対抗のみならず特許消尽の観点からも検討されなければならないが、特許消尽を踏まえた権利不主張の日本における議論はいまだ十分とはいえない。

私見としては、折衷説が妥当と考える。原則として権利不主張も、ライセンスと同様に消尽の対象となると解しつつも、権利不主張の中身を契約の文言に従って合理的に解釈し、当該権利不主張が当事者効に留まるという意思が明確であり、当該意思が流通先に公示されているなどの場合は消尽しないと解すべきであると考える。特許消尽の適用の有無を個別具体的に判断すべきと考えることで当事者の意思に基づいた判断ができるからという点と、当該意思が流通先にも開示されていることで取引の安全を害することにもならないからである[134]。なお、「消尽の迂回」については、本章Ⅱ.3で後述する。

例えば、特許法第92条のように裁定実施権を制度の中に有し、特許権の本質を排他権ではなく専用権（特許法第68条）とみる我が国の特許制度においては、特許権者は、積極的な利用権も許諾することができるし、また消極的に禁止権を不行使とすることもできると考えられる。無論、通常実施権につ

---

133) 松山智恵「第99条 通常実施権」中山信弘＝小泉直樹編『新・注解 特許法【別冊】平成23年改正特許法解説』(青林書院、2012年) 83頁は、相違説の可能性を紹介し、「この問題については、今後どのように解釈されるか現時点では必ずしも明らかでないことに留意して、契約書を作成する必要があると思われる」とする。
134) 拙稿・前掲＜注2＞929頁では、通常実施権と権利不主張の異同について、折衷説を取りつつも、「権利不主張の中身を契約の文言に従って合理的に解釈し、積極的な利用権まで含むものなのか、消極的な禁止権の放棄に止まるのかを実質的に判断し、単に特許消尽を免れるために形式的に通常実施権ではなく権利不主張としたようなものは脱法行為として特許消尽を適用するなど、特許消尽の適用の有無を個別具体的に判断すべき」としていたが、本章での検討を経て、「原則として、ライセンス同様に消尽すると解するが、例外的に、合理的な解釈により当事者効にとどめるという当事者の意思が明確であり、当該意思が流通先に公示されている場合は消尽しないと解すべき」との立場に改めた。

212   第8章 「ライセンス亜種」とウェブ3.0時代の知的財産

	論文
同一説	城山康文「第78条（通常実施権）」中山信弘＝小泉直樹編『新・注解特許法 中巻（第66条～第112条の3）〔第2版〕』（青林書院、2017年）1465頁
	田村善之「標準化と特許権―RAND条項による対策の法的課題―」知財研フォーラム90号（2012年）24頁、知的財産法政策学研究 Vol. 43（2013年）104頁、田村善之「モジュール化・デジタル化・IoT化時代における特許権の消尽について～ソフト・ローとハード・ローの交錯～」日本工業所有権学会年報第46号（2023年）149頁
	飯田圭「当然対抗制度―解釈論上の課題と実務上の留意事項」ジュリスト1436号（2012年）55頁
相違説	竹田稔「特許ライセンス契約と当然対抗」高林龍、三村量一、竹中俊子編集代表『現代知的財産法講座4（知的財産法学の歴史的鳥瞰）』（日本評論社、2012年）26頁
	松田俊治「平成23年特許法改正 当然対抗制度の導入でライセンス契約実務はどう変わるか」Business Law Journal 2011年9月号 No. 42（2011年）69頁、松田俊治「当然対抗制度の特許権の通常実施権への導入と今後に残された問題について」中山信弘＝斉藤博＝飯村敏明編『知的財産権 法理と提言牧野利秋先生傘寿記念論文集』（青林書院、2013年）759頁、松田俊治『ライセンス契約法―取引実務と法的理論の橋渡し―』（有斐閣、2020年）170頁。
	飯塚卓也「当然対抗制度」ジュリスト1437号（2012年）79頁
	林いづみ「第99条 通常実施権の対抗力」中山信弘・小泉直樹編『新・注解 特許法（中巻）』〔第2版〕』（青林書院、2017年）1610頁
	辻居幸一「知的財産のライセンス契約―当然対抗制度と登録対抗制度」自由と正義 Vol. 66 No. 4（2015年）59頁。
折衷説	岩坪哲「当然対抗の実務的観点からの諸問題」牧野利秋傘寿『知的財産権 法理と提言牧野利秋先生傘寿記念論文集』（青林書院、2013年）735頁。
	松山智恵「第99条 通常実施権」中山信弘＝小泉直樹編『新・注解 特許法【別冊】平成23年改正特許法解説』（青林書院、2012年）83頁
	紋谷崇俊「サプライチェーンにおける特許権行使/ライセンス―近時動向と検討」日本工業所有権学会年報第46号（2023年）73頁

表3 「我が国における通常実施権と権利不主張の異同の主な説」

いて積極的な利用権の許諾という法律構成をとったとしても、原始的な実施不能の場合の責任の免除、特許権の有効性の非保証、第三者特許権侵害の非保証など各種の担保責任を否認する特約を結ぶことが実務上確立している特許ライセンス契約においては現実にはあまり問題にならない。その上で、当然対抗について権利不主張の中身を契約の文言に従って合理的に解釈し、積

極的な利用権まで含むものなのか、消極的な禁止権の放棄に止まるのかを実質的に判断し、特許権者が積極的に実施許諾したとまでは言えないものは通常実施権とは異なるとするのが妥当ではないか。

しかしながら、このように従来のドイツ型の相違説を採用すると、特許権者が実施権者に通常実施権を許諾するか、権利不主張を与えるかによって特許権が消尽するか否かをコントロールすることができることになるという批判が考えられる。この点、当然対抗と異なり特許消尽論にはそもそも明文の規定がない。したがって、通常実施権にのみ特許消尽が適用されるという根拠はない。それよりはむしろ、原則論として、権利不主張もライセンスと同様に消尽の対象となると解しつつも、権利不主張の中身を契約の文言に従って合理的に解釈し、当該権利不主張が当事者効に留まるという意思が明確であり、当該意思が流通先に公示されているなどの場合は消尽しないと解すべきである。その際、判断基準となり得るのは、基礎となる権利がいかなる権利か、権利者の意思、許諾を受けるものの意思、および取引の実情などであろう。さらに、上述のように、単に特許消尽を免れるために形式的に通常実施権ではなく権利不主張としたような場合は特段の事情として考慮されるべきである。

さらに、取引の安全を害さないように、当該意思表示が流通先にも明確に表示されていることが必要だと考える。これにより、流通先が当然消尽すると思って当該製品を購入した、ということを防ぐことができ、特許ライセンスについては別途権利者から許諾を受けなければ当該製品を実施できないことが明確になり、取引の安全を害さなくて済むからである。

我が国におけるひとつの示唆として、特許権者が販売ではなく、貸与して所有権留保した場合、消尽しないとした事例がある（薬剤分包用ロールペーパー事件[135]）。この判決に従うと、消尽のトリガーとするに所有権の移転が必要ということになり、貸与などではトリガーとはならないことになる。特許権者として、所有権の移転を伴う製品の販売ではなく、ハードウェアの貸与などを行えば、エンドユーザーからも特許ライセンス料を取ることができる

---

[135] 大阪地裁平成26年1月16日判決（判時2235号93頁）〔薬剤分包用ロールペーパー事件〕。

という帰結になる。所有権の移転とするのか、所有権留保とするのかは、当事者の意思で決まる。そうすると、消尽の成否を契約で決することになってしまうことになる。もっとも、本判決では、当事者間の契約のほか、実際に当該製品を返却していたという実態[136]を認定し、所有権留保の成否を検討している。したがって、単に契約の文言のみを評価したのではなく、所有権留保の事実状態があるのかどうかを実体的に評価したといえる。

　また、ソフトウェアなど所有権を伴う販売ではなく、ライセンス許諾が実質的な販売行為となっているような場合をどのように取り扱うかという問題も興味深い。すなわち、ソフトウェアをめぐる取引では、ユーザー感覚からすると実際には販売であると認識されるような行為であっても、法的にはソフトウェアに関する著作権の利用許諾（ライセンス）と構成される。著作権の消尽は、著作権者・利用権者による「販売」によって生じるとすると、単に著作権のライセンスを受けただけでは消尽は生じないと考えられる。一方、ソフトウェアについては、特許権でカバーされる場合も考えられる。ユーザーの視点でいえば、ソフトウェアを購入したのであるから、そのソフトウェアに関連する特許権も当該ソフトウェアの購入により消尽するのでは、と理解するおそれもあるが、法的には、ソフトウェアの著作物の販売は行われておらず、著作権と特許権について一度にライセンスを得ておかないと、ソフトウェアの著作権のライセンスのみではソフトウェア特許権は消尽しないといった実務感覚とは異なった法律構成になってしまうことが考えられる。権利不主張の問題を考える前提で、どのような場合は消尽するのか、どのような場合は消尽しないのか、という点がはっきりさせる必要があるように思われる。

---

136) 本判決の認定事実によると、原告は、原告装置を販売するに際し、顧客に対し、①原告製品の芯管は分包紙を使い切るまでの間無償で貸与するものであること、②使用後は芯管を回収すること、③第三者に対する芯管の譲渡、貸与等は禁止することを説明しており、顧客も、このことについて承諾の意思表示をしている。また、原告は、原告製品の芯管の円周側面、外装の上端面及び側面、原告製品を梱包する梱包箱の表面にも、上記①から③までと同じ内容の記載をしていた。また、原告装置の製品紹介をする原告のウェブサイト及びカタログにも同旨の記載をしていた。原告は、原告製品の芯管が顧客から返却された場合にポイントを付与し、ポイントが一定数に達すれば景品と交換するサービスを実施しているところ、当該サービスの広告にも同旨の記載をしていた。原告による原告製品の芯管の回収率は、平成22年には97.4％であり、平成23年には97.7％であり、平成24年（1月～8月）には97.3％であった。

商標の世界では、不使用取消審判の文脈において、商標の禁止権の不主張は、通常使用権ではないとする判例がある。すなわち、商標登録の不使用取消審判に関しては、「商標法50条1項は、実際に使用される商標の保護を通じて商標に化体されている商標権者の業務上の信用を保護するという商標制度の目的にそぐわない商標を整理するという点にあるから、商標権者から禁止権行使の猶予を受けたに過ぎないものは同項所定の『通常使用権者』に当たらないと解すべき」とされている[137]。このように商標の世界では、通常使用権と権利不主張との間に明確な区別がなされ、相違説が取られている。

このように、商標権の世界では、不使用取消審判の文脈において、専用権と禁止権の範囲がずれる領域があり、禁止権の範囲では、通常使用権を設定することはできないから[138]、権利不主張により問題解決を図るほかないという場合が出てくる。商標権者としては、専用権の範囲のみが標章の管理の対象（たとえば、使用権者の利用するロゴの色やフォントなどの管理）であり、類似の標章にまで投資をしてこれを管理するということはないではないであろう。たとえば、「Panasonic」という商標権を有する商標権者が品質管理するのは Panasonic という専用権の範囲であり、「Panazonic」という類似の商標があるとして（これが類似であるということを前提と仮定する）、その類似の範囲にまで管理することはないだろう。本判決では、不使用取消審判が問題になっており、商標権者が第三者に当該商標を使用させているというには、自ら管理を行っていないような類似の範囲、すなわち、権利不主張しか与えていない範囲では足りない、という商標制度の根本的な考え方から導かれる部分であろう[139]。したがって、商標権における通常使用権と権利不主張との間に明確な区別をそのまま特許権に当てはめることはできない。

---

137) 中山＝小泉編・前掲＜注17＞1465頁〔城山康文〕。東京地裁平成26年10月30日判決（平成26年(ワ)768号、裁判所HP参照）、知財高裁平成27年8月27日判決（平成26年(ネ)10129号、裁判所HP参照）〔PITAVA事件〕。そのほか、商標権に係る権利不主張について、商標の使用許諾とはいい難いとし、権利不主張を受けたという事実だけでは商標の使用とは言えないとした不使用取消審判として取消2003-31209事件（平成18年9月27日）がある。
138) 愛知靖之ほか『知的財産法〔第2版〕』（有斐閣、2023年）399頁は、商標は商標権者の使用による信用の蓄積がなされてはじめて意義をもつものであり、たとえ他人の商標と抵触した場合であっても、専用権の範囲では商標権者の使用の継続を認めることにより、その信用形成・蓄積を促しているとする。

もっとも、特許法の世界でも、専用権の範囲と禁止権の範囲がずれる領域があり得る。すなわち、間接侵害の範囲を考えるならば、専用権と禁止権の範囲が重なる文言侵害や均等侵害の範囲を越えた禁止権の範囲しかない領域というものを観念できる。この間接侵害の範囲では、特許権者といえども通常実施権を許諾することはできず、権利不主張を与えるか、黙示的に間接侵害品を譲渡等することに承諾することができるのみであろう。アップル対サムスン事件[140]は、このような間接侵害品の販売等によっても特許消尽が生じるとした。とすると、禁止権の不行使としての権利不主張あるいは黙示的な承諾の範囲でも、特許消尽は起きることとなり、通常実施権と権利不主張（あるいは黙示の承諾）との間に明確な区別がなくなる。そのように考えるならば、専用権と禁止権の対立構造が通常実施権と権利不主張を区別しているという前提が崩れてくるところでもある。これは、商標の不使用取消審判の場合とは異なる帰結となる。

　いずれにしても、通常実施権と権利不主張は異なるものなのか、あるいは同一のものなのかという課題について、いずれかであるという決定をするには決め手を欠くと言わざるを得ない[141]。ここまで検討してきた通常実施権と権利不主張の異同をめぐる米国、従来のドイツ、日本の学説・判例の状況を一覧にすると以下のようになる。

---

139) 愛知ほか・前掲＜注138＞394頁は、不使用取消審判の文脈ではあるが、次のような例を用いて、出所の混同の防止という商標独自の趣旨を説く。すなわち、商標権者自身が登録商標Aではなくその類似商標Bを使用すると、登録商標Aそれ自体とは類似しないが、商標権者が使用している類似商標Bと類似する商標Cを他者が使用した場合、互いに類似する商標Bと商標Cを別主体が使用することによる出所混同を防止することができなくなる点を指摘している。その理由は、商標Cが登録商標Aと非類似であるため、Aにかかる商標権侵害を構成しないからである。このように、商標権者等による類似商標の使用を抑制し、登録商標の使用を促すためにこのような条件が認められたと推察する。

140) 知財高裁大合議平成26年5月16日判決（判タ1402号166頁、判例時報2224号146頁）〔アップル対サムスン事件〕。

141) 中山＝小泉編・前掲＜注133＞83頁〔松山智恵〕は、相違説の可能性を紹介し、「この問題については、今後どのように解釈されるか現時点では必ずしも明らかでないことに留意して、契約書を作成する必要があると思われる」とする。

II．知的財産権の排他権的構成の「契約による相対化」

	米国	従来のドイツ	日本
特許権の本質	排他権説	専用権説と排他権説に分かれる。	通説：排他権説[142] 従来の説：専用権説[143]
通常実施権の本質	排他権の不行使(不作為請求権説)	積極的利用権説が判例・通説。さらに、積極的ライセンスと消極的ライセンスに分類する考え方がある。	通説：不作為請求権 少数説：積極的利用権説
権利不主張の本質	排他権の不行使なので、通常実施権と同様(同一説)	通常実施権と相違（相違説）。	学説は、同一説、相違説、折衷説などに分かれる。 自説（折衷説）では、原則として、ライセンス同様に消尽すると解するが、例外的に、合理的な解釈により当事者効にとどめるという当事者の意思が明確であり、当該意思が流通先に公示されている場合は消尽しないと解すべき[144]。
権利不主張の当然対抗	当然対抗	当然には対抗できない	原則として、当然に対抗できると解するが、例外的に、当然対抗は任意規定のため、契約で当然対抗しない旨を特約した場合は、当然対抗の対象外[145]。

表4 「各国における通常実施権と権利不主張の異同」

　先述のとおり、私見としては、折衷説が妥当と考える。原則として、ライセンス同様に消尽の対象となると解しつつも、権利不主張の中身を契約の文言に従って合理的に解釈し、当該権利不主張が当事者効に留まるという意思が明確であり、当該意思が流通先に公示されているなどの場合は消尽しないと解すべきであると考える。特許消尽の適用の有無を個別具体的に判断すべきと考えることで当事者の意思に基づいた判断ができるからという点と、当

---

142) 中山＝小泉編・前掲＜注17＞1139-1140頁〔鈴木將文〕。
143) 拙稿・前掲＜注2＞929頁では、「専用権説が有力」と記載したが、現在の主流は「排他権」となっているため（中山・前掲＜注5＞346頁、竹田・前掲＜注99＞364-367頁、田村・前掲＜注16＞『知的財産法』241-242頁、田村・前掲＜注16＞知的財産法政策学研究400頁など）、この点を改めた。
144) 前掲＜注134＞に記載のとおり自説を改め、本表のとおり記載を改めた。
145) 拙稿・前掲＜注2＞929頁では、権利不主張の当然対抗について「不明」と記載していたが、本書での検討を経て当然対抗の任意規定性を考慮し、本表のとおり記載を改めた。

該意思が流通先にも開示されていることで取引の安全を害することにもならないからである。しかし、いずれにしてもそのような法的不安定さを有する権利不主張を、従来のようにそのままの形で契約に盛り込むよりも、新たな枠組みとして standstill などの他のライセンス亜種を用いるべきではないかという流れが実務上表れてきているのは不思議なことではない。

(2) standstill 条項をめぐって

そこで、次に触れるのは、英米法における standstill と呼ばれる手法である。standstill とは、広義には、他者に対してある権利をある時期には行使しないことを約することをいい、過去の損害賠償請求権についての時効の進行を停止させる旨の約束を伴うことが多い。

先述したとおり、権利不主張の態様として、当事者間で、①ある権利をある人には行使しないと規定する場合、②ある権利をある対象製品には行使しないと規定する場合[146]、③ある権利をある時期には行使しないと規定する場合があると述べた。上述のとおり、TransCore 判決以降、①②の態様は通常のライセンスと変わらず、特許消尽のトリガーとなることが明らかになった。そこで、③の態様、すなわち、時間的に権利主張を制限するという場合には、未だ特許権の不行使としてのライセンスはされていないのだから特許消尽は生じないとする考え方が実務から登場した[147]。この③の態様を文言で

---

[146] 米国では、特定の使用態様のみを対象とするライセンスも許容されるとした判例がある（General Talking Pictures Corp. v. Western Elec. Co., 304 U.S. 175 (1938))。したがって、厳密には、②' として、ある権利をある対象製品のある使用態様には行使しないと規定する場合もあり得る。

[147] 例えば、令和元年度 特許庁産業財産権制度問題調査研究報告書「標準必須特許を巡る国内外の動向について（裁判及び調停・仲裁による紛争解決の実態）の調査研究報告書」（https://www.jpo.go.jp/support/general/sep_portal/document/index/chosahokoku_zentai.pdf、2024 年 3 月 19 日最終閲覧）66 頁によると、「Qualcomm は、2006 年から 2008 年頃にチップセットメーカーへのライセンス契約の締結を拒絶するようになり、代わって①非係争契約（covenant not to sue）：特許権者が実施者を相手に特許権を主張しないとする契約上の合意、②補充的権利行使契約（covenant to exhaust remedies）：特許権者は、まず実施者の製品を使用する第三者を相手に特許侵害を主張して、最終的な救済手段として、実施者に対する特許侵害を主張することができ、実施者は一種の連帯責任を負うことになる、③一時的提訴留保契約（standstill）：特許権者が一定期間のみ特許権を主張しないという契約上の合意（特許権者は、一定期間の経過後はいつでも実施者に特許侵害を主張することが可能）などの制限的な契約のみを締結した。（二又俊文、Sehwan CHOI「韓国におけるクアルコムの独禁法違反事件〜2 つの独禁法事案からみえるもの〜」、LES JAPAN NEWS Vol. 60 No. 4（Dec. 2019）, 3.2 (4) を参考)」としている。

具現化したものが、standstill（時効完成猶予の合意、以下、単に「standstill」という）である。

すなわち、standstill とは、合意による時効の完成猶予を意味し、一定期間、特許権の行使をしない旨の約定を指し、通常のライセンスや上記①あるいは②の権利不主張とは異なり、一定期間経過すると、その時点から過去の実施分にも遡って請求をすることを約するものをいう。

以下に、実務上使われる英文の standstill 条項の具体例を掲載する。

Sample Standstill Provision

Section X. 1 Standstill During the term of this Agreement, the Parties, on behalf of themselves and their Affiliates, hereby agree that the Company and its Affiliates shall not sue or threaten to sue [   ], or any of its Affiliates, for infringement of any Company Patents by [   ]'s products made, have made, used, sold, offered to sell, and/or imported by [   ], or its Affiliates.

Section X. 2 If the Company, or its Affiliates transfers, assigns, or otherwise disposes of any Company Patents to a third party, the transferring Party shall ensure that such transfer of any Company Patent is made subject to this Agreement.

Section X. 3 The Parties shall not assert the statute of limitation, laches, equitable estoppel, willfulness or any other equitable claim, counterclaim and/or defense in any future cause of action but only to the extent such claims, counterclaims, and/or defenses are based on any activity or inactivity pursuant to the terms of this Section X during the term of this Agreement.

これは、*Lexmark* 判決や *TransCore* 判決以降、ライセンスや①あるいは②の権利不主張が、特許消尽のトリガーになることが明確になってしまった後、それでも消尽を回避する方法がないか、という思惑のために主に米国ライセンス契約実務の中から登場した方策である。

上記の例について簡潔に述べると、Section X. 1 では、本契約の期間中、Company およびその関連会社は、相手方に対して、特許権侵害訴訟をしない

ことを約する。この条文のみをみれば、権利不主張と何ら変わらないようにも思われる。

これに続く Section X. 2 では、対象の特許権が第三者に譲渡等された場合であっても、この契約の約定に拘束される。すなわち、本契約の義務が承継されることを明記している。これは、当然対抗制度で権利不主張条項や standstill 条項が保護されるのかが不明であるため、当事者間の約定としても明記しておく趣旨である。

最後の Section X. 3 は、当事者が時効や禁反言、後述する laches（懈怠）などの主張を行わないことを明記するものである。この時効を主張しないという約束が権利不主張とは異なる standstill の特徴をなす部分といえる。

standstill と消尽論の関係について、法的性質に踏み込んだような議論は、これまでの学説や実務ではあまりされてこなかった。standstill 条項は、ライセンスや権利不主張ではなく、単に権利行使の先延ばしに過ぎず、権利の不行使を約したわけでもなく、まだ何も許諾してもいないことを建前とする。そのため、まだ authorized sale は発生しておらず、消尽のトリガーにならないという考えに基づき、米国法を準拠法とする国際特許ライセンス契約実務家の間で徐々に浸透しつつある。

他方、standstill に対するディフェンスに有効なものとして、英米法上は、laches（懈怠）の適用があり得る。すなわち、standstill 合意の下、特許権者が、侵害を知ったとき（あるいは、侵害を知り得たとき）から不合理な期間侵害者に対する権利行使を怠り、それにより侵害者を害した場合、laches の法理により救済が妨げられるリスクがあるといえる。SCA Hygiene Products 判決[148]により、特許侵害については laches の法理の適用はなくなったとされるが、契約法上の衡平法的救済としての laches の法理はまだ残っていると考えられ、standstill 条項との関係で再び laches の法理が取り上げられる可能性はある。このリスクを防ぐには、契約段階において、両当事者でコモンロー上の時効の中断を約することに加え、laches の不行使を約する必要があろう。

日本法の文脈では、そもそも、standstill に対するニーズはあるのかがまず

---

148) SCA Hygiene Prod. Aktiebolag v. First Quality Baby Prod., LLC, 137 S. Ct. 954, 197 L. Ed. 2d 292（2017）.

問題となろう。実務における位置づけとしては、ワールドワイドな包括ライセンスなどで、米国特許や日本特許など特許権者が有する全世界における特許権を対象としたライセンス契約の中で standstill が登場する場合がある。この場合、英文の契約書が用いられ、契約の準拠法は英米法となる可能性が高いが、それでも日本の特許権を含む standstill が合意されることも想定できる。

次に、日本企業同士の包括クロスライセンス契約などで、英米法に準じた standstill と同じような合意が実務上なされることが想定される。日本では、権利不主張が特許消尽のトリガーとなってしまうのかどうかが判例上明らかではない。しかしながら、米国などと同じく、権利不主張が特許消尽のトリガーとなってしまうというリスクをおそれ、実務上、権利不主張ではなく standstill 同様の規定が求められるということを想定することができる。

従来の日本の民法では、standstill 条項のような合意による時効の中断あるいは更新が認められていなかった[149]。先に挙げた standstill 条項を例とすると、期間を限定した不起訴合意と、時効利益の放棄（あるいは時効期間延長の合意）の組合せとみることもできよう。不起訴合意はともかく、日本法上、この時効利益の放棄の効力が必ずしも認められるとは限らない。

一方、2020年4月1日施行の民法の一部を改正する法律（平成29年法律第44号。以下、改正後の民法を「改正民法」という）により、期間に上限はあるものの、協議を行う旨の合意による時効の完成猶予が新設された（改正民法151条）。本条は、当事者間で協議を行う旨の合意がなされた場合に、時効の完成が猶予される制度を新設し、それに必要な規定を定めたものである[150]。この改正民法151条の趣旨は、①協議を行う旨の合意における権利者の義務者に対する権利行使の意思と、②自主的な紛争解決の促進の要請である[151]。

---

149) 香川崇「協議を行う旨の合意による時効の完成猶予」栗林佳代追悼　佐賀大学経済論集　52巻4号（2020年）1頁は、旧法について、「時効期間を延長する合意、時効の起算点を遅らせる合意、中断や停止条件を追加する合意などはいずれも無効」としている。
150) 野村豊弘「[法改正の動き] 民法改正と知的財産法制」高林龍ほか編『年報知的財産法2017-2018』（日本評論社、2017年）7頁。
151) 香川・前掲＜注149＞15頁。大村敦志＝道垣内弘人『民法（債権法）改正のポイント』（有斐閣、2017年）76頁［石川博康］。

【改正民法】
(協議を行う旨の合意による時効の完成猶予)
第 151 条　権利についての協議を行う旨の合意が書面でされたときは、次に掲げる時のいずれか早い時までの間は、時効は、完成しない。
一　その合意があった時から 1 年を経過した時
二　その合意において当事者が協議を行う期間 (1 年に満たないものに限る。) を定めたときは、その期間を経過した時
三　当事者の一方から相手方に対して協議の続行を拒絶する旨の通知が書面でされたときは、その通知の時から 6 箇月を経過した時
2　前項の規定により時効の完成が猶予されている間にされた再度の同項の合意は、同項の規定による時効の完成猶予の効力を有する。ただし、その効力は、時効の完成が猶予されなかったとすれば時効が完成すべき時から通じて 5 年を超えることができない。
3　催告によって時効の完成が猶予されている間にされた第 1 項の合意は、同項の規定による時効の完成猶予の効力を有しない。同項の規定により時効の完成が猶予されている間にされた催告についても、同様とする。
4　第 1 項の合意がその内容を記録した電磁的記録 (電子的方式、磁気的方式その他人の知覚によっては認識することができない方式で作られる記録であって、電子計算機による情報処理の用に供されるものをいう。以下同じ。) によってされたときは、その合意は、書面によってされたものとみなして、前 3 項の規定を適用する。
5　前項の規定は、第 1 項第 3 号の通知について準用する。

　この協議を行う旨の合意による完成猶予は、知的財産権の行使にも適用され得るため、英米法の standstill と似た効果を有するといってよい。したがって、本条と特許消尽との関係や当然対抗との関係を検討することは意義があると考えられる。ただし、民法 151 条 1 項の合意が standstill 条項と似た効果があったとしても、standstill 条項がそのまま民法 151 条 1 項の合意と解されるとは限らないことには留意を要する。個別の協議の状況や合意の内容を吟味して判断されるべきものであるからである。また、この改正民法 151 条は、原則としては 1 年未満の「協議を行う旨の合意」であり、再度の合意が

あれば最大5年まで協議ができるというものであり、相手方との協議を前提とし、その消極的効力として時効の完成を猶予するものである。他方、standstill は、相手方との協議を前提とせず、積極的に時効完成の猶予を認めるものである。したがって、この改正民法151条1項の合意は、英米法にいうところの standstill とは少し異なる。

改正民法上の協議を行う旨の合意は、ライセンスでもなく、権利不主張でもないため不作為請求権の付与もなされておらず、もともとの特許権に何らの制約を付するものでもないので、特許消尽のトリガーにはなり得ず、当然対抗の対象にもならないと解される。

ここで、グローバル企業などが締結する全世界（ただし、実際の効果は特許保有国に限られる）を対象としたワールドワイドな standstill 契約と、改正民法151条の「協議を行う旨の合意」との関係について検討する。先にも述べたように、改正民法での時効猶予期間は最大で5年間である。一方、英米法ベースでの実務上の standstill 契約は10年にも及ぶ場合がある。ライセンス交渉はワールドワイドということで特許取得国の全てを対象とした包括的なライセンス契約が結ばれることがある。そうすると、ワールドワイドに10年間の standstill が締結された場合、日本改正民法の5年の上限を超えた時効猶予契約がなされてしまうことになる。これをいかに解するかが問題となるのである。

具体的な設例を下記のとおり示す。

> 設例
> 2020年4月に特許権者 A 社は、半導体メーカー B 社の米国特許権侵害を知り、B 社の製品と A 社の米国特許の関係を示したクレームチャートを、B 社に提示した。A 社の特許権は、Wi-Fi 技術に関連するものである。
> その後、2020年9月に、A 社と B 社は和解に至り、書面により standstill 契約を締結した。standstill 契約の契約期間は、10年間であり、契約の準拠法はカリフォルニア州法であった。standstill 契約の対象特許は、米国特許以外にも日本特許を含む特許ファミリーすべてを含んでいた。
> A 社はその後、B 社半導体製品の顧客であるスマホメーカー C 社に対しても、同じ米国特許を行使した。

> 　A社は、2027年5月に日本において、B社に対して権利行使をすることができるか。

　このような事例は、電機業界では今後しばしば起こり得ると予測される。

　まず、本件のような場合、どの国の法律によって解決が図られるべきであろうか。国際私法上の準拠法が問題となる。standstill契約の準拠法は、当事者の合意により、カリフォルニア州法となっている。一方で、特許権侵害は侵害製品が製造販売されている国の法律で判断されることになろう。その場合、時効はどの国の法律で決するべきか。

　平成18年6月に「法例」が改正され、「法の適用に関する通則法（平成18年法律第78号、平成19年1月1日施行。以下、「通則法」という。）」が施行された。米国特許権侵害の準拠法が問題となったカードリーダー最高裁判決[152]は、通則法施行前の法例時代の判決ではあるが、特許侵害に基づく損害賠償請求を法例11条の不法行為の問題と法性決定している[153]。通則法施行後の下級審判決[154]も、特許権侵害に基づく損害賠償請求権を法例下と同じく不法行為の問題と法性決定し、通則法17条を適用している。通則法17条に従うと、不法行為によって生ずる債権の成立及び効力は、加害行為の結果が発生した地の法によることになるため、日本国の特許権の侵害が行われた日本法ということになろう[155]。損害賠償請求や不当利得返還請求の時効の問題についても、不法行為によって生ずる債権の成立及び効力として加害行為の結果が発生した地と解釈してよいのではなかろうか[156]。

　そうすると、たとえstandstill契約についてカリフォルニア州法を準拠法としていたとしても、日本法（改正民法）が適用されることとなる。

---

152) 最判平成14年9月26日（民集56巻7号1551頁、判時1802号19頁）。
153) 法改正による様々な変更が加えられた通則法の諸規定の下で、法例時代になされたカードリーダー判決による法性決定や解釈論がそのまま妥当するかについて論じたものとして、申美穂「法の適用に関する通則法における特許権侵害」特許研究57号（2014年）21頁以下参照。
154) 知財高判大合議平成26年5月16日〔アップル対サムスン事件〕・前掲＜注140＞。
155) なお、法例時代は、不法行為も不当利得もその原因事実の発生地の法とされていたが（法例11条）、通則法では、不法行為と不当利得は別の規定となり（通則法14条・17条）、不法行為については加害行為の結果発生地国の法となった。
156) 山田鐐一『国際私法（第3版）』（有斐閣、2004年）363頁（ただし、法例下の文献である）、中西康ほか『国際私法（第3版）』（有斐閣、2022年）253頁など。

上記の前提で、改正民法が適用されるとして、standstill 契約の期間が 10 年であるのに対し、改正民法上は協議を行う旨の合意の期間は原則 1 年であり、再度の合意による完成猶予の延長は、本来の時効期間の満了から起算して最長で 5 年とされている（改正民法 151 条 2 項）。この点をどう解するべきかが問題となる。

この規定が上限を 5 年としているのは、「余りに長い期間協議の合意を継続できることを認めると濫用の恐れ（原文ママ）があるから」とされる[157]。この規定が強行規定なのか任意規定なのかは立法経緯をみてもはっきりしないが、濫用のおそれを防ぐ趣旨からすると強行規定であると解されよう。また、再度の合意による完成延長の上限が到来したにもかかわらず、当事者がこれを看過し交渉を継続する場合であって、当該交渉によって、訴えを提起しなくとも債務の履行が期待できるという債権者の誤信を債務者が強めていた場合については、禁反言の原則により債務者が時効の援用を認められないという可能性も指摘されている[158]。

上記設例では、2020 年 4 月に特許権者 A 社は、半導体メーカー B 社の米国特許権侵害を知ったとある。同じ時期に、対応する日本特許の侵害も知ったとするならば、そこから時効が起算されるが、2020 年 9 月に締結された standstill 契約が原則としては改正民法上の「協議を行う旨の合意」であると判断されると、1 年間は時効が完成しない。この設例では、日本において「再度の協議」が行われていないので、完成猶予の期間は 1 年ということになるという判断もあり得よう。「再度の協議」があれば最大 5 年まで協議ができることになる。

改正民法の 5 年の上限を超えないが、侵害を知った日から 3 年を超えた期間、すなわち、侵害を知った日から 3 年から 5 年の間に権利行使をすれば、時効にかかっていないので、侵害訴訟を提起できる（ただし、この場合は、

---

[157] 香川・前掲＜注 149＞18 頁。法制審議会民法（債権関係）部会「第 92 回会議議事録」（平成 26 年 6 月 24 日）24 頁［合田章子発言］（https://www.moj.go.jp/content/001129009.pdf、2024 年 8 月 1 日最終閲覧）は、実務上は 5 年程度あれば、協議の期間として十分ではないかという意見があった点や協議による時効の完成猶予の制度を設けることについては、パブリックコメント等でも濫用のおそれがあるとの指摘があった点を指摘している。

[158] 香川・前掲＜注 149＞18 頁。

standstill 条項における不起訴合意に違反として債務不履行の点は争いになろう）。しかし、いったん特許権者が訴訟提起すれば、裁判上の請求により、改正民法147条に基づき時効の完成猶予または更新がされることになる。

　改正民法の5年の上限を超えた時効猶予期間中に特許権者が相手方に対し訴訟提起等をした場合であって、既に特許侵害を知った日から3年を経過しているときなどは、損害賠償請求権については民法上時効の猶予が認められず、当該損害賠償の請求権については、時効にかかると考えられる。一方、まだ損害賠償請求権に関する時効が完成していない場合には、一旦特許権者が相手方を訴えて、特許権の行使をすれば、特許権に基づく損害賠償請求権の消滅時効は、裁判上の請求により、改正民法147条に基づき完成猶予または更新されると考えられる。ただし、ワールドワイドに10年間のstandstillとして、訴訟提起等をされても時効を援用しないと約していた約定に反するという限度で契約違反という債務不履行は認められるから、相手方はその債務不履行責任を負うと解される。

　なお、不当利得返還請求権については、権利侵害を知ったときから5年、または、権利侵害発生から10年経過している場合は請求できない点に留意すべきである（改正民法166条第1項）。

(3)　Defensive Termination 条項をめぐって

　さらに、権利不主張やstandstillの「亜種」として、最近用いられるようになった契約枠組みとして、defensive termination 条項というものがある。defensive termination 条項について、決まった定義があるわけではないが、ここでは、他者に対してある権利をある時期には行使しないことを約するが、ひとたび相手方から権利行使を受けると、最初に約束した権利行使しないという条項を解約（terminate）することができるという解約権を伴う権利不主張をいう。一時停戦状態から、相手方の先制攻撃を受けると、一時停戦条項を撤廃し、反撃することを許すというものである。その意味から、実務上、防御的解除条項（defensive termination 条項）と呼ばれることが多い。パテントプールなどの実務では、ヤンキング（yanking、「引っこ抜く」の意）条項と呼ばれることもある[159]。

Ⅱ．知的財産権の排他権的構成の「契約による相対化」　227

　この defensive termination 条項は、解除権として規定されており、解約される前は、ライセンスや権利不主張と変わらないものであるが、ひとたび相手方からの権利行使を受けると、もとの戦争状態に戻るといった性質のものである。この解除・取消が遡及効を有するのか否かは、当事者の意思・契約の書きぶりによるであろう。
　また、相手方からの権利行使を受けるという点に、相手方だけでなく、相手方の顧客など下流のサプライチェーンを含むことがある。この場合は、解除権が相手方のみならず、相手方のライセンス製品を購入した顧客などによる権利行使まで拡張される。
　先程の事例 1 を、通常のライセンスではなく、defensive termination 条項を伴うライセンスまたは権利不主張に代えたものについて考察する。

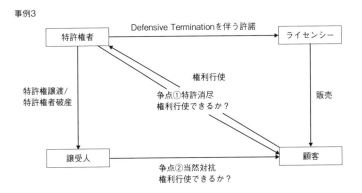

　事例 3 に示すように、特許権者が半導体などの部品メーカーであり、競合相手の部品メーカー（ライセンシー）に defensive termination、すなわち、防御的解除条件つきの許諾等を与えた後に、その競合相手から半導体部品を購

---

159) 平成 25 年度企業弁理士知財委員会「企業内弁理士から見た情報通信および創薬に関するパテントプールの調査報告」パテント 68 巻 3 号（2015 年）89 頁など。小坂拓也＝カー・クリストファー「LTE 特許プールの設立」NTT DOCOMO テクニカル・ジャーナル Vol. 20 No. 4（2013 年）55 頁は、Via Licensing が 2012 年 10 月に設立した LTE 特許プールでは、defensive suspension 条項と呼ばれるものが、一般的には yanking 条項と称されるとしている。

入した最終製品メーカー（顧客）から特許権者が権利行使を受けた際に、特許権者は、防御的解除権を発動し、その最終製品メーカー（顧客）に権利行使できるかという問題である（争点①）。

　これが、ライセンス、すなわち、我が国の特許法でいうところの通常実施権とされるのであれば、一旦許諾してしまうと、特許消尽により、特許権者としては、例えば、そのライセンシーの製品を買った顧客に対する権利行使ができなくなってしまう。しかしながら、契約時にその通常実施権の許諾には解除条件が付いており、ライセンシーまたはその顧客からの権利行使によって解除されるものであると特許権者およびライセンシー間で合意があった場合、これは有効なのか、有効であればこれで特許消尽は避けられるのかという問いである。特許消尽を考慮するならば、ライセンシーの顧客から特許権者が権利行使を受けた際に、元の特許権者としてはカウンター特許として防御する権利が消尽してしまうということになるので、そのような事態を契約上予め想定しておいて解除条件として定めておくものである。

　さらに、特許権者から特許権譲渡という形で特定承継を受けた者や破産・相続などの一般承継により権利を譲り受けた者は、当該 defensive termination 条項付きの許諾を受けたライセンシーやその顧客に権利行使できるであろうか（争点②）。この点、現時点では、判例・学説の存在しない未知の論点と言わざるを得ない。私見としては、争点②について、defensive termination 条項は、解除権の一種に過ぎず、当然対抗の対象となる通常実施権とは異なるものであって、通常実施権に付随する契約上の取り決めに過ぎないから、当事者間の契約に特段の定めがない限り、当然対抗の効果を生じるものではないと考える。争点①の特許消尽については、一度ライセンス品として転々流通し、販売された製品が事後的に解除条件を満たしたからといって遡及的に消尽の対象とならないということになると、消尽の趣旨である取引の安全を大幅に害することになる。また、解除の将来効を考慮に入れると、ある条件を満たした場合に、ライセンス契約が解除されて将来効としてその解除の効果が発生し、ライセンス契約がその時点から解消され、以降の販売が非ライセンス品の販売となって消尽を引き起こさなくなる、というように理解すべきであろう。その意味においては、消尽を防ぐというよりも、消尽する前

に契約を解除しておくというものである。

これまでに検討した「ライセンス亜種」に関する自説の立場を、以下の表のとおり整理する。本書としては、standstill や defensive termination 条項などの「ライセンス亜種」についても、当事者の合理的意思の合意として、可能な限り有効であるとして解釈すべきと考える。これらの新たな枠組みについて、特許消尽といういわば強行的な物権の発動としての対世効に対する契約上の迂回と捉えるのではなく、「ライセンス亜種」として、実際的な当事者間のニーズの問題として判例・学説上も認知していくのが良いのではないかと考える。なぜならば、これらの「ライセンス亜種」を認めない立場をとったとしても、実務ではまた別の枠組みが考え出されて実務上のニーズを満たすという堂々巡りが起きてしまい、その新たな枠組みについて通説が確定するまで法的な安定性が害されることになってしまうからである。

		争点①特許消尽		争点②当然対抗
ライセンス		消尽する。		当然に対抗する。
権利不主張	原則	ライセンス同様に消尽する。	原則	当然に対抗する。
	例外	合理的な解釈により当事者効にとどめるという当事者の意思が明確であり、当該意思が流通先に公示されている場合は消尽しないと解すべき[160]。	例外	任意規定のため、契約で当然対抗しない旨を特約した場合は、当然対抗の対象外[161]。
Standstill	過去分	損害賠償請求権の先延ばし。ただし、各国法における時効の猶予との兼ね合いが問題となる。		当然対抗の対象外。
	将来分	消尽しない。		
Defensive Termination 条項	過去分	解除の将来効により、過去についての消尽は防げない。		当然対抗の対象外。
	将来分	将来効として、契約が解除されることにより、消尽する前にライセンス契約が解消。したがって、「消尽」の対象外。		

表5 「ライセンス亜種」に関する自説の整理

---

160) 前掲＜注144＞に記載のとおり自説を改めた。
161) 前掲＜注145＞に記載のとおり任意規定のため当然対抗しない場合を記載した。

(4) Springing License をめぐって

次に、権利不主張や standstill、defensive termination 条項と並んで最近用いられるようになった契約枠組みとして、springing license というものを紹介する。springing license とは、ある権利を他者に譲渡等するといった、ある条件を満たしたときに自動的に発生（"spring"）するライセンスをいう（英語の spring というのは、「発生」という意味もあるから、springing license を「発生的ライセンス」とも呼ぶことができる）[162]。License on Transfer（"LOT"）とも呼ばれる。springing license の典型例としては、「自社の特許権を他社に譲渡した場合、相手方に対しての無償のライセンス許諾を約する契約[163]」が挙げられる。「しかし、発生的ライセンスは必ずしも特許権を譲渡した場合にのみ発生するものではなく、たとえば、訴訟の提起や第三者へのライセンス許諾などをトリガーとするものもあり得る」との指摘もある[164]。

先述した権利不主張は、ライセンスと同等との解釈も成り立つし、standstill についても、見方によっては一種の権利不主張と考えることもできなくはない。しかし、springing license の場合は、他社に対する特許権の譲渡などのトリガーイベントが起きない限りは、いまだに誰にもライセンスを許諾しているわけではないので、まだ authorized sale は発生していない。それゆえ、springing license を許諾する段階では、消尽論は適用され得ないと考えられる。そのため、この契約手法は、米国法を準拠法とする国際契約実務で徐々に浸透しつつある。

例えば、グーグル社は、License on Transfer（"LOT"）という枠組みを推進している。この枠組みでは、特許権を PAE に譲渡した場合に、この枠組みに加盟している会社に自動的に springing license が発生する[165]。なお、グーグル社は、PAE の定義として、「その法人（親会社および子会社を含む）

---

162) 拙稿「発生的ライセンス（"Springing License"）の研究―特許流通に平和をもたらすか―」Law & Technology 第 78 号（2018 年）33 頁、本書第 3 章参照。
163) 守屋文彦「特許の活用について」パテント 70 巻 4 号（2017 年）15 頁。
164) Miksche, Marlo T. and Roth, Steven W.(2014)"A Balanced Approach to Patent Utilization," Cybaris®: Vol.5: Iss. 1, Article 6, at 113.(http://open.mitchellhamline.edu/cybaris/vol5/iss1/6、2024 年 8 月 1 日最終閲覧）。
165) Kent Richardson and Erik Oliver,"What's inside IV's patent portfolio?" Intellectual Asset Management July/August 2014, at 25.

が、12ヶ月間のうちに収入の半分以上を特許の権利行使から得ているか、または経営者がそのようにすることを承認している法人」をいうとしている[166]。

この springing license については、当然対抗との関係が問題になる。平成23年に改正された日本特許法99条は、通常実施権は、「その発生後に」その特許権等を取得したものに対しても、その効力を有すると規定する。「その発生後」とあるので、springing license（発生的ライセンス）の場合、通常実施権の発生と権利譲渡とが同時に起こるとすると、この改正特許法99条の適用がどうなるのかは必ずしも明らかではない。

しかし、「発生的ライセンスと権利譲渡が同時といっても、発生的ライセンスを有効に発効させようとすると、実際には、元の特許権者によるライセンス許諾が先になされ、その後当該特許権が新たな特許権者に譲渡されるという先後関係になるだろう。この点は、発生的ライセンスを締結する際に契約上、先後の関係を明確にし疑義をなくす必要がある[167]。」

(5) 「ライセンス亜種」──契約による新たな価値の付加

このように、権利不主張や standstill、defensive termination、springing license といった今までのライセンスではない、いわば「ライセンス亜種」と呼んでもよいような契約枠組みが次々に考え出されている。それぞれの契約類型における法律上の効果などは、これから実務や判例を通して明らかになってくると考えられる。このような、特許法の起草者が起草当時に考えていなかったような複雑な債権的な権利が今後も増えてくると考えられる。本書の立場としては、「ライセンス亜種」に代表される新たな契約実務の登場によって特許法がオーバーライドされ、あるいは、特許法の間隙が「ライセンス亜種」などの契約実務に埋められるということによって、特許権の物権的性格が制約ないし補完・拡張されることを受け入れていくべきであろう。このことはある面で契約法を特許法よりも優先させていくことにもなるところであるが、科学技術の発展のスピードに応じた特許権の活用を促進するに

---

166) LOT NETWORK, How We Protect Members,(http://lotnet.com/how-lot-works/, last visited September 12, 2023.).
167) 拙稿・前掲＜注162＞37頁、本書第3章参照。

は、時間のかかる立法を行うよりも、契約による当事者間の自由裁量と課題が生じた場合には判決による紛争解決に委ね、科学技術発展のスピードや産業界の事業発展のスピードについていくことができるのではないかと考えるからである。

　このような契約実務が増えていく原因としては、結局のところ、それが経済的な価値を有するからであろう。ある者に対してのみ権利を行使しない、ある期間は権利行使しない、あるものに特許を譲渡した場合はライセンスを許諾すると言った個別事情に対応した契約枠組み自体が取引の対象になっているといえる。これらは、1件1件の特許権の本来的価値とは別個のライセンスが有する固有の価値[168]として、また、特許権の集合体としての特許ポートフォリオをどのように活用するかという命題に実務が答えてきた結果として生まれてきた概念でもある。

　実務上は、この「ライセンス亜種」に相当するようなものの対価は、通常のライセンスよりも低く設定されることが多いように思われる。この点については、守秘義務の対象になっていることが多いので、なかなかデータをもって実証していくことはできない。しかしながら、「ライセンス亜種」は、実際のライセンスよりも、カバレッジが狭いので、対価が低く設定されるということに一定の根拠があるように思われる。例えば、権利不主張が通常のライセンスと違うものという説（相違説）に立てば、消尽しない、当然対抗の対象にならないということになるから、通常のライセンスに比べてライセンシーの保護が十分ではないということになる。したがって、通常のライセンスよりも、価値が低いという評価をすることがあるように思われる。standstillであれば、ライセンスとは違うということがより明確であろうから、こちらも通常のライセンスよりも対価が低いということになっても不自然ではない。springing licenseについては、対象の特許権が譲渡されるまでは通常のライセンスはまだ許諾されていないのであるから、通常のライセンスの価値と同一ではないであろう。もっとも、「ライセンス亜種」といっても

168）ライセンスは、将来出願・登録される特許権の許諾の予約を含み、ある特許に基づく通常実施権よりも広い価値を有する場合がある。例えば、ある標準技術についてのライセンスは、現に存在する個別の1件、1件の特許権の価値よりも広く、特許権者が将来において、現存する特許と同様の価値のある将来特許を出すであろうという期待ないし信用に対する価値を含む。

II. 知的財産権の排他権的構成の「契約による相対化」 233

当事者の意思の合致の結果であるから、当事者の合意がある限り、客観的な価値とは異なった主観的な価値をもって合意をしても、何ら問題はないといえる。

先に挙げた FRAND 宣言を行った SEP のポートフォリオライセンスや著作権におけるサブスク契約のように、権利不主張や standstill、defensive termination、springing license といった、「ライセンス亜種」契約の枠組みについても、特許権の物権的性格に一定の制限をかけた「契約による相対化」の例として挙げることが可能であると言える。

このような「ライセンス亜種」の実務的なニーズは、昨今の事業環境、競争環境の激化にある。特許権保有企業の中でも、事業ごとにコア事業、非コア事業の線引きを行い、それぞれの事業セグメントに合った明確な経営戦略が策定される傾向にある。この経営戦略を知財戦略にも反映させると、例えば、非コア事業であれば完全なライセンスを許諾することによって、他社の事業参入を許し、その上でロイヤリティ収入を上げることを許すことが考えられる。一方、コア事業にあっては、簡単にクロスライセンスを行うことができず、しかし、特許係争を行うことで無用に時間とコストを掛けることも良しとはできない。そうであれば、権利不主張や standstill、defensive termination といった枠組みを使って部分的な解決、一時的な解決を行う。あるいは、競争力のあるコア事業については、そういった部分的な解決もせず、ビジネス上のリスクは、PAE に特許が譲渡された場合のみと捉え、その部分のみを解決するため springing license を結ぶといったことが考えられる。このように、事業環境に沿ったライセンスやその亜種が実務上考え出され、単純な排他権の行使としての通常実施権の許諾だけではケアできない様々なニーズを満たすものとなってきている。これらの柔軟な実務に対し、今後どのように法律構成するか、というのは法学的な課題であろう。本書の立場としては、契約法による特許法のオーバーライドや特許法の間隙の補完・拡張されることを受け入れていくべきであろうと考える。これにより、立法者よりも、実務情報を有する当事者による特許実務の自治が促進され柔軟な対応ができ、科学技術の発展や経済活動のスピードに追い付くことができるからである。

さらに、新型コロナウイルスのまん延に対する知的財産権の開放、という文脈でもライセンス亜種が使われてきている。例えば、スタンフォード大学のマーク・レムリー教授らがステアリングコミッティを構成する The Open COVID Pledge[169]は、新型コロナウイルスに関する知的財産権について無償開放するライセンス形式の宣言である。ライセンス形式ではあるが、相手方のない一方向の宣言であるため単独行為であり、ライセンサーやライセンシーという当事者が明確ないわゆるライセンス契約とは異なる。また、多数の日本企業を発起人として設立された「知的財産に関する新型コロナウイルス感染症対策支援宣言」は、参加者に対し、「我々は、すべての個人および団体に対し、この宣言の日から世界保健機関（WHO）が新型コロナウイルス感染症まん延の終結宣言を行う日までの間、新型コロナウイルス感染症の診断、予防、封じ込めおよび治療をはじめとする、新型コロナウイルス感染症のまん延終結を唯一の目的とした行為について、特許権、実用新案権、意匠権、著作権（以下「知的財産権」）の権利行使を行わない」と規定しており[170]、いわば、一種の standstill 型の宣言を行うことを求めている[171]。これらの例のように、社会の緊急事態に対する処方箋としてライセンス亜種が用いられている点については興味深く、社会的なニーズがそこに存在するといえるのではないだろうか。したがって、このような社会的ニーズに適合する新たな契約類型の意義を積極的に評価し、消尽や当然対抗の成否について、このような契約類型の志向する効果が十分発揮できるよう特許法のオーバーライドや間隙の補完を肯定し、当事者の自治を促進し、科学技術の発展や経済活動のスピードに追い付くことができるからである。

---

169) Open COVID Pledge, Make the pledge to share your intellectual property in the fight against COVID-19.（https://opencovidpledge.org/、2024 年 8 月 1 日最終閲覧。）
170) ジェノコンシェルジュ京都株式会社「知的財産に関する新型コロナウイルス感染症対策宣言」（https://www.gckyoto.com/covid19、2024 年 8 月 1 日最終閲覧。）
171) 中山一郎「COVID-19 パンデミックにおける公衆衛生と特許」知財管理 71 巻 4 号（2021 年）575 頁は、長澤健一「COVID-19 パンデミックと知的財産」発明 2020 年 11 月号（2020 年）6-7 頁を引用し、「知的財産に関する新型コロナウイルス感染症対策支援宣言」が権利不行使宣言という仕組みを採っている点において、Open Covid Pledge における無償ライセンスと実質的な差異はないとしつつも、権利不行使の方が社内の決裁レベルが低いことが一つの理由であると指摘している。

3．「消尽の迂回」

ここまで、権利不主張のほか、standstill、defensive termination、springing license といった、「ライセンス亜種」契約の枠組みについて概観してきた。先述したとおり、これら「ライセンス亜種」が実務上ソフト・ローとして生まれてきた背景には、「消尽の迂回」が現状は制定法や判例などのハード・ローとしては明示的に認められていないという事情がある。本章以下では、そもそも「消尽の迂回」を認めないという従来の考え方が妥当であるのかを考察し、ハード・ローとしての消尽論の見直しを図る。

(1) 消尽論の見直しの可能性

「ライセンス亜種」の登場を念頭に置いたとき、特許消尽のモデルは従来のようなアプローチでよいのだろうか。この消尽論に関しては、第16回産業構造審議会知的財産分科会の配布資料「知財エコシステムの自律に向けた中長期的課題」のなかで、見直しについての課題提起がなされている。すなわち、「時代背景」として、「IoT 技術の進展により、例えば情報通信分野等において部品の汎用化が進み、用途が多様化。また、最終製品を用いたサービス提供に関する市場価値が増大。部品や製品の譲渡等に伴う一時的な収益機会のみならず、サービス提供による継続的な収益機会をもたらすビジネスモデルへと収益の源泉がシフト」している点が指摘されており、「議論の前提として」「特許発明の実施により得られる収益が部品の用途により異なる場合や、装置を用いたサービスによる収益が装置の売買による収益を大きく上回る場合に、ライセンス料はどう考えるべきか」という点が指摘されている[172]。

例えば、スマートフォンやタブレット、パソコンといった特定のデバイスに依存せずに、サブスクで取引されるコンテンツの配信など、特定のデバイスの販売による消尽とは別個独立したコンテンツ市場ともいうべき市場が確立しているような場合は、もはやデバイスの販売による消尽には影響されない独立の、そして権利行使可能な市場が形成されているというべきである。

---

[172] 第16回産業構造審議会知的財産分科会「知財エコシステムの自律に向けた中長期的課題」（令和3年6月28日付資料）53頁（https://www.jpo.go.jp/resources/shingikai/sangyo-kouzou/shousai/chizai_bunkakai/document/16-shiryou/01.pdf、2024年8月1日最終閲覧）。

このような場合は、第一製品の販売に依存しない第二サービス市場が形成されているというべきであって、第一製品の販売に依存していない範囲があり、このような事例と消尽論を議論するべき時期に来ているのかも知れない。

まさにこのような事例が「論点」として、「従来の消尽論をそのまま適用すると部品や装置等が市場に置かれた時点で特許権が消尽するため、用途の違いやサービスによる収益の多寡が考慮できず特許発明に係るライセンス料を適切に算定できないおそれ」「現状、ライセンス交渉の当事者となっている部品メーカーや最終製品メーカー等、特定の者に負担が偏る可能性もあり、IoT 時代にふさわしい消尽の在り方に向けて概念の整理が必要ではないか」という点が指摘されている[173]。

この消尽論に関しては、次のような実務界からの指摘が有力である。すなわち、「「モノ」から「コト」へ産業構造が変化していく中で、これまでの議論は「モノ」の世界に閉じており、もっと全体を俯瞰して議論を進めていくべき」であり、「SEP については、その受益者が様々であり、多数存在する上に、受益の程度も各々異なることから、受益の程度に応じた負担を公平に実現する仕組みが望ましく、一人一人の負担が広く薄くなれば、ライセンス交渉先や合理的なロイヤルティ算定（何をベースとするか）という論点は相対的に小さくなっていくのではないか」との意見がある[174]。

さらに、「受益の程度に応じた負担を公平に実現する仕組みを考えるに当たっては、消尽の問題、特に単純方法特許の消尽について整理する必要があるとの意見があった。消尽の根拠は、積極的なものとして特許権者が許諾して市場に置いた製品について二回目以降の権利行使を認めると取引の円滑化が害されること、消極的なものとして特許権者は一度対価を獲得する機会があったのだからそれで十分であることが挙げられるが、「モノ」から「コト」の時代にあっては、その根拠が二つとも揺らいでおり、従来型の取引が多数ある中で消尽を全撤廃するのは非現実的であるとしても、伝統的な考え方だ

---

173) 第 16 回産業構造審議会知的財産分科会・前掲＜注 172＞53 頁。
174) 産業構造審議会知的財産分科会特許制度小委員会「AI・IoT 技術の時代にふさわしい特許制度の在り方―中間とりまとめ―」（2020 年 7 月 10 日）47 頁（https://www.jpo.go.jp/resources/shingikai/sangyo-kouzou/shousai/tokkyo_shoi/document/200710_aiiot_chukan/01.pdf、2024 年 8 月 1 日最終閲覧）。

けで進めるのはいかがなものか」という意見がある[175]。これらの意見は、現時点では、必ずしも多数意見となっているものではないのかも知れないが、法曹界ではなく、実際に AI/IoT 時代を担う産業界からこのような意見が出てきていることは傾聴に値する。「モノ」から「コト」の時代にあっては、同じ「モノ」であっても、その譲受人が特許権者の想定しない「コト」に利用することにより、特許権者が第一譲渡時に想定していた対価では捕捉できない利用価値が譲受人の下で生まれる可能性がある。そうすると、消尽の理論的根拠である「特許権者は第一譲渡時にその後の転々流通を視野に入れた対価設定ができるのであって、事後的な特許権行使により、二重、三重の利益を特許権者が取得することを認めるべきではない」という考え方をそのまま妥当させることが困難となる。特許権者が、「モノ」それ自体を取引することによって、一律に消尽が肯定されるとすると、特許権者が想定していない「モノ」の利用（「コト」）に対しては、もはや特許権の効力を及ぼすことができなくなる。特許権者と特許製品の譲受人との間の契約で取り決めた使用態様についてのみ消尽する、すなわち、「モノ」から「コト」の時代にあっては、もはや伝統的な消尽の理論的根拠のみに留まることなく、当事者の意思に基づき消尽の成否が決せられるという「契約（ソフト・ロー）による消尽の相対化」を取り入れるべきであろう。

(2) 消尽論の立法例からの示唆

伝統的に、消尽論は明文で規定されず、判例や学説の中で論じられていることが多いが、種苗法や著作権法などでは、立法例がある。特に、種苗法では消尽の例外についても明文の規定があるので、特許消尽を検討するに際にも、参考にできる可能性がある。

すなわち、種苗法 21 条 4 項本文は、権利消尽の原則を定める。この原則によると、育成者権者（専用利用権者または通常利用権者も同様）が、登録品種の種苗・収穫物・加工品を譲渡した場合、当該登録品種の育成者権の効力は、その譲渡された種苗・収穫物・加工品の利用には及ばない。同項但書きは、

---

175) 産業構造審議会知的財産分科会特許制度小委員会・前掲＜注 174＞53 頁。

権利消尽の例外を定める。植物の新品種の保護に関する国際条約（Union internationale pour la protection des obtentions végétales, UPOV）[176]非加盟国に対する次の行為、すなわち、種苗の輸出および最終消費以外目的の収穫物の輸出については、消尽しない。なお、UPOV加盟国への輸出は、原則どおり権利消尽する。

　さらに、種苗法に対する改正が行われ、権利消尽の例外に関する規定が新設された。2020年12月2日、種苗法の一部を改正する法律案が成立し（以下、「種苗法改正」という）、本改正法はその一部を除き2021年4月に施行された。本改正法により、育成者権が及ばない範囲の届出・公示制度が導入され、令和3年4月1日の出願から適用される。同改正法により新設された種苗法21条の2第1項によれば、出願者は、品種登録出願時に、農水大臣に対し、「出願品種の保護が図られないおそれがない国」（指定国）や「出願品種の産地を形成しようとする地域」（指定地域）」を届け出るとともに、指定国以外の国に対し種苗等を輸出する行為を制限する旨や、指定地域以外の地域で収穫物を生産する行為を制限する旨を届け出ることができる。届出を受けた農水大臣は、届出事項を公示する（同条第3項）とともに、品種登録簿にこれを記載する（同条第4項）。

　同21条の2第7項は、指定国・指定地域以外での消尽の例外を規定する。すなわち、農水大臣による公示の翌日以後、権利消尽規定（21条2項本文）にかかわらず、指定国以外の国に対する輸出及び指定地域外の地域での収穫物の生産に対し、育成者権の効力が及ぶ。すなわち、この範囲では権利消尽しないこととなる。このように、種苗法については、消尽が明文化されており、原則論として消尽する範囲と、その例外として消尽の適用がない範囲が規定されることとなった。本改正の趣旨は、育成者権者の意思に応じて海外流出防止ができるようにするため[177]、とのことである。本格的な研究は別稿に譲るが、ここでも、消尽の原則を絶対視し、その画一的な適用を図るという旧来の発想から、出願者の意思によって、消尽の適用範囲を決定することができるという「消尽の相対化」が実現されているという点は、本書の立場から

---

176) UPOV条約には2021年7月現在、77ヵ国・地域・組織が加盟している。欧州の加盟国は多いが、アジアの加盟国は、日本、中国、韓国、ベトナム、シンガポールの5ヵ国のみ）。

Ⅱ．知的財産権の排他権的構成の「契約による相対化」　239

は極めて示唆的である。特許法における消尽を検討する際にも、この原則の絶対的な適用を無批判的に維持すべきと考えることはもはやできないかも知れない[178]。

(3) 「生産アプローチ」と「消尽アプローチ」

消尽をめぐる従来からある議論として、「生産アプローチ」と「消尽アプローチ」がある[179]。すなわち、「生産アプローチ」は、消尽法理の判断基準

[177) 第201回国会（2020年 常会年常会）提出法律案として、令和2年3月3日に提出された「種苗法の一部を改正する法律案」の「理由」は、「植物の新品種の育成者権の適切な保護及び活用を図るため」という非常に簡素で抽象的なものであるが、農林水産省「種苗法の一部を改正する法律の概要」には、「背景」として、「近年、我が国の優良品種が海外に流出し、他国で増産され第三国に輸出される等、我が国からの輸出をはじめ、我が国の農林水産業の発展に支障が生じる事態が生じている。さらに、育成者権侵害の立証には、品種登録時の種苗との比較栽培が必要とされる判決が出るなど、育成者権の活用しづらさが顕在化している。このため、登録品種を育成者権者の意思に応じて海外流出の防止等の措置ができるようにするとともに、育成者権を活用しやすい権利とするため、品種登録制度の見直しを図る。」との記載がある。(https://www.maff.go.jp/j/shokusan/attach/pdf/shubyoho-22.pdf、2024年8月1日最終閲覧)。

178) 島並・前掲＜注3＞102頁は、産構審知財分科会の資料「知財エコシステムの自律に向けた中長期的課題」を引用し、サプライチェーンにおける受益者負担のため、部品に係る特許権について、例えば「特許権者と部品取得者間の契約で特定された用途以外での利用では消尽しない」旨を法律において要件化すべきかといった点が、検討されている、とし、「これは要するに、特許権者の意思に基づいて、そして第一譲受人との合意を条件に、用途による権利消尽の範囲の縮小を立法的に認めようとする動きであると位置づけられよう」とする。また、田村・前掲＜注18＞151頁は、FRAND宣言が付された特許に関しては、「消尽の迂回を認めてもよいという事情が備わっているように思われる」とする。これは、「第一に、FRAND宣言というソフト・ローの形成に基づいて…FRAND宣言をした特許権者は、実施権者にライセンス交渉の意思がある限り、差止請求をなし得ない」ため、差止請求によるホールド・アップの弊害が生じるおそれが少なく、また第二に、「標準必須特許（と称されているもの）にFRAND宣言がなされていることは、通例、一般的に公開されており、その意味で公示制度が存在すると評価することができる」ことから、上流からライセンス料を収受していたとしても、下流からライセンス料を徴収することを許容してもよいのではないか、すなわち、SEPに関する消尽の例外を認めてよいのではないか、とする。この点、FRAND宣言がなされる時期は、標準必須規格策定前（発明前）であること、またFRAND宣言と特許出願は一対一に対応して必ず公開されるとは限らないこと、その必須性が自己申告である場合やパテントプール団体に委ねられていること（人工知能AIでの必須認定ということもあり得る）などから必ず公示されるとは限らない部分もある。しかしながら、FRAND宣言に公示性を認める立場からより柔軟に消尽の例外を認めようとする考え方が出てきたことは注目に値する。

ただ、種苗だから消尽しない、サプライチェーンにおける部品取引であれば消尽しない、SEPならば消尽しない、NFTアート取引なら消尽しない（NFTアート取引は、必ずしも著作権の効果ではなく、プラットフォーム規約に由来した権利であるためより債権的ではあるが）というのであれば、消尽原則の足下の絶対性は揺らいでおり、消尽原則とは一体どのような原則なのか、その本質に立ち返ったさらなる検討を要しよう。

について、特許製品を加工する行為あるいはその部品を交換する行為を、「生産」と「使用」とに分け、後者についてのみ特許権が消尽し、権利行使が制限されるとする[179]。これに対し、「消尽アプローチ」は、たとえ「生産」に該当せず「使用」というカテゴリーに属する行為であっても、社会通念上、特許権者が想定し得ない使用行為に対しては、消尽を否定し、特許権の行使を認めるべきと論じるものである[181]。

　生産アプローチによれば、消尽法理は、特許製品の流通確保という要請から、特許権者等が適法に拡布した当該特許製品それ自体の使用・再譲渡等に対する権利行使を制限するものである。したがって、特許権者以外の者が新たに特許製品を生産することは、もはや消尽法理の射程外ということになる。これに対し、「消尽アプローチ」は、たとえ「生産」に該当せず「使用」というカテゴリーに属する行為であっても、社会通念上、特許権者が想定し得ない使用行為に対しては、消尽を否定し、特許権の行使を認めるべきとする。消尽法理の根拠について、特許権者による二重利得の禁止、対価回収機会の保障という観点を強調すると、特許権者が想定し得ない使用態様に対し

---

179) 愛知靖之『特許権行使の制限法理』(商事法務、2015年) 207頁。
180) 裁判例として、大阪地裁平成元年4月24日判決(無体裁集21巻1号279頁)〔製砂機のハンマー〕、大阪地裁平成4年7月23日判決(判例工業所有権法［2期版］2399の263頁)〔海苔送り機構〕、東京高裁平成13年11月29日判決(判時1779号89頁)〔アシクロビル事件控訴審〕、東京地裁平成16年12月8日判決(民集61巻8号3050頁)〔インクカートリッジ事件1審〕、東京地裁平成19年4月24日判決(平成17年(ワ)第15327号、裁判所HP参照)〔レンズ付きフィルムユニットⅠ〕、東京地裁平成22年6月24日判決(平成21年(ワ)第3527号等、裁判所HP参照)〔液体収納容器Ⅰ〕、東京地裁平成22年6月24日判決(平成21年(ワ)第3529号、裁判所HP参照)〔液体収納容器Ⅰ〕など。学説として、松尾和子「製砂機ハンマー事件判批」判評372号(判時1330号)(1990年)221頁、滝井朋子「フィルム一体型カメラ事件判批」判評504号(判時1731号)(2001年)195頁以下、古沢博「フィルム一体型カメラ事件判批」知財管理51巻6号(2001年)961頁、横山久芳「フィルム一体型カメラ事件判批」ジュリスト1201号(2001年)149頁以下、田村善之「修理や部品の取替えと特許権侵害の成否」知的財産法政策学研究6号(2005年)35頁以下、吉田広志「用尽とは何か——契約、専用品、そして修理と再生産を通して」知的財産法政策学研究6号(2005年)99頁以下、中山・前掲<注5>461頁以下、高林・前掲<注70>195-197頁(有斐閣、2023年) など。
181) 裁判例として、東京地裁平成12年6月6日決定(判時1712号175頁)〔フィルム一体型カメラ〕、東京地裁平成12年8月31日判決(判例工業所有権法［2期版］1725の21の2頁)〔レンズ付きフィルムユニット〕、東京地裁平成13年1月18日判決(判時1779号99頁)〔アシクロビル事件1審〕、知財高裁大合議平成18年1月31日判決(判タ1200号90頁)〔インクカートリッジ事件控訴審〕など。学説としては、玉井克哉「日本国内における特許権の消尽」牧野利秋＝飯村敏明編『新・裁判実務大系4 知的財産関係訴訟法』(青林書院、2001年)233頁以下など。

ては、その対価を回収する機会がなかったがゆえに、権利行使を認めるべき（消尽を否定するべき）であるという形で、この消尽アプローチに結びつきやすいとされる。もっとも、インクカートリッジ最高裁判決[182]では、「特許権者等が我が国において譲渡した特許製品につき加工や部材の交換がされ、それにより当該特許製品と同一性を欠く特許製品が新たに製造されたものと認められるときは、特許権者は、その特許製品について、特許権を行使することが許されるというべきである」と判示され、「生産」ではなく「製造」と述べられてはいるものの、実質的には「生産アプローチ」に回帰したと評価できるとの指摘がある[183]。

これらのアプローチでは、生産と使用の意図の概念に消尽を認めるべきかの見解の相違があるが、「消尽アプローチ」では、「社会通念上、特許権者が想定し得ない使用行為」に対して、消尽を否定し、特許権の行使を認めるべきと論じており、「特許権者が想定し得ない」か否かを判断基準としている点で示唆的である。

(4) 標準必須特許（SEP）と「消尽の迂回」

では、特許権者の想定内の行為と「消尽の迂回」との関係はいかに考えるべきだろうか。本書では、社会通念上、特許権者が想定し得る行為の場合であっても、一定の場合には、消尽論の適用が迂回され、すなわち、消尽論の適用が否定される場合があるという立場で議論する。

このとき、後述する公示を条件に、「社会通念上、特許権者が想定し得る行為」の場合に、消尽の成否を特許権者自身が任意に決定できるとすると、特許権者が合理的な理由なく恣意的に消尽を否定し権利行使を行うことが考えられる。例えば、動画圧縮技術に関する特許権者が、あるストーミングサービス会社に対しては個人的な感情があるためという理由で、その特定のストリーミング会社に対しては消尽を否定し、たとえ適法に第一譲渡されたスマートフォンを購入したユーザーに対するサービスであっても、その業としての使用に対しては権利行使を行うというようなことも認めるのかという反

---

[182] 最高裁平成19年11月8日判決（民集61巻8号2989頁）〔インクカートリッジ最高裁判決〕。
[183] 愛知・前掲＜注179＞210頁。

論があり得る。その場合、1つの再反論のあり方として、恣意的な権利行使（消尽の否定）は、競争法に反するとして規制すれば足りるのではないかと考えることもできる。無論、特許法上もこのような恣意的な消尽の成否の決定は許さないという立論もあり得る。消尽の成否をフリーハンドで特許権者に委ねるのか、やはり、そこには一定の制約をかけるべきなのか、制約をかけるとして消尽理論（すなわち、特許法）の枠内で行うのか、競争法という特許法の外在的なところで行うべきかという論点である[184]。

　社会通念上、特許権者が想定し得る行為に対してフリーハンドで特許権者に委ねるのか、やはり、そこには一定の制約をかけるべきなのかという点に関しては、「消尽の迂回」を認める範囲を現段階では、FRAND宣言を行っている標準必須特許（SEP）に限定し、FRAND条件のうちNon-Discriminatory条件（ND条件）、すなわち、非差別的な条件でしかライセンス等することはできないという特許権者自身の債権的な義務を前提に処理し、そのFRAND条件の判断に関しては、契約法の観点（権利濫用などの一般則を含む）と競争法の観点からある一定の制限を課すべきと考える。田村・前掲＜注3＞151頁は、FRAND宣言が付された特許に関しては、「消尽の迂回を認めてもよいという事情が備わっているように思われる」としている。これは、「第一に、FRAND宣言というソフト・ローの形成に基づいて…FRAND宣言をなした特許権者は、実施権者にライセンス交渉の意思がある限り、差止請求をなし得ない」ため、差止請求によるホールド・アップの弊害が生じるおそれは少なく、また第二に、「標準必須特許（と称されているもの）にFRAND宣言が

---

[184] 必須特許のFRAND宣言と競争法の関係は、世界的に見てもその影響が大きなライセンスプログラムの場合、各国の当局によって検討されているところである。当該ライセンスプログラムが、必須特許の「消尽の迂回」を謳っている者であったとした場合、米国をはじめとする競争法の当局がその妥当性を競争法の観点から検討し、特許権者に勧告を与えることは想像に難くない。特許法による内在的な制約として規定することも可能であろうが、そうなると事前における競争法当局の関与ではなく、事後的な裁判所での判断となるため、社会に対する影響がかなり出てしまった後となってしまうのではないかという懸念がある。他方、競争法の外在的な制約をかけるというやり方もあるがこれは、その場合、1つの再反論のあり方として、恣意的な権利行使（消尽の否定）は、競争法に反するとして規制すれば足りるのではないかと考えることもできる。無論、特許法上もこのような恣意的な消尽の成否の決定は許さないという立論もあり得る。消尽の成否をフリーハンドで特許権者に委ねるのか、やはり、そこには一定の制約をかけるべきなのか、制約をかけるとして消尽理論（すなわち、特許法）の枠内で行うのか、競争法という特許法の外在的なところで行うべきかという論点である。

なされていることは、通例、一般的に公開されており、その意味で公示制度が存在すると評価することができる」とする。

　この差止制限と公示に加え、さらに、FRAND 宣言のうち ND 条件は「非差別的でないこと」、すなわち、特許権者の恣意的な差別を許さない趣旨であるから、この条件からも、消尽の成否を特許権者の完全なフリーハンドとはしないことを導くことが可能である。もっとも、この ND 条件をめぐっては、先述のとおり、access for all と license to all と呼ばれる 2 つの考え方がある[185]。この 2 つの考え方の対立は、FRAND 条件として、あるいは競争法違反とならないために、「サプライチェーンのどの段階の標準実施者に対しても、ライセンスをしなくてはならない」(license to all) のか、「最終製品の製造者のみに対してライセンスすることも可」(access to all) であるのかとの点をめぐるものである。この点に関しては、ポジショントークの意味合いも強く、法的にどちらが正しいというような結論が出にくい争点ではある。

　しかしながら、FRAND 条件は、競争法当局の重大な関心事であることは確かである。例えば、2020 年 7 月 28 日、米国司法省反トラスト局（Department of Justice, DOJ, Antitrust Division）は、自動車会社に対するライセンスプラットフォームとして設立されたアバンシ（AVANCI）社に関して、ビジネスレビューレターを発行した。アバンシ社が様々なライセンサーから規格必須特許を集めている点や、従来車載製品に関するサプライチェーンとしては、半導体メーカーやモジュールメーカーに対してライセンスされることが多かった 4G や 5G の SEP に関して最終製品である自動車をロイヤリティベースとするパテントプールないしはライセンスプログラムであるため、以前から DOJ が判断してきたパテントプールのための基本原則に照らし、アバンシ社提案の 5G のプラットフォームを評価した。同ビジネスレビューレターにおいて、米国司法省は、アバンシ社のプラットフォームにつき、市場における競争に害を与えないため、特に変更を要しない、と結論づけた。本結論は、競争法の違反は特にないと判断されているものの、FRAND 条件を競争法当局がレビューすることによって、特許権者の権利行使の態様を完全なフリー

---

185) 前掲＜注 96＞。

ハンドとはしないことの一例であるといえる。

　また、「消尽の迂回」の対象となる範囲の特許を SEP に限定するならば、そこでいう標準必須特許（SEP）にはどこまでのものを含めるべきであろうか。典型的には ETSI のような公的で世界的な標準化団体が加盟企業とともに策定した技術標準に技術的に必須な特許権を対象とすることが考えられるが、私的な業界標準や、あるひとつの企業が策定した仕様が事実上のデファクトスタンダードになっている場合もある。このような準技術標準の場合、必ずしも FRAND 宣言がなされているとは限らない。例えば、グーグル社が策定した VP9 という技術標準は、動画圧縮技術に関する技術標準であるが、特定の技術標準団体が関与して策定された技術標準ではなくグーグル社がもつ YouTube プラットフォームや Google Chrome などのブラウザで広く使用されており、デファクトスタンダードであるといえるが、必須特許権者はグーグル社以外にもたくさんおり（例えば、Sisvel パテントプールが VP9 のライセンスプログラムを運営している）、FRAND 宣言はされていない。このような場合に、仮に、消尽の迂回を認めるならば、準 SEP として公示がなされているのか、という点を評価し、実質的に SEP として取り扱うことができるのかを検討する必要がある。

　また、技術標準に「必須」とは、いわゆる technically essential（技術的に必須）という意味か、commercially reasonably essential（商用的に合理的な範囲で必須）という意味なのか、あるいはいわゆる implementation（商用化としてのインプリレベル）までを含むのか、標準化団体や特許権者によっても幅があり、必ずしも一定していない。また、標準規格と特許権の関係が必須なのかどうかについては、特許発明の技術的範囲に標準規格で特定されている技術が含まれている必要があり、これが侵害論として立証されている必要がある。このとき、裁判所の判断を経ていない必須特許の場合であれば、標準化団体から任命された評価人（patent evaluator）によって評価されている場合もあれば、当事者の判断にとどまっている場合もあり、特許権者が一方的に必須であると主張しているだけの場合もある。最近では、SEP の必須性の判断を AI に行わせると主張しているパテントプールも存在する[186]。このような中で、ひとくちに標準必須特許は FRAND 宣言が付されているので「消尽

の迂回」を認めてよい、と単純に結論付けることは難しく、さらに様々な類型を「公示」の有無の観点から分類・分析し、広く議論してどこまでについて「消尽の迂回」を認めるべきなのかについて議論すべきである。なお、本書では、標準必須と消尽の迂回論を中心に焦点を当ててきたが、FRAND宣言に類する差止請求権の事前制約、公示、非差別要件を付した非標準特許に関する「消尽の迂回」の適用可能性を完全に排除するものではない。

(5) 「消尽の迂回」と公示

　上述のような「消尽の迂回」を認めようとする際に、取引の安全を重視する立場からは「公示」が必要でないかという見解がある。BBS最高裁事件でも、国際取引の文脈で国際消尽を否定しつつ、黙示の実施許諾論を肯定する際に、「販売した特許製品についての販売先ないし使用地域に限定を加えたうえで、製品にその旨を明示する」という公示を要求した。消尽の例外を認めるためには、果たしてこのような特許製品に対する公示が必要だろうか[187]。

　公示を求める立場からは、①消尽を否定した商品であるという公示を行うことにより、当事者間の消尽を迂回するという意思が下流の購入者の目にも入り、当該第三者としてはその消尽を迂回する意思を込めた商品を買うかどうかの判断を通してロイヤリティを別途払ってでもその商品を買うと自由な意思で決定できる、②公示をしないのに消尽の例外を認めると、その商品を購入した第三者の立場からは当然に消尽しているものと考えているにもかかわらず、突如特許権者からの請求によりロイヤリティを支払うという不測の事態を被る、③商品が小さい、特許が方法についての特許である、といった場合であっても、公示はウェブサイトその他の方法で可能であって、公示の困難性が公示を妨げる要因とはならない、といったところが主な理由であろう。

　本書は、取引の安全を考慮して、原則としては、明示的な公示を求める立

---

186) Open RAN Patent Pool Program（https://www.alium-llc.com/、2024年8月1日最終閲覧）。
187) 島並・前掲＜注3＞99頁は、「この際、消尽の物的効力そのものを見直すことも考えられる。すなわち、消尽の正当化根拠を特許権者と社会公衆との間の黙示的な許諾に求める黙示許諾説を再評価した上で、その旨を明示すれば権利者の意思に反する流通を禁止することを、正面から認めるというものである」とする。

場である。ただし、その公示方法については様々な態様が考えられる。例えば、パテントプールにおけるSEPのようにすでに当該製品に係る必須特許の存在がウェブサイト等で公示されている場合は、十分に第三者にその意図が示されているといえる[188]。

また、特許消尽の問題だけでなく、サブスク3.0のように、ユーザーの利用状況や嗜好に合わせてカスタマイズされるなどの双方向型のサービスが具現化した際に、例えば、サブスク契約の中で閲覧していた著作物がユーザーの利用状況や嗜好に応じて自動的に変化していくと著作権ライセンスの対象も自動的に変化していき、当然対抗の範囲が変動したり、消尽の範囲が変動したりといったようなことが起きる。当事者間の著作権ライセンスの問題であればそれも問題ないであろうが、上記同様に第三者との関係では公示の問題など、さらにどのような形で知的財産法上の課題が発現するかについても具体的なサブスクビジネスの発展とともに今後見極めていく必要があろう[189]。

4．小　括

ここで、Ⅱを終えるにあたり小括を試みる。まず、Ⅱ.1では、伝統的に物権的権利として構成される特許権等が、モノの時代からネットワークの時代、AI/IoTの時代、ウェブ3.0の時代へと技術が発展、変遷していくにつれて次第にその物権的性格を弱め、その保護が契約により相対化されてい

---

[188] 田村・前掲＜注3＞日本工業所有権法学年報第46号151頁は、「標準必須特許（と称されているもの）にFRAND宣言がなされていることは、通例、一般的に公開されており、その意味で公示制度が存在すると評価することができる」とする。

[189] なお、昨今では、特許権の取得から活用までをサブスク形式で行う企業が現れている。2020年3月2日、テクノアイデア社が、特許権の取得や活用に特化したサブスクリプション型特許サービス「ライセンスバンク」を提供開始すると発表した。中小企業にとって取得費用の問題など、自社で特許を出願できないことに対応するため、ライセンスバンクは、こうした特許を取得する際の煩わしさや問題の解決を目的としたサービスで、特許出願から活用までをワンストップで実行できるという。同サービスは、技術アイデアから利益を生み出せる特許出願、特許を利益化するためのライセンスビジネス交渉、模造品などに対応する裁判対応（弁護士と弁理士対応）の3つからなるとのことである。Fabcross「特許をサブスクで取得可能―テクノアイデア、「ライセンスバンク」を提供開始」（https://fabcross.jp/news/2020/20200221_license_bank.html、2024年8月1日最終閲覧）。このことは、必ずしも直ちに知的財産法上の課題を生むものではないが、ビジネスモデルの変化は、知的財産法を取り扱う業界にも出てきていることは興味深い。

のではないかと考えを持ちつつ、権利の性質論という原点に返った考察を試みた。専用権説と排他権説の伝統的対立として、特許法の起源からは専用権説が唱えられるが、現在の日本においては、特許権の含めた知的財産権の本質は排他権にあるとする排他権説が通説とされている。

しかしながら、現在の主流とも言うべき排他権説の立場に立つとすると、存続期間延長登録制度や中用権といった個別の論点になると、こと存続期間延長登録制度の説明のみ、こと中用権の説明のみは専用権説での説明の方が整合的であるが、他の制度の説明については排他権説で説明する方が整合的ということになり、都合の良い部分だけをみて排他権説が妥当と結論付けているようにも思えてしまう。とすると、現在の排他権説は、特許権の本質を考えるうえで万能ではないのではないことがわかる。無論、存続期間延長制度や中用権といった一部にのみ専用権説の残滓が残っており、他は排他権説であるから、全体として本質は排他権説であるという論法もある。しかしながら、それであればそもそも特許権の本質というような何もかも説明できるかのような大上段に構えた概念を持ち出す必要はない。ある場合には専用権として捉え、ある場合には排他権として捉えるといった中立的な性格付けでよいと考えられる。

さらに、特許権の存続期間延長登録制度や中用権といった個別論点の中で、専用権説と排他権説が対立する点のみならず、物権として規定されてきた知的財産権が、契約によって次第に相対化していく過程を概観しようと試み、続くⅡ.2では、特許ライセンス契約から派生した権利主張やstandstill、springing licenseといった「ライセンス亜種」とも呼ぶべき新たな契約モデルにおける法律問題を検討してきた。特に、権利不主張については、特許権の本質を排他権と捉えると、不作為請求権と言われる通常実施権と実質的に変わらなくなる。しかし、専用権説に立つと、従来のドイツのように、当然対抗力を備えた積極的なライセンスが通常実施権であり、当然には対抗しない消極的なライセンスが権利不主張であるというように、両者を整然と区別することも可能になる。実務上は、この両説のいずれが採用されるかによって、実際上の帰結にも相違が生まれるリスクを鑑みて、権利不主張の文言に頼らなくなり、新たにstandstillやspringing licenseといった「ライセン

ス亜種」を生み出した。単純な不作為請求権の行使という通常実施権の枠組みに飽き足らず、事業環境に沿った「ライセンス亜種」が実務上考え出され、単純な排他権の行使としての通常実施権の許諾だけではケアできない様々なニーズを満たすものとなってきている。これらの柔軟な実務に対し、どのように法律構成するか、というのは今後の法学的な課題である。

　続くⅡ.3では、「消尽の迂回」を取り上げた。ハード・ローとして、制定法や判例法で「消尽の迂回」が認められて来なかったことに対し、実務上、「ライセンス亜種」が登場し、「ライセンス亜種」というソフト・ローによる「消尽の迂回」に挑戦する実務が生まれて来たという流れの中で、「消尽の迂回」の可能性を模索した。ここでは、FRAND条件が課されたSEPまたは同等の義務を有する準SEPであれば、差止請求権が制限されている点と公示が担保されている場合が多いため、取引の安全を害するおそれも少なく、FRAND条件のうちNon-Discriminatory条件（ND条件）からも、消尽の成否を特許権者の完全なフリーハンドとはしないことを導くことが可能である。

　Ⅲ以下では、特許権法や著作権法といった創作法から離れ、いわゆるビッグデータの不正競争防止法による保護という行為規制法における排他権的構成の諸問題について触れ、知的財産の「契約による相対化」という事象が特許法や著作権法といった伝統的な創作法のみならず、限定提供データの保護といった行為規制法を含む知的財産権法全体に影響を及ぼしているのではないかという点について考察を進めていきたい。

Ⅲ．ウェブ3.0時代における知的財産

　ここでは、Ⅱまでの特許権法や著作権法といった創作法に関する議論から離れ、いわゆるビッグデータの不正競争防止法による保護という行為規制法における排他権的構成の諸問題について触れる。ここでは、Ⅱまでに議論してきた専用権か排他権かという権利の本質をめぐる議論から一旦俯瞰をし、より上位の概念として物権の排他権構成がデータ保護のあり方としてふさわしいのか、あるいはその対概念として債権的な相対的な構成がデータ保護のあり方としてふさわしいのか、という点について議論をしていく。

あらゆるものがインターネットにつながる Internet of Things（"IoT"）により、工作機械などの稼働状況データ、気象データ、化学物質等の素材データ、3D プリンターに使用される 3D データ、車載センサやスマートフォン、ウェアラブル機器、ソーシャルネットワークなどから得られる消費者の動向や嗜好などのデータが収集され、いわゆるビッグデータとして人工知能（Artificial Intelligence,"AI"）により分析され、商品の強みとされる AI/IoT の時代へと技術が発展、変遷していく過程では、IoT により収集したビッグデータを人工知能（AI）で分析することにより競争力のある商品やサービスが次々と生まれ社会変革が促される。

また、2021 年は NFT 元年と呼ばれ[190]、非代替性トークン（Non-Fungible Token,"NFT"）についての取引がマスコミ報道などでも話題になっている。NFT とは、「替えが効かない唯一無二であること」を意味する非代替性（non-fungible）と、改ざんや不正利用などが困難であるブロックチェーン技術を使用して発行した暗号資産であるとされる。ビットコインなどの代替性のあるトークンとは区別される。この NFT についてどのような法的課題があるかなどについて昨今活発な議論がある[191]。

1990 年代後半に登場したウェブ 1.0 では、インターネットは、ホームページの集まりとそのリンクからなっていた。その頃は、ウェブサイトは特に双

---

[190] 2021 年はメタバース元年でもある。2021 年 10 月 28 日、アメリカの IT 大手、Facebook 社が社名をメタ・プラットフォームズ（商号：Meta）に変更した。同社は、SNS の運営だけでなくメタバースと呼ばれる仮想空間の開発を強化するため社名を「メタ」に変更したようである。この「メタバース（Metaverse）」という言葉は、アメリカの SF 作家であるニール・スティーヴンスンが 1992 年に発表した SF 小説「スノウ・クラッシュ」の中で登場する言葉とされる。作中では、「インターネット上の仮想世界のこと」を指して「メタバース」と呼ぶ。そこから意味が転じ、「インターネットに繋がった 3 次元のバーチャル空間で、ユーザー同士が様々なコミュニケーションやコンテンツを楽しめる世界」のことを「メタバース」と呼ぶようになったとされる。株式会社 ビーライズ BeRISE「【図解解説】メタバースとは？ 様々な企業やゲームにおける事例や取り組みを紹介」2021 年 8 月 20 日（https://berise.co.jp/topics/metaverse/、2023 年 9 月 12 日最終閲覧）。2021 年 11 月、マイクロソフト社もオンラインで開催された「イグナイト 2021」年次コンファレンスで「デジタルツインとは、メタバース時代の未来ビジョン」と提示した。イ・ジンス、コ・ユフム『2021 年の知的財産 10 大イシュー及び 2022 年の知的財産見通し』ジェトロ仮訳（韓国知識財産研究院、2021 年）5 頁。メタバースに関する米国特許が急増しているという。イ・ジンス・同書 5 頁は、例えば、US11,087,890（モノのインターネットシステムにおける物理的資産のデジタルツイン自動生成プログラムとシステム）（SAP）のような特許がそれにあたるという。このメタバース空間における知的財産権、またこのメタバース空間を支える技術についての知的財産権がどのようになるかについては今後注目されていくことになろう。

方向なものではなく、書かれているものを読むことや他人が読めるように基本的なコンテンツを発表する以外に、できることはほとんどなかった。次にやって来たウェブ 2.0 は「リード/ライト」型インターネットとも呼ばれ、閲覧だけではなく、ファイルを開いて編集できるようになった。このウェブ 2.0 では、ユーザーはコンテンツを消費するだけではなく、自ら作成し、ブログやフェイスブック、ツイッター、インスタグラムなどのソーシャルメディアの台頭により、コンテンツ共有が主流となった。しかしこの段階では、いわゆる GAFA などのプラットフォーマーが支配するスマホ時代のウェブにとどまる。GAFA が仕掛けるターゲット広告やマーケティングキャンペーンの問題、データプライバシーの問題、ビッグデータや AI を駆使する GAFA と、データを集約され、ターゲット広告の対象となってビジネス的な搾取の対象となるユーザー、その他の企業という構図から脱却できないものとなっていた。

　一方、ウェブ 3.0 では、インターネットの「リード/ライト/オウン（読み出し/書き込み/保有）段階に発展すると言われている。自らのデータと引き換えに GAFA が提供する無料のプラットフォームに参加するのではなく、ブロックチェーンや NFT を通してユーザーはプロトコルのガバナンスや運営に参加することができる。ユーザーは単に顧客として商品を買うだけではなく、参加者や株主になることができ、SNS やデータ取引が民主化することになる。すなわち、ウェブ 3.0 においては、トークンや暗号資産（仮想通貨）が株式のような役割を果たし、ブロックチェーンのような分散型ネットワーク

---

191) 文化審議会著作権分科会基本政策小委員会「（第 10 回）議事録」2022 年 3 月 2 日〔増田雅史弁護士発言〕（https://www.bunka.go.jp/seisaku/bunkashingikai/chosakuken/kihonseisaku/r03_10/、2024 年 8 月 1 日最終閲覧）。「まず、NFT とは何かという点でございますけれども、これが最も難解で、かつ答えがあやふやとなってしまう点でございます。スライドには書かせていただきましたけれども、NFT とはノンファンジブル・トークンの略でして、ブロックチェーン上で発行されるトークンと言われる符号のようなもののうち、それぞれのトークンに独自の個性が付与されていて、ほかのトークンと区別可能なものです。ファンジブルかノンファンジブルかは、要するに代替性があるかないかですけれども、ファンジブル・トークンの代表格とされているのがビットコインですとかイーサといった暗号資産でして、それとの対比で言いますと、数量的に把握して、例えば 1 ビットコインと 1 ビットコインを足すと 2 ビットコインになりますとか、分割すると 0.5 ビットコインずつになりますとか、そういった形で把握することが可能なものがファンジブルなトークン。そういう把握に全く適さない、一つ一つ個性があるものがノンファンジブル・トークンであると考えられています。」

が仮想空間上の「所有権」を公示する。無論、法的な意味での所有権ではないのであるが、ブロックチェーンという仮想空間における帳簿に自己の「権利」が公示されることによって、そこに「所有権」のようなものを観念し、経済的な取引を行おうとするものであるからである。トークンを十分に保有していれば、ネットワークで発言権や議決権を持てることにもなる。ガバナンストークン保有者は、自らの資産を使って、例えば分散型貸付プロトコルの将来に投票できることになる。

　ここで、単なるブロックチェーン上の記録されたデータであるNFTと、NFTに紐づけられブロックチェーンの外側で管理されているデジタルアートである「NFTデジタルアート」とを区別して整理する考え方もある。NFTの取引主体者の中では、NFTデジタルアートを所有するといった表現が用いられることが多いが、「民法上所有権の対象となるのは有体物のみであるため、データであるNFTデジタルアートは法的な所有権の対象とはな」らない。「もっとも、それが『思想又は感情を創作的に表現したもの』（著作権法2条1項1号）である場合には、当該NFTデジタルアートは著作物となりその創作者には著作権が発生」する。「著作権が発生した場合、デジタルアートの創作者は当該著作権を侵害する者に対し、侵害行為の差し止めと被った損害の賠償を請求することができ」る。「また、創作者は、第三者に対しNFTデジタルアートの利用を許諾することもでき」る。「これに対し、単に『NFT』の場合は、ブロックチェーン上に記録されたデータとしてのトークンそれ自体を指」し、「NFTのデータの内容は、…通常それ自体がコンテンツデータを内包しているわけでは」ないため、「NFTと紐づけられたNFTデジタルアートはNFTとは別個のデータとな」る。このように、「NFTとNFTデジタルアートとはときに混同して説明されていることがあ」るが、「NFTに関する取引において何が取引の対象となっていて、購入者がいかなる法的権利を取得できるのかを検討するにあたって両概念を区別することは重要」、とされている[192]。

　さて、NFTアート取引では、一体何が取引の対象とされているのであろう

---

192) 手代木啓「NFTの仕組みとNFT取引に関する法的問題」大江橋ニュースレター2022年1月号（2022年）3頁。

か。この点については、まだ確立した学説などはないであろうが、「NFTアート取引とは、デジタルアート作品に関連するデータが記録されたトークンの取引に過ぎず、作品自体が移転するわけではない…デジタルアートは元作品が物理的に存在しないため、NFTを購入しても、その対象となる作品自体を専有できないし、これを展示する権利も生じない…作品を創作したアーティスト（著作権者）やその許諾を受けて出品する事業者は、NFT保有者に対し、著作権の一部を一定の下で行使する権利（利用権）を付与している。この利用権は、多くの場合、NFTアート取引の場を提供するプラットフォーム事業者が設ける利用規約（プラットフォーム規約）において、NFT購入者は対象作品を一定の範囲で利用できる旨を定める方法で付与される…このように、NFT対象作品の利用権は、プラットフォーム規約により、発生・存続する」とする見解がある[193]。このように考えることになると、NFTアートは知的財産権で保護されているかに見えて、実は契約での保護にとどまっているといえる。

　これは、いうなれば博物館や美術館において、展示されている著作物について、来館者に対し、観覧料の支払いや写真撮影禁止を要求しているのと同様に、NFTアートとしてデジタル作品に改ざん不能なシールを貼ってNFT権利者以外の閲覧者に対し、観覧料の支払いや複製禁止を要求しているのと類似しているように見える。絵画などの有体物の著作物を展示する博物館や美術館については、博物館・美術館という敷地・建物の所有権に基づき、そこへの立ち入りを許容し作品へのアクセスを認める際の対価・条件である、とする見解[194]がある一方、NFTアートについては、プラットフォームという「敷地」の管理権・運営権に基づいて、そこへのアクセスを許容し、NFT

---

193) 島田真琴「現代アート・NFTアートと著作権」ジュリストNo.1572（特集 プラットフォームワークと法）（2022年）71頁。
194) 愛知ほか・前掲＜注138＞8頁は、顔真卿自書中告身帖事件（最高裁第二小法廷昭和59年1月20日判決（民集38巻1号1頁））を批判し、博物館の観覧料や写真撮影禁止権について、「原作品の有体物の面に対する所有権に由来するもの」、「所有権者が無対物である著作物を体現している有体物としての原作品を所有していることから生じる反射的効果」とする最高裁の見解を否定し、作品の所有権に直接由来するものではなく、敷地・建物の所有権等の管理権に基づくものであるという。この点、NFTアートについても、著作権に由来するものではなく、プラットフォームの運営・管理権に基づくものであって、規約の形で体現される債権的なものであろうと考えられる。

アートへのアクセスを認めるというプラットフォーム規約に由来した対価・条件であるといえる。これも、物権的な著作権ではなく、債権的な契約が優先されている実例ではないだろうか。

　純粋な知的財産権の取引ではなく、プラットフォーム規約に由来した取引であるからこそ、既存の知的財産権上の限界を超えるような枠組みも可能となる。NFT アートの二次取引と、消尽の関係がそれである。NFT アート取引では、トークンである NFT を移転する取引が行われ、それとともに著作物たるデジタルアートの利用権が譲渡される。プラットフォームの規約に基づいて、著作権者が NFT 保有者に利用許諾による利用権を付与した上で、当該利用権が譲渡される。著作権者は、NFT 保有者による著作物の利用に際して、利用料を取得できる。ゆえに、NFT が転々流通する度に、その転得者に対して、随時、著作権者は利用料の支払いを請求できることになる。有体物を介した原作品の譲渡の場合には、伝統的な知的財産権上の法理論である消尽論によって、転得者に対し利用料の支払いを請求できなくなる一方、NFT アート取引は、著作権法上の取引ではないため、消尽論を誘発せず、プラットフォーム規約に由来した取引として、二次利用でも二重・三重に利得機会を得ることができる。そうすると、プラットフォーム規約に由来した権利の方が、伝統的な著作権よりも原作者・NFT 保有者に強い保護を与えることになるのではないか。本書の立場からは、むしろ、このような帰結を積極評価すべきものと思われる。このように、第四次産業革命、ウェブ3.0の時代においては、もはや伝統的な排他権構成を中心とする知的財産権法制での対応が難しくなってきているものと思われる。技術革新のスピードが非常に早いため、メタバースの世界など、法制度が既存の枠組みで果たしてうまく回るのか検証することも困難である。しかしながら、バーチャル空間ではもはや現実の世界で目に見える財産があるわけではなく、すべて仮想的な人間の頭の中の概念の整理になり、ますます知的財産権の役割が重要になるものと思われる。もっとも、これらの技術的な発展は、上述のようにモノ、ネットワーク、AI/IoT の順に単純にシリアルに発展していくというよりは、それらがパラレルに発展し、多層で複雑な階層を形成して消費を生んでいくことが考えられる。したがって、それらの技術的発展を支える知的財産権制度

のあり方も、契約法を含めた多数階層を有する多様なあり方が同時に存在するようになっていくと考えられる。

1．データ保護をめぐる契約法と知的財産法との緊張関係

　日本においては、AI/IoT の時代の知的財産制度のあり方について、第四次産業革命・Society 5.0 という産業構造の変革を見据え、経済産業省を中心に様々なシンポジウム、委員会などで議論され、その成果は報告書やガイドラインの形でまとめられてきている。

　例えば、IoT 等で大量に蓄積されるデジタルデータや、AI 生成物とその生成に関する「学習用データ」及び「学習済みモデル」などの新たな情報財の知財制度上のあり方について検討した「新たな情報財検討委員会」の議論の結果によると、何らかの物権的な権利を設定するアプローチについては、「ビジネスモデルが確立しない中で、強い権利が与えられると、ビジネスモデルを試行錯誤しづらくなるとの指摘」、「データを実際に利活用して社会に利益を生み出す事業者を保護する必要があり、権利侵害による差止を主張されてサービスを提供できなくなることは、社会的にも避けるべきとの指摘」等に基づき、「以上から、利活用促進の観点で利用を拒否することができる排他的な権利として物権的な権利を設定することについて、現時点では望ましいとは言えず、欧州における検討状況等を注視していくことが適当である」との方向性が示された。ここで、正当な差止請求権の行使が強すぎるという点の根拠は明らかではなく、また、利用促進であるからといって違法なものを促進するわけにはいかないはずなので、なぜ物権的な権利の設定が、「現時点では望ましいものとはいえず」となるかは、報告書の内容からは必ずしも明らかではない。

　また、データ利活用促進のための権利設定をすることについても、「データ利活用ビジネスの動向やデータ取引市場の状況、諸外国の検討状況等を注視しつつ、必要かどうかも含めて引き続き検討することが適当である」との方向性が示され、具体的に検討を進めるべき事項として、不正競争防止法の拡張などの行為規制アプローチやデータ流通基盤の中での事実上のルール作成の支援、データ契約上の留意点を整理するなどの民間の取り組みを支援する

アプローチが採用された[195]。

　IoT 時代の情報財についてのデータ・オーナーシップ[196]については、実務家からも、「従来の知的財産制度における所有権的構成を取らず、利用権として構成すべきであろう」との意見が出ている[197]。ここでいう「利用権」というものの具体的な中身は、報告書からは必ずしも明らかではない。

　このような議論からは、少なくとも日本においては、データの利活用について、特許権に代表されるような行政機関による独占排他権の付与や、創作と同時に独占排他権である著作権が生じるというような従来型の物権的な知的財産権による保護が必ずしも求められていないことを意味するように思われる。データの利活用については、当事者間の契約による取り決めを中心とする取引とし、データの漏洩や不正使用といった場合に、営業秘密や後述する限定提供データなどの行為規制法上の保護を与えるにとどめ、データの利活用そのものは契約に委ねるという債権的な知的財産権のあり方を社会が求めているように思われる[198]。後述するように、データは、収集者のデータ管

---

195) 産業構造審議会・知的財産分科会・営業秘密の保護・活用に関する小委員会「第四次産業革命を視野に入れた不正競争防止法に関する検討　中間とりまとめ」(2017 年 5 月) 14-16 頁。(https://www.meti.go.jp/report/whitepaper/data/pdf/20170509001_1.pdf、2024 年 8 月 1 日最終閲覧)。
196) データ・オーナーシップについては、法的な定義はないが、「一般には、データに適法にアクセスし、その利用をコントロールできる事実上の地位、または契約によってデータの利用権限を取り決めた場合にはそのような債権的な地位を指す」ことが多いとされる。経済産業省「AI・データの利用に関する契約ガイドライン」(2018 年 6 月) 14 頁。(https://warp.da.ndl.go.jp/info:ndljp/pid/12166597/www.meti.go.jp/press/2018/06/20180615001/20180615001-1.pdf、2024 年 8 月 1 日最終閲覧)。
197) 林いづみ「IoT 時代の情報財(営業秘密を含む)の利用に関する課題と対応」土肥一史古希『知的財産法のモルゲンロート』(中央経済社、2017 年) 188 頁。
198) 例えば、中山＝韓・前掲<注 7>52 頁以下は、「従来の営業秘密は大量にあるいは広く流通させることは難しかったが、秘密情報を強固にコントロールできるようになると、契約により秘密情報を大量に流通に置くことが可能となるということも意味している。そして契約自由の原則の下に、情報の保有者が、知的財産法の規定にかかわりなく自由に契約内容を決定しうる可能性が出現してきた。このことを裏から見ると、契約により、契約法と知的財産法との緊張関係が生じることになる」という。本文中にも述べたとおり、中山がいう「契約法と知的財産法との緊張関係」とは必ずしもどのような意味なのかは明らかではないが、知的財産権による物権的な保護だけでなく、契約による債権的な知財保護の必要性を社会が求めていくことを示唆しているのかも知れない。松田俊治「(講演録) 著作権ライセンス取引 (利用許諾) をめぐる法的諸問題」コピライト 49 巻 576 号 (2009 年) 2 頁以下は、「適用ある法律の二重性」という問題があると指摘する。すなわち、著作権ライセンス取引における例を挙げ、利用許諾の場面では著作権 63 条 1 項から 3 項までが適用されるところ、ロイヤルティやライセンスの種別 (著作権法には専用実施権、通常実施権といった区別はない)、サブライセンスなどのごく一般的な概念が著作権法には規定がないことを指摘し、民法においては非典型契約とされ、ライセンス契約をもっぱら念頭に置いた規定はなく、類推適用や強行法規、任意法規という問題が出る、という点を指摘する。

理の前から既にあるものである。すでに存在するのだが、この収集するという行為によってある付加価値が与えられ、そこに価値があると信ずる当事者がその価値に対して取引を行う際に当事者間の契約によって取り決めればよいのであって、第三者に対して影響のあるような物権の創設や行為規制法上の保護がふさわしいとは思えない。現時点の日本における企業実務を見ても、限定適用データによる保護に関する認知度は必ずしも高くなく、ましてやデータを実質的にコントロールしている企業が外国に集中している現状の中で、日本の不正競争法上の限定適用データを積極的に利用するというシナリオが現実に沿っていないように思われるからである。

　データの利活用について契約自由の原則を貫けば、当事者間の合意で物事が決定し、知的財産法上の規定は任意規定となり、契約がない場合のデフォルト・ルールを定めたものに過ぎなくなる。しかしながら、契約自由の原則を貫けば、知的財産法が目的としている保護と利用のバランス調整に支障が出る場合がある。したがって、いかなる場合に契約自由の原則を重視し、いかなる場合に知的財産法による強行法規性を強調するのかが問題となってくるであろう。データの保護に関して言えば、今までは契約自由の原則に任せられていたものが、例えば、不正競争防止法の限定提供データ制度の導入により、契約自由の原則による自由交渉に知的財産法が一定の干渉[199]をしてくるといった状況にあると言える。このような状況を、「契約法と知的財産法との緊張関係」と呼んでいいのではないだろうか。Ⅲ.2以下、さらにビッグデータの保護についての議論を概観する。後述するように、欧州では権利創設型の可能性が議論の途上にある一方、米国では新たな法制度を用いることなく契約や技術保護手段、営業秘密による保護で対応しようとしている。「契約法と知的財産法との緊張関係」という図式に当てはめるならば、契約自由の原則に任せてしまう米国型と、知的財産法、特に権利創設法による絶対保護を志望する欧米型のように対照的なあり方が浮き彫りになる。その中で、日本は不正競争防止法上の限定提供データという行為規制法での保護を制度化した。この点について、日本においては、不正競争防止法の改正という方法を

---

[199] 例えば、特許消尽や当然対抗などの知的財産法側の法理の適用などである。

選択し、絶対的な権利の創設を避けたということの意味は、限定提供データの管理におけるアクセス権限の割り振りという問題を関係事業者間の契約により取り決めるものとし、法制度はそうした契約による秩序を乱す行為について、不正競争行為として規律するところに、役割を限定した、との指摘がある[200]。すなわち、原則として契約自由の原則に委ねつつ、不正な行為類型を行為規制法で規律しようとする日本型は、いわば折衷的なアプローチと言える[201]。

2. データ保護をめぐる各国における議論
(1) 欧州における議論

欧州におけるデータ保護の歴史は他の国よりも比較的古く[202]、1995年に採択されたEU加盟国の個人情報保護に関するデータ保護指令（Directive 95/46/EC）にまで遡る。この1995年のデータ保護指令は、2018年5月24日に失効し、2016年にEU一般データ保護規制（Regulation (EU) 2016/679：General Data Protection Regulation ("GDPR")）に置き換わった。一方、データベースのうち、秘密管理されているデータベースについては、営業秘密の民事的保護に関するEU指令（Directive (EU) 2016/943）により保護される。秘密管理されていないデータベースに関しては、1996年の欧州データベース指令（Directive 96/9. EC）におけるデータベース権（"Sui Generis Right"）によって保護される。Sui Generis Rightは、適当な和訳がないが、その内容は「データベースの作成者がデータ抽出・再利用から保護される権利」である[203]。

---

200) 小塚総一郎『AIの時代と法』（岩波新書、2019年）108-109頁。
201) もっとも、潮海久雄「行為規整の変容と侵害・救済の柔軟化の必要性―営業秘密の侵害行為の多様性の視点から―」Law and Technology別冊「知的財産紛争の最前線：裁判所との意見交換・最新論説No.6」（2020年）62頁は、「比較法的にみても、営業秘密の保護には、契約・財産権保護の要素が加わっている。他方で、財産権の構成を取る著作権法・特許法も、侵害の局面では、競争法に影響を与え、かつAI等による創作物も保護するため、投下資本を保護する不正競争法の性格が強くなっている。このように侵害の局面では、行為規整と財産権の構成の差は相対化されている」と指摘する。
202) 露木美幸「欧州におけるデータ保護―日本法との比較」日本知財学会誌第16巻第2号（2019年）20頁以下は、データ保護を個人情報と個人情報以外のデータベースに分け、日本と欧州の制度を対比している。
203) 泉恒希「ビッグデータの法的保護に関する一考察」金融研究39巻1号（2020年）95頁および泉恒希「ビッグデータの法的保護に関する一考察」知的財産法政策学研究第58号（2021年）173頁。

しかしながら、このデータベース権は、データベース作成者がなした質的・量的に実質的な投資をしたことを証明することを要件とする（欧州データベース指令第7条1項[204]）。ここでいう「実質的投資」の対象がデータ入手（obtaining）に対する投資に限定され、データの創出（creation）に対する投資はこれに含まれないとされる。したがって、ビッグデータに関しては、ほとんどの場合、データの創出（creation）になることが多いため、データベース権による保護から除外される[205]。

そこで、2017年には、通達「欧州データ経済の構築"Building a European Data Economy"[206]」において、データプロデューサの権利が議論された。また、2018年には、有識者によりデータベース指令がデータ経済に適合するかどうかの調査が行われている[207]。2021年には、Sui Generis rightが現在および将来において、機械生成データに拡張されるべきかどうかを検討しており、その範囲の見直しを行っている[208]。

また、欧州委員会は、2020年代に入り、データガバナンス法、デジタル市場法、デジタルサービス法、データ法などの法制を矢継ぎ早に行っている。

2020年11月25日に公表されたデータガバナンス法[209]（2022年5月発効）は、データ共有の信頼性向上と、EU域内の官民を超えたデータ共有の促進

---

[204] "Member States shall provide for a right for the maker of a database which shows that there has been qualitatively and/or quantitatively a substantial investment in either the obtaining, verification or presentation of the contents to prevent extraction and/or re-utilization of the whole or of a substantial part, evaluated qualitatively and/or quantitatively, of the contents of that database." Article 7.1, DIRECTIVE 96/9/EC OF THE EUROPEAN PARLIAMENT AND OF THE COUNCIL of 11 March 1996 on the legal protection of databases.

[205] 泉・前掲＜注203＞金融研究95頁以下および知的財産法政策学研究173頁以下、露木・前掲＜注202＞25頁、山根・前掲＜注9＞97頁、蘆立順美「データベース権によって保護される『投資』の範囲」中山信弘還暦『知的財産法の理論と現代的課題』（弘文堂、2005年）473頁、蘆立順美「欧州データベース保護指令に関する動向」日本工業所有権法学会年報30号（2007年）231頁。

[206] European Commission, Communication on "Building a European Data Economy", COM (2017) 9 final (10 January 2017).

[207] European Commission, "Study in Support of the Evaluation of Directive 96/9/EC on the Legal Protection of Database", Final Report (2018).

[208] European Commission Work Programme 2021 : A Union of vitality in a world of fragility, Annex 1, 2 ; EU Inception Impact Assessment on the Data Act (Including the Review of the Directive 96/9/EC on the Legal Protection of Databases) Ares (2021) 3527151, 28 May 2021.

について規定している。具体的には、公共機関が持つデータの再利用の促進、データ仲介者の信頼性を強化するための届出義務、利他的な／公益の目的でデータを収集し処理する事業者の自発的な登録の仕組みを規定している。データ仲介サービスや公共のためのデータ提供のほか、政府保有情報の二次利用等について定め、個人や企業の自発的なデータ共有を促進することを目的とする[210]。

2020年12月15日に公表されたデジタル市場法[211]（2022年3月発効）は、デジタルセクターの市場をより公平で争いやすくするためのEUの新しい規定であり、大規模な事業者、いわゆる「ゲートキーパー」を特定するための明確に定義された一連の客観的基準を確立している。これは、特定の市場に限定されないゲートキーパーによる不公正な慣行に対処し、他社や開発者に開放する義務を課すものである[212]。

2020年12月15日に公表されたデジタルサービス法[213]（本書初稿時、未施行。2024年2月17日EU加盟国内で適用開始。）は、オンラインプラットフォーム等の仲介サービス提供者に対して、コンテンツに対する責任を明確にし、対応を促している。

2022年2月23日に欧州委員会により公表されたデータ法案[214]（本書初稿時、未施行。2024年1月11日発効、2025年9月12日施行予定。）は、EUで生成されたデータを誰が使用およびアクセスできるかについての新しい規則を提案している。データ法案は、2020年2月に欧州委員会が公表した「欧州データ戦

---

209) Proposal for a REGULATION OF THE EUROPEAN PARLIAMENT AND OF THE COUNCIL on European data governance (Data Governance Act), Brussels, 25.11.2020 COM (2020) 767 final 2020/0340 (COD).
210) 潮海久雄「データ共有の法的課題―IoT、AI開発の事例―」特許研究第75号（2023年）9頁。同論文は、各種データ関連法制定の背景やその問題点を詳述する。
211) REGULATION (EU) 2022/1925 OF THE EUROPEAN PARLIAMENT AND OF THE COUNCIL of 14 September 2022 on contestable and fair markets in the digital sector and amending Directives (EU) 2019/1937 and (EU) 2020/1828 (Digital Markets Act).
212) 潮海・前掲＜注210＞9頁。
213) REGULATION (EU) 2022/2065 OF THE EUROPEAN PARLIAMENT AND OF THE COUNCIL of 19 October 2022 on a Single Market For Digital Services and amending Directive 2000/31/EC (Digital Services Act).
214) Proposal for a REGULATION OF THE EUROPEAN PARLIAMENT AND OF THE COUNCIL on harmonised rules on fair access to and use of data (Data Act), Brussels, 23.2.2022 COM (2022) 68 final 2022/0047 (COD).

略(European strategy for data)」で提案された法的枠組みの一つであり、「データ経済における関係者間でデータ価値を公平に配分し、データへのアクセスおよび利用を促進すること」を目的としている[215]。データ法案では、製品またはサービスの提供者がデータをユーザー本人に対してアクセス可能とする義務やデータ保有者がユーザーからのリクエストにより、第三者に対してデータ提供する義務、データ保有者の公的機関等に対するデータ提供義務などが謳われている。これを受け、EU市場向けにIoT関連製品・サービスの提供を行う企業は、製品・サービスの設計段階からユーザーによる一定のデータアクセス権や第三者へのデータ提供義務などを負い、一定のコスト負担やビジネスモデルの変更を余儀なくされるおそれがあることなどが産業界や実務者から指摘されている[216]。このデータ法案は、GDPRのデータポータビリティを拡張し、B2Bにおいてデータを営業秘密として保護する場合もデータ共有を認め、SaaSなどのクラウド契約のスイッチングも認めている[217]。

　以上のように概観した欧州におけるデータ保護法制を以下のとおりまとめる。

　このような様々な法制度が設けられている中で、欧州では、機械的に生成される生データの保護に焦点があてられることが多く、2017年の時点では、欧州委員会では、データ作成者に物権的な権利（a right in rem）を付与する案[218]と、事実上のデータ保有者に不正利用に対する純粋に防御的な権利

---

215) Explanatory Memorandum 1. Context of the Proposal, Proposal for a REGULATION OF THE EUROPEAN PARLIAMENT AND OF THE COUNCIL on harmonised rules on fair access to and use of data (Data Act).
216) Business Europe（欧州産業連盟）プレスリリース "Data Act：EU data sharing framework should foster investment"、(https://www.businesseurope.eu/publications/data-act-eu-data-sharing-framework-should-foster-investment、2023年9月12日最終閲覧)、殿村桂司＝今野由紀子「欧州データ法（Data Act）の法案の公表」テクノロジー法ニュースレター2022年3月No.10 欧州最新法律情報2022年3月No.7（2022年）4頁、(https://www.noandt.com/publications/publication20220301/、2024年8月1日最終閲覧)。
217) 潮海・前掲＜注210＞9頁。
218) 山根・前掲＜注9＞101頁注（46）によると、データ作成者に物権的な権利（a right in rem）を付与する案は、バーゼル大学Herbert Zechが提唱したと言われる。Herbert Zech, "Daten als Wirtschaftsgut−Überlegungen zu einem 'Recht des Datenerzeugers'", Computer und Recht 137 (2015); Herbert Zech, A legal framework for a data economy in the European Digital Single Market：rights to use data, 11 J. Int. Prop. L. & Prac. 460 (2016); Herbert Zech, Data as tradeable commodity, in EUROPEAN CONTRACT LAW AND THE DIGITAL SINGLE MARKET, 51 (Alberto de Franceschi, ed., Intersentia, 2016) 参照。

類型		内容		指令/規制			
データ保護	個人情報			個人情報保護に関するデータ保護指令（Directive 95/46/EC）（2018年失効）→EU一般データ保護規制（Regulation (EU) 2016/679：General Data Protection Regulation ("GDPR"））			
	データベース	秘密管理されているもの		営業秘密の民事的保護に関するEU指令（Directive (EU) 2016/943）			
		秘密管理されていないもの	コンテンツの入手	欧州データベース指令（Directive 96/9.EC）European Commission, Commission Staff Working Document on Evaluation of Directive 96/9/EC on the legal protection of databases SWD (25 April 2018) 146 final.	データベース権"Sui Generis Right"		
			コンテンツの創出	通達「欧州データ経済の構築」European Commission, Communication on "Building a European Data Economy," OM (2017) 9 final (10 January 2017)→事実上、取り下げ	データプロデューサの権利"Data Producer's Right"（案）	A案：物権的な権利付与	
						B案：防御的権利	
データ取引規制	EU域内の官民を超えたデータ共有			データガバナンス法（Data Governance Act）			
	「ゲートキーパー」を特定するための明確に定義			デジタル市場法（Digital Markets Act）			
	オンラインプラットフォーム等の仲介サービス提供者の責任			デジタルサービス法（Digital Services Act）			
	EUで生成されたデータの使用およびアクセス			データ法（Data Act）			

表6　欧州におけるデータの保護法制

(purely Defensive rights) を付与する案の両案が対立[219]し、「欧州委員会は、この提案に関する審議を具体的に進めることができないまま現在に至っている」とのことであった[220]。

この両案のうち、データ作成者に物権的な権利 (a right in rem) を付与する案 (以下、「欧州A型」という) は、物権的な権利を与えることで、データ作成とその公表に対するインセンティブを与え、情報材の市場を生みだす、というものである[221]。この欧州A型の案に対しては、企業はすでにデータの事実上の排他性に基づいてそのデータを商品化できると認識している (立法事実の欠如) ため、物権的な排他的保護を与えて新たにインセンティブを保障する必要はないという批判がある[222]。さらに、データ作成者の権利を認めることがかえってデータの円滑な流通や取引を阻害する可能性が高いとする批判、利害関係が複雑で誰をデータ作成者として保護すべきかの線引きが難しいといった批判があった[223]。これらの批判は、マックスプランク研究所や同所長のJosef Drexl教授から出された。Josef Drexl教授は、「排他的権利は、情報の自由に対する基本的な権利と簡単にコンフリクトを生じる"exclusive property protection would easily conflict with the fundamental right of freedom of information."」と指摘する[224]。禁止権を中心とする排他権をデータ保護の分野で安易に制度化すると、そもそも情報の自由な流通により発展してきたビッグデータによる技術的発展の阻害になる、という指摘であろう。第一章で見てきた排他権を本質とみる特許権の本質論について批判的な本書の立場とも整合する[225]。

他方、事実上のデータ保有者に不正利用に対する純粋に防御的な権利

---

219) European Commission, *Commission Staff Working Document on the free flow of data and emerging issues of the European data economy*, SWD (2017) 2 final (10 January 2017), 33 f.
220) 山根・前掲<注9>95頁。
221) 山根・前掲<注9>102頁、Zech, A Legal Framework, supra note 52, at 470.
222) 山根・前掲<注9>107頁、Josef Drexl, Designing Competitive Markets for Industrial Data-Between Propertisation and Access, 8 J. Intell. Prop. Info. Tech. & Electronic Com. L 257, 273 (2017).)
223) 山根・前掲<注9>108頁。
224) Drexl・前掲<注222>269。
225) もっとも、知的財産権の本質を専用権と解しても、データの独占的利用を企図する権利である以上、情報の自由とのコンフリクトは生じ得ると考えることもできる。

(purely defensive rights)を付与する案（以下、「欧州B型」という）は、不正利用があった場合の救済措置に留まり、「わが国の限定提供データの不正利用に対する規律に近いものである」[226]。この欧州B型の案に対しては、営業秘密保護制度を阻害し、情報の自由を不当に制限することになる[227]との批判があった。

近時、2016年に欧州議会が採択した営業秘密保護指令[228]によってビッグデータを保護する案（以下、「欧州C型」という）も有力となっている[229]。「同指令に基づく保護は、データの自由な流通を不必要にゆがめることなく、データ経済におけるデータ保有者の保護ニーズをより適切に実現しうる点で評価されている」と評価されている一方で、営業秘密保護が秘密要件を要求している点については、ビッグデータ保護の課題と指摘されている[230]。

欧州A型や欧州B型に対する批判を受け、2018年に欧州委員会は、1996年の欧州議会が採択したデータベース指令[231]について、データベースの法的保護に資するものであるか評価した[232]。コンテンツの選択・配置についての著作権上の保護と、コンテンツの取得、検証、または提示に相当な投資が行われている限り、その独創性に関係なくデータベースを保護する独自の権利（sui generis権）の2つ基軸とするデータベース指令について、各国の保護制度を効果的に調和（harmonisation）させ、国の分断を減らしていると結論づけた。欧州におけるデータベースの全体的な生産にも、EUデータベース業界の競争力にも、悪影響を与えるものではないとし、保護範囲が適切に限定されているため、データベース作成者とユーザーの権利と利益の間の適切な

---

226) 山根・前掲＜注9＞109頁。
227) 山根・前掲＜注9＞110頁、Drexl, supra note 54 at 102-103.
228) Directive (EU) 2016/943 of the European Parliament and the Council of 8 June 2016 on the protection of undisclosed know-how and business information (trade secrets) against their unlawful acquisition, use or disclosure,[2016] OJ L 157/1.
229) 山根・前掲＜注9＞111頁。
230) 一方で、営業秘密保護が秘密要件を要求している点については、ビッグデータ保護の課題と指摘されている。Drexl, supra note 54 at 269. 山根・前掲＜注9＞112頁。
231) Directive 96/9/EC of the European Parliament and of the Council of 11 March 1996 on the legal protection of databases,[1996] OJ L77/20.
232) European Commission, Commission Staff Working Document on Evaluation of Directive 96/9/EC on the legal protection of databases SWD (25 April 2018) 146 final.

バランスが確保されていると結論づけた[233]。これにより、事実上、欧州委員会は、欧州A型や欧州B型などを事実上、取り下げている格好になっている[234]。

このように、欧州では、データベース権による保護はビッグデータの保護については要件を満たさず、データ生成者に対する物権的権利の付与（欧州A型）と、事実上のデータ保有者に不正利用に対する純粋に防御的な権利（purely defensive rights）を付与する案（欧州B型）は事実上取り下げられ、営業秘密保護指令によるビッグデータ保護（欧州C型）がある中、データガバナンス法、デジタル市場法、デジタルサービス法、データ法などの法制により、EU域内の官民を超えたデータ共有の促進や「ゲートキーパー」の特定、オンラインプラットフォーム等の仲介サービス提供者に対する責任、EUで生成されたデータを誰が使用およびアクセスできるかについてなど、いわば外堀を規定するような法整備が行われている。

(2) **米国における議論**

米国では、データ保護をパーソナルデータと非パーソナルデータに分け、パーソナルデータについては、特定の分野では連邦法が制定され[235]、また州法でもカリフォルニア州消費者プライバシー法[236]が制定され、事業者が収集した個人情報の保護が図られている。一方、非パーソナルデータについては、

---

[233] European Commission・前掲＜注232＞14、79。
[234] 落合孝文ほか「〔座談会〕EUデータ法構想と包括的データ活用法制の可能性」Law & Technology 97号2-28頁（2022年）14-15頁〔山根崇邦発言〕「実は欧州委員会は、2017年1月に、冒頭で紹介したデータプロデューサーの権利の導入を検討した際に、その第2案として、日本の限定提供データ制度とよく似た（ただし保護要件は日本よりも緩やかな）制度を検討していました。…しかし最終的に、欧州委員会は、2018年にこの第2案も含めて導入を見送っています。」、潮海・前掲＜注210＞8頁。Leistner, Matthias and Antoine, Lucie, IPR and the Use of Open Data and Data Sharing Initiatives by Public and Private Actors（May 3, 2022）. Commission Staff Working Document, Evaluation of Directive 96/9/EC on the legal protection of databases, SWD (2018) 146 final, 2018, p.47, pointing at the 'restricted policy potential' and 'the limited range of problems' which would make an reform 'largely disproportionate'.
[235] 例えば、プライバシー法（Privacy Act of 1974）、公正信用報告法（Fair Credit Reporting Act）、金融サービス近代化法（Gramm-Leach-Bliley Act）、医療保険の相互運用性と説明責任に関する法律（Health Insurance Portability and Accountability Act）、児童オンラインプライバシー保護法（Children's Online Privacy Protection Act）など。
[236] California Consumer Privacy Act of 2018.

類型	内容	批判
欧州A型	データ生成者に対する物権的な権利の付与	立法事実の欠如。かえってデータの円滑な流通や取引が阻害。誰をデータ作成者として保護すべきか。
欧州B型	事実上のデータ保有者に不正利用に対する純粋に防御的な権利を付与する案	営業秘密保護制度を阻害し、情報の自由を不当に制限。
欧州C型	営業秘密によってビッグデータを保護する案	営業秘密保護が秘密要件を要求している点については、ビッグデータ保護の課題。
審議されず	データベースの保護の見直し	センサなどによるデータ収集のための投資はあくまでデータの創出に対する投資であって、データの入手に対する実質的な投資とは言えない。

表7 欧州におけるビッグデータの保護類型の対比

大きく営業秘密による保護、特許権による保護、著作権による保護、契約による保護があり、コンピュータへの不正アクセスからの保護としては、刑法上の保護[237]がある。

従来からの営業秘密による保護としては、州法ではコモンロー上の営業秘密の保護をモデル法としてまとめた不法行為法理ステイトメントおよび統一営業秘密法（Uniform Trade Secret Act）がある。また、連邦法としては、軍事技術情報などを国際的な流出することなどから防ぐための連邦経済スパイ法（Economic Espionage Act of 1996）や民事的救済を図る連邦営業秘密保護法（Defend Trade Secret Act）などがある。また、特許法による保護としても、限定的であり、特許適格性に関する判例上の例外（自然法則、自然現象、抽象的アイデア）に該当するか否かを判断するためのAlice/Mayo Testに基づく特許法101条の保護適格性の要件[238]により、データ自体やコンピューター・プログラム自体は、保護対象とならず、このAlice/Mayo Testに基づく特許法101条の保護適格性の要件を満たす必要がある。著作権による保護としては、データベースを整理し、配列し、編集した編集著作物は、*Feist*最高裁判決により、最低限の創造性を有する限り著作権の保護を得ることができる[239]。

---

237) 連邦刑法1030条は、総合犯罪規制法（Comprehensive Crime Control Act）、コンピュータ犯罪取締法（Computer Fraud and Abuse Act）により修正され罰則が強化されている。

しかしながら、米国では、「データの大きな価値やその経済的重要性にもかかわらず、機械的に生成されるデータを保護するために新しい権利や制度を導入する必要があるかという点については、これを積極的に支持する意見はほとんどみられない」とされる[240]。米国においては、データの不正アクセスや軍事転用などに対する規制、個人データ保護などには法整備がなされているが、必ずしもデータ保護に対する独自の権利付与や行為規制が行われているわけではない。そうすると、データに関しては、米国では既存の営業秘密による保護の他、当事者の契約による保護[241]、さらに法的手段ではないが技術的保護手段による事実上の保護により保護することになる[242]。当事者の力関係による行き過ぎた契約交渉については、独禁法上の保護で対応するということになろう。

(3) 中国における議論

2021年、中国において初めての個人情報保護法が制定・施行された[243]。この法律は、個人情報の権利及び利益を保護し、個人情報取扱い活動を規制し、個人情報の合理的な使用を促進するため制定された（同第1条）。この個人情

---

238) Alice Corp. Pty. Ltd. v. CLS Bank Int'l, 573 U.S. 208, 134 S. Ct. 2347（2014）および Mayo Collaborative Services v. Prometheus Laboratories, Inc., 566 U.S. 66, 132 S. Ct. 1289（2012）の2つの最高裁判決に基づく特許適格性の判断テスト。ステップ1として、クレームが方法、機械、製造物若しくは組成物であるか否か、が判断され、そうであれば、ステップ2Aとして、クレームが自然法則、自然現象又は抽象アイディアを対象としているか否か、が判断され、そうであれば、ステップ2Bとして、クレームが判例上の例外をはるかに超える（significantly more）追加の要素に言及しているか、が判断される。これがそうであれば、そのクレームに係る発明は、米国特許法101条に規定される特許適格性あり、と判断される。米国特許商標庁「Subject matter eligibility」（https://www.uspto.gov/patents/laws/examination-policy/subject-matter-eligibility、2024年8月1日最終閲覧）。
239) "As this Court has explained, the Constitution mandates some minimal degree of creativity ... and an author who claims infringement must prove "the existence of ... intellectual production, of thought, and conception."Feist Publications, Inc. v. Rural Tel. Serv. Co., 499 U.S. 340, 111 S. Ct. 1282, 1296, 113 L. Ed. 2d 358（1991）.
240) 山根・前掲＜注9＞113頁。
241) 小田哲明＝クリスミズモト「米国におけるデータ保護および国際間移転」日本知財学会誌第16巻第2号（2019年）15頁。
242) 山根・前掲＜注9＞114-115頁。
243) 中华人民共和国个人信息保护法。2021年8月20日に、第十三期全国人民代表大会常務委員会第30回会議の審議を経て、中国個人情報保護法が正式に可決成立し、公布され、同年11月1日に施行された。

報保護法ともに、中国では、2016年に制定された中国サイバーセキュリティ法、2021年の中国データ安全法などがあり、中国サイバーセキュリティ法はネットワーク空間の主権並びに国の安全及び社会の公共的利益を保つことが規定され、中国データ安全法では、データ処理活動を規範化し、データ安全を保障し、データの開発利用の促進、個人組織の権利利益の保護などが規定されている[244]。

　一方で、民法や専利法、著作権法、反不正当競争法などの知的財産法での解釈による権利保護も行われている。専利法は、日本でいう特許権や実用新案権、意匠権包含するような法律であるが、データを発明専利として保護するには、データ自体に自然法則を利用した技術的思想を見出すことが必要であるところそれは困難であり、また意匠専利としても物品性も欠いているため、データそのものを保護することは難しいところ、コンピューター・プログラムに基づく技術思想であれば発明専利としての保護が得られる可能性がある[245]。著作権法による保護としては、中国著作権法第14条による編集著作物として保護される可能性があるが、対象のデータ等が編集著作物性を満たすためには、一定の創作性が必要とされる[246]。この点は米国その他の国と同様である。

　反不正当競争法による保護としては、秘密性、商業的価値性、秘密管理性を要件とする営業秘密としての保護の他、このような営業秘密としての要件を満たさない場合であっても、不正競争行為（反不正当競争法第2条）にいう「経営者が生産経理活動において、本邦の規定に違反して、市場競争秩序を攪乱し、ほかの経営者または消費者の適法な権益を損なう行為」であれば、他人が莫大な投資や資源をかけて収集・処理したデータについてはその無断使用から保護する事例[247]が出ている。

　中国では、現時点において創作性のないデータベースに関し、欧州のよう

---

244) 松尾剛行「中国の個人情報保護とデータ運用に関する法制度の論点」情報通信政策研究第5巻第2号（2022年）31頁。
245) 方喜玲「中国におけるデータの知的財産法における保護・活用と課題」日本知財学会誌第16巻第2号（2019年）34頁。
246) 方・前掲＜注245＞34頁。
247) 一審：2015年海民（知）初字第12602号判決書；二審：(2016) 京73民終588号判決書。方・前掲＜注245＞36頁。

な「独自の権利」を付与する法制度は存在しない。しかし、1996年のEUデータ指令のような特別立法をすべきであるとの意見が中国司法界・ビジネス界で強く主張されているようである[248]。

このように、中国におけるビッグデータに関しては、専利法や著作権法による保護の他、営業秘密による保護の他、反不正当競争法による保護があり、この点では日本の限定提供データの保護のあり方に近いものがある。さらに、当事者の契約による保護、さらに法的手段ではないが技術的保護手段による事実上の保護により保護することになるがあることは米国などと同様である。

(4) 日本における議論

ビッグデータを巡る議論については、世界的な潮流として、従来型の物権的な知的財産権の付与という方法から離れた方法が議論されているようである。すなわち、特許権に代表されるような行政機関による独占排他権の付与といったものではなく、また、創作と同時に独占排他権である著作権が生じるというような無審査の権利付与でもない。むしろ、国家による権利付与という構造ではなく、データという既にそこにある実在の価値を前提に、当事者間の契約によってそれを保護するという債権的な知的財産権のあり方が有効である。なぜならば、知的財産法は、創作法であれば発明や創作をなした者に対し特別の物権的な権利を与える、標識法であれば営業努力等により信用を化体させた者に対し特別の物権的な権利を与える、不正競争防止法であれば営業秘密として管理して経済的価値を高めた者に対し特別の行為規制法上の保護を与える、というように何か法的保護に値する価値のある活動を行った者に対し物権的な権利を与えることでその保護を行ってきており、そのような特別な行為をした者でない限り、差止めを伴う強力な物権的な権利を認めてこなかった。たとえ「額に汗」してデータを集めたとしてもそれだけでは著作権法上の創作性がないものとして著作物としては扱われず、一定の要件のもと不法行為責任を問いうる余地があるにすぎない状態であった[249]。

---

248) 富永隆介＝呉漢東「知的財産権を活用した中国におけるビッグデータの保護に関する考察」パテント71巻5号（2018年）75頁。
249) 東京地裁平成13年5月25日中間判決（判タ1081号267頁）〔翼システム事件〕参照。

著作権法は元来文化・芸術的な作品における創作物を保護するものであって、単なるデータの羅列に創作性を認めず、私人による独占を認めて来なかったからである。

しかし昨今では状況が異なる。ユーザーの嗜好を浮き彫りにして購買意欲を促進するため巨大なデータがそれ自体で経済的な価値を生み、このデータの収集作業に膨大な投資が行われる。このように莫大な投資により収集したデータはもはや「額に汗」といったレベルのものではなく、これを盗用されてしまうと企業として致命的な損失になるレベルに達している。そうすると、必ずしも文化芸術の範囲に属する創作でなくとも、産業政策上、保護対象とする必要性が生まれてくる。

例えば、いわゆる GAFA のようなシリコンバレー系の企業のデータ活用と、そのサービスを利用する一般ユーザーとの関係をみると、必ずしも物権のような対世効のある保護が行われているわけではなく、当事者間における契約・規約により、事実上の経済状態が保護されているに過ぎない。これは、GAFA などのグローバル巨大企業がいわゆる私企業として価値の高い商品やサービスを通してその市場における事実上の専有力を発揮しているのであって、必ずしも国家の知的財産管轄官庁による保護を必要としていないからである。

一方で、このような議論の流れに反するかのように、我が国においては、平成 30 年第 196 会通常国会において「不正競争防止法等の一部を改正する法律」（法律第 33 号）が可決成立し、不正競争防止法が改正された。この改正は、データの利活用を促進するための環境を整備するため、ID・パスワード等により管理しつつ相手方を限定して提供するデータを不正取得等する行為を、新たに不正競争行為に位置づけ、これに対する差止請求権等の民事上の救済措置を設けるものである[250]。

この限定提供データ制度に関する指針作りのためのワーキンググループ座長を担当した田村は、ビックデータ保護に関する立法論として、大別して、

---

[250] 経済産業省「平成 30 年改正（限定提供データの不正取得等を不正競争行為として追加、技術的制限手段に係る規律強化）」（https://www.meti.go.jp/policy/economy/chizai/chiteki/kaisei_old.html、2023 年 9 月 12 日最終閲覧）。

二つの方向性があり得るとしている。「一つは、保護される客体に着目して、その保護の要件を調整することを主眼とする法技術であり、他方は、規制される行為に関して、その態様を特定することを主眼とする法技術」であるとする[251]。前者を客体アプローチ（subject matter approach）、後者を行為アプローチ（conduct-based approach）と呼ぶ。田村は、EUデータベース指令（1996年）によるデータベース保護に関する sui generis right（個別立法により認められた権利）は、客体アプローチの例であるとする[252]。

　この立法趣旨として、「わが国では、(i)データの創出、収集、分析、管理等の投資に対する適正な対価回収の機会の確保および(ii)データ取引の安定化の2点を主な理由として、限定提供データに対する保護法制を整備したことが窺える」と説明されている[253]。

　しかしながら、先述の欧州や米国での議論を踏まえると、果たして、(i)がいうような新権利創設によるインセンティブが本当に必要だったのかは疑問である。現時点の日本における企業実務を見ても、限定適用データによる保護に関する認知度は必ずしも高くなく、ましてやGAFAなどの外資系の企業の知的財産担当が日本の不正競争法上の限定適用データを積極的に利用するというシナリオを想像できない。

　田村は、限定提供データ制度について、「今回の改正については、ビッグデータ保護を念頭に置いておそらく世界初の立法」という[254]。田村は、「限定提供データの不正利用行為規制は、限定提供データに関して物権的な知的財産権を確立するものではなく、あくまでも、不正取得行為、正当取得者の図利加害目的による突破行為に対する規制として制度化されている」としている[255]。

　しかしながら、データそのものの性質上、その収集者が作り出したものではなく、もともとそこにあるものであって、収集者によって拾い集められた

---

251) 田村＝岡村・前掲＜注8＞＜対談＞6頁〔田村善之発言〕。田村・前掲＜注8＞年報知的財産法31頁。
252) 田村・前掲＜注8＞年報知的財産法31頁。
253) 山根・前掲＜注9＞93頁。田村・前掲＜注8＞年報知的財産法28頁も参照。
254) 田村＝岡村・前掲＜注8＞＜対談＞18頁〔田村善之発言〕。
255) 田村・前掲＜注8＞年報知的財産法41頁。

にすぎない[256]。収集者によって拾い上げられる以前からそこに存在していたのである。この点で、今までになかった発明や著作物を保護する創作法による保護とは異質のものである。次に一定の要件を満たした場合に、行為規制法の対象となるかについては、営業秘密の保持者によって秘密として管理された一定の情報は、その保持者による管理の前には存在しなかった情報・ノウハウであるからここには一定の価値があり、その漏洩や不正取得行為に対しては、差止や罰則を設けることは「秘密は守られなければならない」という一般の感覚とも整合するであろう。しかしながら、データに関しては、収集者のデータ管理の前から既にあるものであって、ここに価値があると考える当事者がその価値に対して取引を行う際に当事者間の契約によって取り決めればよいのであって、第三者に対して影響のあるような物権の創設や行為規制法上の保護がふさわしいとは思えない。その意味では、米国型の契約による保護が現実的であって、これが国際スタンダードとなっている現状を考えると、各国間で異なる取り扱いをすると、かえって混乱をきたすことにもなりかねない。

　世界に先駆けて、物権的ではない行為規制アプローチによる知的財産権保護制度を導入したものの、データの利活用がグローバルに行われる中で、諸外国の法制度の足並みがそろっていない中、日本だけが特異な制度になっていないか、今後の評価を待たねばならない。

　また、日本企業がデータ活用の発信源になっているのであれば、日本法の行為規制法によるアプローチが、世界的なスタンダードになることも考えられる。しかしながら、米国 GAFA 企業の台頭をみると、日本企業のデータ活用が必ずしも世界でリードをとっているとはいい難い状況で、日本だけが独自に法基盤を整備したとしても、注目されることは少ないのではないか。行為規制法で保護するべき立法事実がどこまで存在するかに関する議論が十分

---

256) 潮海・前掲＜注210＞11頁は、限定提供データが公知のデータも保護する点が批判されたとしつつも、「開発契約・営業秘密契約の保護の不備（第三者に対する請求）を補い、安心して第三者と契約する趣旨で制定されている」とし、「また［北朝鮮最判］以来、知的財産権のない情報材には不法行為法の保護がない点が判例法で確定し、また、データ利用に関する権利制限限定（30条の4）も規定されている」以上、「欧米よりもデータ保護が薄く、要件も限定されているため、限定提供データの保護は正当化されると考える」という。

にされていなかったのではあるまいか。

3．サブスク時代における知財課題

　次に、このAI/IoT時代のビッグデータ保護と並ぶ特徴的な変化としてサブスクモデルについて議論を行う。サブスクモデルとは、一般に広く受け入れられている明確な定義はないが、ここでは、一定期間、継続的に受け取る商品やサービスに対して対価を支払ういわゆる「定額制」のモデルをいうものとする。

　従来の商取引では、消費者が都度、代金を支払って商品を購入する「買い切り型」のビジネスモデルが主流であった。しかしながら、消費者のライフスタイルやニーズの変化にともない、近年では、消費者が一定の利用期間に対して料金を支払ってサービスを利用する「サブスク」のビジネスモデルが増えてきている。

　「サブスクリプション（subscription）」とは本来、「予約購読」や「申し込み」を意味する言葉である。その名のとおり書籍を定期購読するように、期間に対する料金を支払うことで提供を受ける形式のサービスが、サブスクモデルと呼ばれる。例として、音楽では「Apple Music」や「Amazon Music」など、月額料金を支払えば音楽が聞き放題となるサービスがある。ソフトウェア関係では、WordやExcel、Adobe関係のPhotoshopなど、今まではソフトを購入して利用していたところ、ここ数年ではサブスクが広がり、「Office 365」や「Adobe Creative Cloud」など、アカウントを作成し、月額プランに沿って利用することも増えている。

　このように、月額制など定額での支払いをビジネスモデルとしていたサブスクは現在、さらに個人の需要にあわせた機能やサービスを提供する形へ変化して行く必要があるという[257]。

　電通デジタルデジタルトランスフォーメーション部門サービスマーケティング事業部長安田裕美子氏と、同マーケティングデザイングループマネー

---

[257] CNET 阿久津良和 別井貴志（編集部）2019年5月16日8時00分記事「電通デジタルが考える「サブスクリプション3.0」の世界--マーケターはサービスマネージャーへ」（https://japan.cnet.com/article/35136734/、2024年8月1日最終閲覧）。

ジャー外山遊己氏によるサブスクモデルの分類は、以下のとおりである[258]。

① サブスク1.0：モノやサービスの定額制利用やまとめ払い、頒布会など。消費者の嗜好は反映されず、一律のサービスやモノを提供する。
② サブスク2.0：プライス型のパッケージプランがあるなど、利用のタイプ別にパッケージ化されたサブスクリプションサービス。デジタルサービス系が多い。
③ サブスク3.0：ユーザーの利用状況に合わせてサービスが、1 to 1にカスタマイズされたり、アップグレード／ダウングレードされるなど双方向型のサービス。提供サービスがデジタルサービスあるいはIoTであること、あるいはチャットで利用状況データを取得するなどの仕組が必要。

　現在はまだサブスク3.0の段階に至っているとは言えないが、サブスク1.0やサブスク2.0のように、サブスクモデルでは、販売ではなく、サブスクリプション（購読）行為による経済的活動がメインになる。必ずしも売買による所有権の移転が経済活動のメインではなくなる。例えば、アマゾン社が提供する一定期間の読み放題、アップル社が提供する一定期間の聞き放題などがその例である。
　このようなサブスクモデルを念頭に置いたとき、例えば特許消尽のモデルは従来のようなアプローチでよいのだろうか。現状の米国判例のようにauthorized salesで消尽するかどうかを決定するという基準を設けることに限界はないのであろうか。対象物の販売ではないが、購読期間中は対価を支払うことにより権利の使用を認められているといった場合にはいかなる場合でも消尽しないと考えることが妥当なのであろうか。例えば、我が国の前掲薬剤分包用ロールペーパー事件が対象物の貸与では消尽しないとしていることは、サブスク時代にも妥当するのであろうか。
　この点について示唆的な見解として、愛知は、「たとえば、特許権者Aが特許製品の所有権を留保し、一定の場合には相手方Bから製品を回収するという契約（実質的には、使用貸借契約）のもと、これをBに引き渡したところ、Bが無断でこれを第三者Cに引き渡し、Cがこれを善意取得（民法192条）したケース」について、善意取得された製品について特許権行使を認め

---
258) 阿久津・前掲＜注257＞ウェブページ。

ることは、当該製品の円滑な流通を阻害することになるため、「このようなケースでは、消尽が肯定されてよい」とする[259]。しかしながら、サブスクモデルにおける「貸与」のような場合においては、それが当事者の意思として選ばれた特定の契約をしたわけであるから、むしろ取引の安全よりも当事者の意思を尊重して消尽論を否定するということも想定できるのではないか。これによって、貸与品の上でサービスを提供するような事業者に対しては、特許権者からの権利行使の余地を残すことで多様な権利行使の在り方が可能となる。このような場合には、もともと貸与品であるから完全な所有権を得ているわけではないので、貸与品であることが明確に公示されれば、当事者の意思よりも取引の安全を重視する必要もないと考えられる[260]。公示の方法は、どのようにすべきかについては、議論の余地があろう。非常に小さな商品であれば、商品自体に表示することに困難を伴う形もある。QRコードやウェブでの公示など、現代の技術に沿った柔軟な運用を認めるべきであろう。

4．小　括

　本章では、まず、ビッグデータをめぐる保護のあり方と、サブスク時代における知財課題について概観してきた。契約自由の原則に任せてしまう米国型、権利創設法による物権的な保護を行う欧州A型、防御的権利または行為規制法により保護をしようとする欧州B型及び日本型、営業秘密保護指令による保護という欧州C型もある。世界的にみると、ビッグデータの保護のあり方はまだまだ多様な発展を遂げており、近く統一されるとは思えない。一

---

259) 愛知・前掲＜注179＞205-206頁。
260) ここでいう公示は、「販売」ではなく「貸与」品であることの公示であって、FRAND宣言されたSEPの実施品の「販売」による消尽の場合とは異なる。特許製品またはライセンス許諾製品の「販売」であれば通常消尽するところ、この例外としてSEPに関しては、FRAND条件の制約の下、特許権の消尽が発生しない例外的な扱いをしてもよいのではないかと論じた。一方、「販売」ではなく「貸与」であるということは、そもそも定型的に消尽を発生させないため、この点は、個別判断の下で例外として消尽が発生ない場合とは区別されるべきであると考える。判例も、このような「貸与」が消尽のトリガーとならないことに、SEPであることを求めているわけではない。では、貸与の公示さえされていれば、特許権者は全くフリーハンドに権利行使ができるのか、という問題があるが、こちらは、実体的に真正な「貸与」と判断できるかを個別具体的に判断すべきであり、実体を伴わない「貸与」であれば、「販売」と同様に解して消尽の対象とすべきであるし、虚偽または不公正な取引実態については、民法上または競争法上の制約にも服する場合もあり得ると考える。

方で、現実的に経済力を持ち、膨大なデータ量の保持者であるGAFAは米国に集中している。とすると、各国がいくら法制度の整備を急いでも自国の企業のデータ保護に資するというよりは、極端な話、GAFAのローカルオフィスがそれぞれの国の法制度にあった保護やその国ごとの法制度に則った企業戦略を描くときに参照するのみ、といったことになってしまうおそれがある。また、このような実務的な観点からだけではなく、理論的に見ても、データそのものの性質上、物権的な保護や行為規制法上の保護になじまないものなのではないだろうか。上述のように、データというものは、その収集者が作り出したものではなく、もともとそこにあるものであって、収集者によって拾い集められたにすぎない。データに関しては、収集者のデータ管理の前から既にあるものであって、ここに価値があると考える当事者がその価値に対して取引を行う際に当事者間の契約によって取り決めればよいのであって、第三者に対して影響のあるような物権の創設や行為規制法上の保護はふさわしくない点を述べた。

　次に、AI/IoT時代のビッグデータ保護と並ぶ特徴的な変化としてサブスクモデルを概観した。ここでは、サブスクモデルにおける特許消尽の枠組みについて課題提起を行った。すなわち、対象物の販売ではないが、購読期間中は対価を支払うことにより権利の使用を認められている、といった場合にはいかなる場合でも消尽しないと考えることは妥当ではなく、一定の場合には、消尽しない例外を設けるべきであるという点に言及した。「モノ」から「コト」の時代にあっては、同じ「モノ」であっても、その譲受人が特許権者の想定しない「コト」に利用することにより、特許権者が第一譲渡時に想定していた対価では捕捉できない利用価値があり、もはや伝統的な消尽の理論的根拠のみに留まることなく、当事者の意思に基づき消尽の成否が決せられるという「契約による消尽の相対化」を取り入れるべきである点を指摘した。Ⅳ以下では、AI/IoT時代のビッグデータ保護やサブスクモデルの時代からみた従来の知的財産法体系とその問題点について触れる。

Ⅳ．従来の知的財産法体系とその問題点

　現状の知的財産法体系は、原則として、保護対象に物権的保護を与え、発明や著作物、意匠などの人間の創作物を保護するとともに、営業上の信用については標識法を通して保護を与えている。差止請求権の濫用について各国の裁判所により判例が積み重ねられるなど、権利制限法理も徐々に発展してきた。いずれも物権的保護とその例外と位置付けられる。これらは客体的アプローチとして整理できる。

　他方、特許法や著作権法、意匠法、商標法などの典型的な知財各種法で保護されない、あるいは、保護が十分でない領域として、ノウハウ、キャラクター権、パロディ権、商品化権、半導体IP、ビッグデータ、衣服ファッション、振り付けなど、事実上市場において価値を有するものが次々と生まれ、契約書により当事者間で規定され取引されてきた（契約による保護間隙の補充）。さらに、営業秘密の保護や限定提供データの保護にみられるように、場合によっては不正競争防止法により対世的な保護が与えられ、行為規制法的アプローチとして、不正行為に対する保護が与えられている。

　このような知的財産法の保護は、ヌケ・モレのないMECE（Mutually Exclusive and Collectively Exhaustive）になっているのであろうか[261]。むしろ、産業発展の過程で伝統的に発生してきた発明や著作物を順に保護の対象としてきたのであって、さらに時代の発展とともに後天的に生まれてきた知的財産を保護する体系を順々に生み出していくというのが現状であろう。

　本章では、本書の最終章として、従来の知的財産権法体系とその問題点について、知的財産権の「保護の間隙」と契約による補充という観点を端緒に検討していき、今後の知的財産権法を再体系化していく上で何からの示唆を

---

[261] 渋谷達紀「知的財産保護の交錯・専属・欠如　特集　知的財産法の現状と課題」日本工業所有権法学会年報30号（2006年）55頁以下は、人間を手術する方法・診断・治療する方法、遺伝情報、タイプフェイス、集積するデータ・パブリシティ価値を有するモノの名称、各種の表示、著作物の題号を例に挙げ、「知的財産法の欠如」として保護が及んでいないとしている。また、知的財産権保護の「交錯」や「専属」などの例も挙げ、保護が重複していたり、保護が拒まれていることについても言及している。

与えることを目指す。

1．知的財産法の「保護の間隙」と「債権的」知的財産権による補充

知的財産法の保護対象は、初めから確定された不動のものではなく、時代の要請に伴って保護すべき領域が広がっていくという流動性を持ったものである。しかし、実務上、何らかの「無体物」に対する保護のニーズが生まれたとしても、それに対処すべく、現実に立法され知的財産法体系に組み込まれるには時間を要するため、保護の間隙が生じる。この保護の間隙を埋めるための工夫が実務上は「契約」によって実現されている。

このような「無体物」に対する実務上の保護ニーズをすくい上げ、「保護の間隙」を埋めるために、新たな「知的財産権」を立法により創設する際には、無体物に対する経済的価値があるだけでは足りず、それに加えて、創作インセンティブ（創作法）、営業上の信用形成と需要者の保護（標識法）、氏名肖像に対しては保護すべき人格パブリシティ権）など付加的要素があって初めて知的財産権としての法律上の保護が与えられる。一方、このような付加的要素のないその他の雑多な知的「財産」については、自然発生的な当事者間による契約上の保護に任せることになるが、これで十分な保護といえるのであろうか。

契約による保護は、物権的保護に対し、知的「財産」の債権的保護ともいえるところ、このような債権的な保護であっても、不正競争防止法による不正取得・開示行為の禁止などの補完もあり、十分な保護を達成することができるともいえる[262]。確かに、現実には契約による保護は、ビジネス上の力関係に依存するものであり、事実上利用者の立場が大幅に損なわれるリスクもある。しかしながら、独禁法や民法の公序良俗規定の適用により、過度なパワーバランスの欠如による弊害を防ぐことができるように思われる。

---

[262] 横山久芳「創作投資の保護 特集 知的財産法の現状と課題」日本工業所有権法学会年報第30号（2006年）145頁は、「取引的価値を有する成果物一般について、その創作投資の回収の合理的な実現を妨げる態様での模倣行為について、成果開発者の投資回収に必要な範囲で差止めによる保護を認める根拠となる一般条項を導入することも検討に値するであろう」と述べる。しかしながら、現在に至ってもそのような一般条項を導入する声は世界的に広がっておらず、事実上は当事者の契約によって保護されているに留まるようである。

仮に、契約による保護では不十分であって、「知的財産権」による物権的な保護を求めるニーズが出てきた場合でも、単に経済的価値がある無体物を他に何の要件も加えずに保護するとなると、これもまた問題が生ずる場合がある。例えば、祇園祭りのように、その著名性や伝統などから顧客吸引力を有する人が集まる大規模かつ定例の祭りやイベントなど、経済的な価値を有する無体物とみることもできる。そして、祇園祭に集まった客によって、その界隈の商店が普段以上の売上げをあげた場合、その商店は祇園祭の顧客吸引力を無断利用したと言えるかもしれないが、だからといって、このような無断利用行為を規制すべきだと考える者はいないであろう。このようなものを知的財産権として保護すべきという考え方は一般的には採られていないだろう。したがって、前述のような「付加的要素」がない限り、単に「無体物に顧客吸引力など経済的価値があるから」という一事をもって当然に知的財産権による物権的な保護が正当化されるわけではない。

では、単に経済的価値を有する無体物と、知的財産法上の保護に値する無体物との線引きはどこでするのか。次節にて、知的財産として保護される根拠について改めて検討する。

2．知的財産法上の保護に値する無体物の価値

単に経済的価値を有する無体物と、知的財産法上の保護に値する無体物との線引きを考える上で、例えば、限定提供データなどの新たな保護対象が生まれた場合には、創作、営業上の信用、人格といった従来の知的財産法が拠り所にしていた法的保護を要する「付加的要素」のカテゴリーが本当にそれでよかったのか、改めて見直す必要が出てくる。これは、限定提供データという新たなカテゴリーが創作でもなく、信用でもなく、人格といったものでもないからである。では、限定提供データが知的財産権として保護される正当化事由は、どのようなものであろうか。産業構造審議会知的財産分科会「不正競争防止小委員会」（以下、「小委」という。）では、営業秘密の保護・活用に関する小委の「中間とりまとめ」に沿って、平成29年7月から、不正競争防止法の改正に向け、データ利活用促進に向けた制度等について検討を行った。その中で、限定提供データによる保護の「必要性」の項目で次のように

記載している[263]。

　第四次産業革命を背景に、データは企業の競争力の源泉としての価値を増しており、その適切な利活用を進めることは、我が国の成長力を高める鍵となる。データの利活用の態様を見ると、これまでは個々の企業において、独自に利活用されることが多かったが、近年は、複数の企業が連携した形でデータの利活用が進みつつあり、そうした取組は官民一体となって推進されている。例えば、工作機械、橋梁等のセンサから得られる稼働等の状況データ、気象データ、化学物質等の素材データ、自動車の車載センサ、ウェアラブル機器、スマートフォン等から得られる消費等の動向や人流データ等については、複数の企業で、産業分野横断的に共有される取組が進みつつあり、様々な産業・企業では、そうしたデータを用いて、新たな事業が創出されるなど、我が国経済を牽引しうる高い付加価値が生み出されている。

　多種多様なデータがつながることにより新たな付加価値が創出される産業社会、コネクテッド・インダストリーズ（connected industries）の実現に向けては、データ提供事業者に対する認定制度等のデータ提供へのインセンティブ付与、契約の高度化に向けたガイドラインの改訂、安心してデータを取引できる環境整備等、データの流通・利活用の促進に向けた横断的な施策を一体として推進することが重要である。小委においては、特に、安心してデータを取引できる環境整備の側面から検討を行った。

小委では、複数の企業で、データが産業分野横断的に共有され、新たな事業が創出されるなど、我が国経済を牽引しうる高い付加価値が生み出されていることを指摘している。この見解によると、ビッグデータの経済的な価値の保護とそのインセンティブというより他に、知的財産権による保護を正当化する根拠について議論されておらず[264]、経済的な価値があるのでこれにインセンティブを与えるという一点のみにその正当化根拠を求めているように思われる。単に経済的価値を有する無体物に知的財産権法上の保護を与えてよいのだろうか。

263）産業構造審議会 知的財産分科会不正競争防止小委員会「データ利活用促進に向けた検討　中間報告」（平成 30 年 1 月）3 頁（https://www.meti.go.jp/report/whitepaper/data/pdf/20180124001_01.pdf、2024 年 8 月 1 日最終閲覧）。
264）田村＝岡村・前掲＜注 8＞《対談》6 頁〔岡村久道発言〕、田村・前掲＜注 8＞28 頁、重冨貴光「限定提供データ保護について」パテント 73 巻 8 号（別冊 23 号）(2020 年）2 頁。

他方で、知的財産法による保護が否定された情報は自由利用が保証され、その情報が無断利用（フリーライド）された場合に、その情報が他の固有の法益侵害を構成する場合には不法行為の成立が認められる[265]。そうであるならば、データの収集等に対するインセンティブ保障という法益侵害に対しては不法行為による保護でもよく、我が国独自の特異な新制度を作ってまで保護しなければならないものではないように思われる。

　このような中、2017 年に翻訳が刊行されたロバート・P・マージェス（Robert P. Merges）の「知財の正義（Justifying Intellectual Property）」[266]は、非功利主義的な立場から知的財産権がなぜ正当化されるのかを議論しており、示唆に富む[267]。

　マージェスが、特にロックの労働所有説をもとに、神が与えた自然状態から、その自然状態から腐敗する前に、自らの身体を所有する人間が自分の身体から生み出した労働を付け加えることにより得た物に所有権を観念してこれを正当化することを強調し、さらにこのことが知的財産権にも妥当する、としている点が興味深い。

　しかしながら、特許権や著作権の対象たる発明や著作物の創作者や商標権が保護する標章に化体した営業上の信用について、必ずしも人間の労働の産物であるからという点のみをもって保護すべきとされたものでもないように思われる。すなわち、労働の成果であったとしても、新規なものでない場合や進歩性を有しないものであれば保護の対象とはならないし、他人の著作物に依拠した場合、いかにその模倣に労力を払ったからといって保護の対象とすべきではない。他人の商標に類似した標章を長年使用して一定の信用が化体したものであっても差止請求の対象たり得るのもそのためである。

---

[265] 愛知ほか・前掲＜注138＞478-479 頁は、最高裁平成 16 年 2 月 13 日判決（民集 58 巻 2 号 311 頁）〔ギャロップレーサー事件〕および最高裁平成 23 年 12 月 8 日判決（民集 65 巻 9 号 3275 頁）〔北朝鮮映画事件〕などを例にとり不法行為法による知的財産保護を概観している。
[266] ロバート・P・マージェス（山根崇邦ほか訳）『知財の正義』（勁草書房、2017 年）1 頁以下。
[267] 『知財の正義』の規範的基盤の論理が、つまるところ職業的創作者の「自律」のためには知的財産権の保護が必要であるという一条の「蜘蛛の糸」によって支えられている点を指摘し、その蜘蛛の糸の頑健性（あるいは脆弱性）を批判的に検証するものとして、田村善之「蜘蛛の糸：『知財の哲学』『知財の理論』からみた『知財の正義』」田村善之＝山根崇邦編『知財のフロンティア 1』（勁草書房、2021 年）3 頁以下。

では、特許法や著作権法、意匠法、商標法などの典型的な知財各種法で保護されない、あるいは、保護が十分でない、ノウハウ、キャラクター権、パロディ権、商品化権、半導体IP、ビッグデータ、衣服ファッション、振り付けなど、事実上市場において価値を有するものに対して、契約による保護を越えて、対世効を有する知的財産権による保護が必要となる境界はどこにあるべきか。

ビッグデータのような経済的な価値とそのインセンティブという他に正当化根拠がないものについては、差止請求を伴う知的財産法上の保護を与えるべきではなかったのではないだろうか。半導体集積回路配置法[268]のように、実務に先行して立法されたものの、実際には実務上使われていない法律もある[269]。限定提供データによる保護も、半導体回路配置利用権と同様の死文化した知的財産法とならないだろうか。一方で、半導体IPのように、システムLSIの設計資産として現実にライセンス取引の対象とされているものも存在する[270]。このような半導体IPを明文で保護する知的財産法は存在しない。しかしながら、半導体メーカー同士は、契約にてこれを定義し、実際のライセンス契約で現実の取引をしている。

答えは一様ではない。ここでは、既存の知的財産権の正当化根拠にとどまらず、これから生まれる新たなカテゴリーの知的財産権についても妥当する正当化根拠を見出していくべきであるという課題提起に留める。技術や社会制度が発展し、歴史の発展によってそれが熟成し、当該知的財産らしきものの正当性が明確になり、国家による保護、さらに国際的な保護に発展するま

---

268) 半導体集積回路の回路配置に関する法律（昭和60年法律第43号）。
269) 高橋雄一郎「連載講座：企業活動と知的財産制度—知的財産制度の現状と活用状況-第6回：回路配置利用権登録の現状と課題」情報管理46巻8号（2003年）514頁は、半導体回路配置利用権について、登録件数がごく少数であることとともに、回路配置利用権侵害にかかる侵害訴訟が皆無であること、日本の半導体メーカーの中には平成2年から7年ごろにかけて、韓国や台湾の半導体メーカーを相手に特許ライセンス交渉をする際、登録した回路配置利用権を行使したところも少なからずあるが、韓国メーカーとの交渉では、「似てる似てない」の水かけ論に終わっただけ、とする。回路配置利用権の保護対象のマスクパターンが1980年ごろまでは紙と鉛筆で行い大きな紙に定規と色鉛筆を使って書き込む方法が主流だったのが、半導体技術の進歩とともに回路配置利用権侵害自体がまれになっていることに起因する、という。
270) 高橋・前掲＜注269＞516頁は、半導体IPには、ハードIPとソフトIPとがあり、前者はレイアウト設計データの形態をとる設計資産であり、後者はHDL言語等で技術された論理設計資産であり、特許権以外での保護の必要性を示唆している。

では、当事者間の契約による債権的保護により当面の暫定的な保護を行うというのが現実解なのかも知れない。無論、限定提供データ保護の立法論でも議論されたとおり、「契約当事者が合意によって創設した権利義務の範囲では債権的保護を受けるにすぎず、契約違反行為がされたとしても、契約違反行為に対する差止請求が認められるとは一般に解されていない。[271]」しかし、立法的解決を待つまでもなく、「ライセンス亜種」のように「知的財産亜種」は偶発的に次々と生まれ、歴史によって淘汰されることにより、真に保護されるものになるかどうかの試金石となるだろう。

3．手続法上の変化

一方で、中国や米国、欧州、インドといった裁判所で禁訴令（Anti-Suit Injunction, "ASI"）と呼ばれるものが発令されている現状がある。これは、知的財産権のような実体法上の問題ではなく、手続法上の問題である。ASIとは、「実質的に同一の紛争が複数の国の裁判所に係属する並行訴訟において、一方当事者による外国裁判所での提訴等の司法的救済を禁止するという差止命令[272]」をいう。法的にいえば、これは仮処分の一種といえ、中国の場合だと、中国民事訴訟法100条や101条の「行為保全」の一適用例[273]である。とはいえ、各国裁判所での差止命令を実行しようとすれば、ASIを受けた国で罰金などが科されるため、他国での差止命令を実行することができないこととなる。となると、特許制度の根幹たる差止請求権が脅かされることになる。このような手続法上の変化が、ファーウェイ（華為）社とコンバーサント社とのASI合戦、シャオミ（小米）社とインターデジタル社のASI合戦、サムソン社とエリクソン社のASI合戦など、スマホメーカーとSEP保有者との

271）重冨・前掲＜注264＞2頁。
272）遠藤誠「中国における『禁訴令』（Anti-Suit Injunction）について」2021年7月26日刊BLJ法律事務所［論文］「中国における『禁訴令』（Anti-Suit Injunction）について」特許ニュース「中国知財の最新動向」第26回15460号1頁。一国の裁判所が下した「Anti-Suit Injunction」への対抗手段として、「Anti-Suit Injunction」を受けた当事者が、さらに他国の裁判訴でそれを差し止めるために、「Anti-Anti-Suit Injunction」を求めることもある。
273）中国民訴法100条の定める措置は、「証拠保全」と呼ばれ、主に判決の執行不能又は当事者におけるその他の損害を予防するための保全措置であるのに対し、同法101条に定める措置は、「訴訟前保全」と呼ばれ、緊急状況によって利害関係者が回復不能な損害を受けることを予防するための保全措置である。遠藤・前掲＜注272＞2頁。

紛争により実体法上の特許権の保護に影響を及ぼすに至った。結局、裁判による解決を封じ込められた当事者が和解による解決を行うほかなくなるということにもなる。今後は、実体法的な知的財産権の体系化とともに、このような手続法上の課題も検討していかなければならない。

なお、このような公的な裁判による紛争解決がASIによって無力化されるという事態の中、注目されているのは、プラットフォーマーによる準司法的な（あるいは、仲裁や調停といったAlternative Dispute Resolution、ADRのような）紛争解決手段である。一例を挙げると、本書執筆当時において、アマゾン社が提供するAmazon Utility Patent Neutral Evaluationというサービス[274]では、アマゾン社で販売等される商品に特許侵害問題の疑いがある場合に、ある当事者がアマゾン社に対し、訴状類似の書面を提出し一定の審査料を支払えば、アマゾン社が提供するニュートラルな評価者による評価を受けることができる。疑いをかけられた商品の販売者も書面によって反論することができ、訴訟類似の当事者対立構造でニュートラルな評価者による評価を受けることができる。アマゾン社に対する費用は主張が認められなかった者が支払う。販売者は「敗訴」すると、Amazonマーケットプレイスから商品が取り除かれ、同じ商品を販売することができない。控訴のような手続きはないが、不服がある者は地方裁判所による通常の裁判をする権利を妨げられない。このような制度は以前から商標権や著作権侵害などのいわゆる模造品対策として行われることがあったが、特許権侵害についても同様のプログラムが作られるようになった。巨大なプライベート市場を有するプラットフォーマーが自らのマーケット支配力を利用して私的な「差止請求権」を創設したようにも思われる。このような動きは今後知的財産権の保護に与える影響が大きく、注目に値するが、紙幅の都合もあり本書ではその指摘にとどめる。

---

[274] Carey C. Jordan. Vorys Sater Seymour and Pease LLP "Amazon Creates a Cost-Effective and Efficient Patent Infringement Remedy for Infringing Products Sold on its Marketplace by Third Parties" Dec. 5, 2019, https://www.voryscontrol.com/blog/amazon-creates-a-cost-effective-and-efficient-patent-infringement-remedy/#page=1, last visited September. 12, 2023.

V. 結　論

　本書は、筆者が「ライセンス亜種」と呼ぶ、権利不主張、standstill、defensive termination、springing license といった各種の契約類型を概観するとともに、AI/IoT の時代、ウェブ 3.0 の時代を迎える中での各国におけるデータ保護、サブスクといった新たな契約類型などを切り口として、その中で見えてくる従来の知的財産法体系の課題を探求することを目指したものである。

　伝統的に物権的権利として構成される特許権や著作権に代表される知的財産権が、モノの時代からネットワークの時代、AI/IoT の時代、ウェブ 3.0 の時代へと技術が発展、変遷していくにつれて、次第にその物権的性格を弱め、その保護が相対化しているのではないか、という仮説の検証を目的としている。すなわち、特許権による物権的な保護が、契約によって債権的に相対化されることにより、特許権者による独占から解放され発明の利用が促進されていき、実施権者のライセンス製品とともに市場に広がっていく、という特許法独自の世界観がより鮮明になっていくのだと考えた。いかに判例が強固に特許権の物権的側面を強調し、消尽論などにおいて絶対的な適用を謳おうとも、「ライセンス亜種」のように債権的にその物権的効力に対抗しようという動きが次々に出てくる。知的財産法と契約法の緊張関係はいよいよ鮮明になる。そのような法発展の中で、「契約による相対化」のプロセスを明らかにせんとしたのである。

　本章は、上記の問題意識を述べた I の「はじめに」と、II、III、IV に分かれた本論、および V の「結論」からなる。本章で具体的に検討されるのは、「知的財産権の排他権的構成の契約による相対化」と題した II における「権利の本質論」、「契約による相対化」、および「消尽の迂回」と、「ウェブ 3.0 時代における排他権構成の限界」と題した III における「データ保護をめぐる契約法と知的財産法との緊張関係」、「データ保護をめぐる議論」、「サブスク時代における知財課題」、「従来の知的財産法体系とその問題点」と題した IV における「知的財産法の『保護の間隙』と『債権的』知的財産権による補充」、「知的財産法上の保護に値する無対物の価値」、「手続法上の変化」およ

びⅤの「結論」である。各章の内容は、以下のとおりである。

　Ⅰでは、「契約による相対化」として、本来物権として排他的な権利である差止請求権による絶対的な保護を生来的に備えた特許権が、例えばFRAND宣言という債権による制限に服し、差止請求権の行使に一定の制限を受けることにより、相対的な保護を受けるに留まるような事象を捉えて「債権（あるいは契約という言葉を使っている場合もある）による相対化」と呼ぶことで本書が注目する事象を整理した。

　Ⅱでは、「権利の本質論」を取り扱った。知的財産法の本質を議論する現代的意義として、新たな契約モデルにおける法律問題を検討していく上で、権利の性質論という原点に返った考察が未知の法律論の課題解決のヒントになり得ると考える点を述べた。次に、権利の本質論を議論する上で、知的財産権の保護を、初期のフランス特許法のように物権そのものの効果として捉えるのか、物権そのものではなく、物権的概念を借用したものと捉えるのか、「知的財産」は単なるメタファであって、実質的には行為規制にすぎないと捉えるのか、を議論した。さらに、権利不主張といった「ライセンス亜種」の法的性質に迫るための議論のスタートラインとして、専用権説と排他権説の伝統的対立に触れた。ここで、専用権説や排他権説という古くから論争の対象となっていた見解の対立が、近時に至って、特許権の存続期間延長登録制度を巡っていずれが妥当かとの議論になった経緯を概観し、その対立が議論の実益を失っていないことについて触れた。さらに、特許法第80条1項1号の中用権や契約不適合責任をめぐる論点でも、専用権説と排他権説のいずれに立つかによって法的性質に対する見解が異なってくる点を明らかにした。こうした既存論点に対する見解の相違を明らかにしたうえで、現代的な論点である権利不主張やstandstill、defensive terminationといった「ライセンス亜種」の法的性質を検討する上でも、専用権説と排他権説の伝統的な対立がクローズアップされてくることを明らかにした。このように、権利不主張やstandstill、defensive termination、springing licenseといった今までのライセンスではない、いわば「ライセンス亜種」と呼び得るような契約枠組みが次々と考え出されてきており、それぞれの契約類型における法律上の効果などは、これから実務や判例を通して明らかになってくると考えられる。この

ような、特許法の起草者が起草当時に考えていなかったような複雑な債権的な権利が今後も増えてくると考えられ、これらが新たな価値を付加していく様子を概観した。Ⅱの最後に、「消尽の迂回」を取り上げた。ハード・ローとして、制定法や判例法で「消尽の迂回」が認められて来なかったことへの対抗策として、実務上、「ライセンス亜種」が登場し、「ライセンス亜種」というソフト・ローによる「消尽の迂回」に挑戦する実務が生まれて来たという流れの中で、「消尽の迂回」の可能性を模索した。ここでは、FRAND 条件が課された SEP または同等の義務を有する準 SEP であれば、差止請求権が制限されている点、公示が担保されている場合が多いため、取引の安全を害するおそれも少ないという点、FRAND 条件のうち Non-Discriminatory 条件（ND 条件）から、消尽の成否が特許権者の完全なフリーハンドに委ねられない点から、「消尽の迂回」を認めることが可能である旨を論じた。

　Ⅲでは、ウェブ 3.0 時代におけるいわゆるビッグデータの不正競争防止法による保護という行為規制法における排他権的構成の諸問題、メタバースや NFT アート取引における知財問題について触れる。ここでは、データ保護をめぐる議論を検討した。

　Ⅳでは、既存の知財各法で保護されない、あるいは、保護が十分でない領域として、ノウハウ、キャラクター権、パロディ権、商品化権、半導体 IP、ビッグデータ、衣服ファッション、振り付けなど、事実上市場において価値を有するものが次々と生まれ、契約書により当事者間で規定され取引されてきている点を「契約による保護間隙の補充」と呼び、単に経済的価値を有する無体物と、知的財産法上の保護に値する無体物との線引きをどこですべきかについて知的財産権の正当化根拠を概観するとともに、課題提起し、さらに知的財産権法上の保護に値する無対物の価値とは何かを検討した。手続法上の変化として、中国や米国、欧州、インドといった裁判所で出されている禁訴令（Anti-Suit Injunction, "ASI"）についても触れた。

　Ⅴとして、本章全体を総括した結論は、以下のようになる。各項ごとに得られた知見を統合し、①権利の本質論に遡った知的財産法の体系的理解の再考、②知的財産法制における当事者自治の尊重、③権利消尽論などの既存の法理論のドグマ的信仰の撤廃という 3 つの点から整理し、それら 3 つの点で

得られる効果をまとめて以下のとおり本書の結論とした。

①権利の本質論に遡った知的財産法の体系的理解の再考として、本書では、知的財産法の本質を議論する現代的意義として、新たな契約モデルにおける法律問題を検討していく上で、「専用権説」や「排他権説」といった権利の性質論を検討し、どちらかに絞った二分論よりも、排他権説を取りつつも、個別論点によっては。専用権説を採るといった柔軟性をもつことが未知の法律論の課題解決のヒントになり得ると考えた。存続期間の延長登録制度、中用権、権利不主張、契約不適合責任などの諸論点がそれら個別論点の例である。さもなければ、本質論の立場は、専用権説、排他権説といいながら、論理的に説明に窮することにもなりかねず、整合的な説明ができない場合が想定されるからである。

②知的財産法制における当事者自治の尊重では、テクノロジーの発展とともに次々と現れる新種の知的財産や取引形態について、パッチワーク的に国家が主導して法律による排他的保護を与えるのではなく、法律は最小限の関与とし、「ライセンス亜種」に代表されるような当事者の債権的な知的財産保護を認め、当事者の自治に委ねる。プラットフォーマー対個人のような当事者間の力関係に委ねるだけでは対応できないような優先的地位の濫用の問題が顕在化する場合には、独禁当局や裁判所などの関与により修正する。これにより、限定提供データ、半導体集積回路配置法といった現実には使われないような法制度の整備という社会的な取引コストを削減することができるとともに、社会変化や技術革新などに柔軟かつ迅速な保護が得られる。

③権利消尽論などの既存の法理論のドグマ的信仰の撤廃では、改正種苗法やサプライチェーンにおける侵害問題、SEP問題、NFTアート取引の実態などを見ると、場合によっては消尽の例外を認める必要もあり（あるいは、NFTアートの場合はもはや知的財産権の枠組みではなくプラットフォーム規約・当事者間の契約に身を任せた債権的保護が主流となろう）、特許法や著作権法といった知的財産法の中心をなす部分についても、取引の実態やニーズに応じて裁判例等により消尽の例外事例が蓄積されるべきである。これにより、事例を通して少しずつ原則が修正され、権利者と利用者の適正な保護のバランスが図られると考える。

なお、米国ではロバート・マージェスやピーター・ドラホス、日本では山根崇邦、田村善之らによる知的財産権の正当化根拠の研究がある。このような諸研究の成果が、既存の知的財産権の正当化根拠にとどまらず、これから生まれる新たなカテゴリーの知的財産権についても妥当する正当化根拠を見出していくことを望む。それが知的財産権として保護するのか、保護しないのかの線引きをなす根拠となっていくことが期待されるからである。

　また、消尽論のように、伝統的な枠組みが必ずしも今後の技術発展に伴う社会発展にマッチしない可能性もある。今後、種苗だから消尽しない、サプライチェーンにおける部品取引であれば消尽しない、SEPならば消尽しない、NFTアート取引なら（プラットフォーム規約に由来した権利として）消尽しない、と消尽の例外が拡大していく可能性がある。

　何をもって知的財産権と呼ぶのか、今一度、法的な保護対象とすべき社会的な価値を見つめる時期に来ているのかも知れない。今後の知的財産権の発展を見据え、新たな体系に整理し、まとめ直す試みもなされるだろう。伝統的な枠組みを踏まえつつも、その課題を止揚しさらに新たな枠組みを発展させることは、法発展の常である。

　本書の立場としては、既存の法理論のドグマ的信仰にとらわれることなく、知的財産権の正当化根拠につき飽くなき探求を進め、当事者自治に身をゆだねることが肝要であると考える。これにより、当事者間の知的財産権の「債権的」保護が促進され、社会変化や技術革新などに応じた柔軟かつ迅速な保護が得られるようになる。これによって、起草者が想定したような権利者と利用者の適正な保護のバランスが時代を超えて自然と図られるようになると考える。

　今後も、知的財産権法と契約法の緊張関係はますます様々な法的課題を生むと思われる。実務界と法曹界、学界との間の見解の相違もあろう。国ごとの違いや立場による違いもあろう。そのような様々な観点から活発に議論することで、知的財産法と契約法とが互いに刺激し合い、よりよい発展につながっていくものだと考える。何か未知の論点を検討する際に、わずかでも本章が参考になればと祈るばかりである。

〔付記〕なお、本研究は、2018 年度公益財団法人松下幸之助記念財団の研究助成（18-G006）、2018 年度公益財団法人末延財団、2019 年度公益財団法人村田学術振興財団の研究助成（H31 助人 12）の交付を受けた研究成果の一部である。ここに記して謝意を表したい。

おわりに

　本書では、権利不主張や standstill、springing license といったさまざまな契約上の新たな形態がライセンスに代わるものとして、ライセンス亜種が、実務上、考え出された経緯を概観するとともに、特許の譲渡や知財のデューデリジェンス、特許信託といったものに至るまで、昨今のダイナミックな実務上の動きについて考察を重ねてきた。この背景には、自己実施による特許製品ないしは他者に対する実施許諾によって生まれた実施品の拡布によって、特許権が用い尽くされてしまう、という特許消尽の一般法理が厳然として存在するという点であるといえる。この特許消尽は、伝統的な「物」の販売の時代においては一定の役割を担っていたであろう法理論である。すなわち、取引の安全と二重利得の防止である。しかしながら、「物」から「サービス」の時代、あるいは「ネットワーク」の時代と、テクノロジーが発展していくに従って、その一般法理では、現状に合わなくなっているのも事実であろう。それがいわゆる消尽の迂回という議論につながるものであり、実務界がなんとかしてこの特許消尽という一般法理から脱することはできないかと、諸所考えるに至っているところである。したがって、筆者がライセンス亜種と呼ぶ、この権利不主張や standstill、springing license といった枠組みを使ってなんとかこの消尽の迂回ができないか、または、特許譲渡というものをいかに産業の活性につなげていくか、といった観点から、さまざまな実務上の工夫がなされているわけである。

　このような特許権の活用に伴う大きなテーマとしてそこに横たわっているのは、特許権とその実施の事業の分離である。特許権と、その特許権の実施を行う事業とが同一の主体に帰属し、未分離の状態の場合、（すなわち、自己実施の場合）、当該特許は、自己の実施により活用されているわけであるから、その事業と分離する必要はない。しかしながら、何らかの理由でその特許権の実施を自己の事業として進められない場合、（すなわち、その特許権を他者の実施に対して活用する場合）は、その特許権と実施の事業が同一の主体

に帰属する方が自己にとって有利に働くのか、あるいはそれらを分離して、他者に帰属せしめた場合の方が有利なのかという点が考慮される。

　当該特許権とその特許権の実施の事業とが同一の主体に帰属している場合は、他者がその特許権を侵害している場合に、差止請求の他、逸失利益などの損害賠償請求も可能となる。しかしながら、同時にその権利行使の対象たる他者が、自己の事業にとって関係する特許権を保有している場合、当該他者からの対抗策としてカウンター特許を提示されるリスクがある。従来は、このようなリスクは、いわゆるクロスライセンスなどで相互にライセンス契約を結ぶことによって解消してきた。しかし、いわゆるパテント・トロールなどに代表されるように、実施の事業を持たない特許権保有主体に対しては、カウンター特許を提示することができない、などの問題点によりクロスライセンス政策がうまく立ち行かないという問題が出てきた。そこで、特許権と実施の事業とを分離することが、カウンターのリスクを避け、当該特許権の活用を促進するものであると考えられてきた。また、特許権の活用に対する防御策として、特許権の消尽が用いられることがあるが、この点に関しても、特許権と実施の事業とを分離することによって、特許権の消尽を防ぐことができる、ということが見出されるようになってきた。これが第三者を使った特許権の譲渡、あるいは知財信託の枠組みによる特許権消尽の迂回、といった新たな手法が見出されるようになった所以である。このように、単に、契約上のライセンス亜種で特許権の消尽を防ぐのみならず、特許権活用に相まって特許譲渡や知財信託などの枠組みを通じて特許権と実施の事業とが分離することにより、さらに当該特許権の価値を活用するような枠組みが登場してきたのである。このような枠組みに伴って、知的財産関連訴訟の原告適格の問題や会計上そのような連結対象外の会社の収益をどのように認識するかなどの諸問題が生まれることになった。本書は、これらの状況を概観し分析しようと試みた。

　また、特許権の活用とは、単にロイヤリティ収益の最大化を意味するものにあらず、いわゆる知財の事業化商業化などの新たな活用形態もあり得る。この点については、さらに今後発展していく余地を残している分野である。ロイヤリティ収益の増加ということによる利益の増加のみならず、自社が取

得した特許権を他者が事業として実施する、またはスタートアップ会社が自己の事業と関連するような他の事業で当該特許権を活用すること、またそのスタートアップが成長するにともなってその株式の価値を向上していくことなどの取り組みを通して社会に広く貢献していくこと、このような新たな知的財産の活用のあり方が生まれ始めている。特許権の活用、またひいては知的財産権全体の活用など、それが一体社会にどのような貢献をもたらすのか、といった点について各企業の知的財産権部門あるいは知的財産を取り扱う弁理士や弁護士といった専門家また知的財産に関する会計を取り扱う財務の専門家など、さまざまな分野で新たな知的財産権の活用を目指して取り組みが開発されているといえる。学界においても、このような産業界の動きに合わせてそれぞれの法的な枠組みや課題を再発見し、判例実務などの裁判実務においても、日本だけでなくグローバルな判例動向などを踏まえ、活発に議論されていくであろう。そのような流れの中で本書がわずかでも知的財産権の発展に貢献することができればと祈るばかりである。ここに、さらなる知的財産権の保護と利用の促進とこれに基づく世界の産業文化への寄与を祈念して本書での筆を差し置きたい。

2024 年 11 月

齊藤　尚男

事項索引

あ 行

アイディアソン ……………………………… 100
アクセレレータ …………………………… 119
アップル対サムスン事件 ……………… 216
アバスチン事件 …………………………… 177
アフターケア ……………………………… 105
委託者（settlor） ………………………… 128
移転的将来権（shifting interest） ……… 47
インカム・アプローチ …………………… 62
インクカートリッジ最高裁判決 ……… 241
ウェブ2.0 ………………………………… 250
ウェブ3.0 ………………………… 250, 253
ウェブ3.0時代 …………………………… 248
ウォンツ …………………………………… 98
営業秘密管理指針 ………………………… 111
営業秘密の民事的保護に関するEU指令 …… 257
英米不動産法 ……………………………… 47
エクイティ（equity） …………………… 125
エクイティ上の所有権（equitable ownership）
 …………………………………… 125, 128
エグジット ………………………………… 120

か 行

カードリーダー最高裁判決 ……… 40, 224
回復不可能な損害（irreparable injury） …… 169
開放特許 …………………………………… 121
学習済みモデル …………………………… 254
学習用データ ……………………………… 254
神の見えざる手 ……………………… 68, 103
川崎モデル …………………………… 105, 116
間接取引の禁止 …………………………… 142
管理型信託 ………………………………… 137
期間補償のための特許権の存続期間の延長
 ……………………………………………… 184
基本的財産権説 …………………………… 170
客体アプローチ（subject matter approach）
 ……………………………………………… 270
旧信託業法（大正11年法律65号） …… 130
旧信託法（大正11年法律62号） ……… 130
休眠特許 …………………………………… 121
競業分析（5 Force分析） ………………… 61
協議を行う旨の合意 …………… 38, 222, 223
競合行為の制限 …………………………… 142
許可された販売（authorized sales） ……… 9
ギルド ……………………………………… 174
禁訴令（Anti-Suit Injunction, "ASI"） …… 282
クラウドファンディング（crowdfunding）
 ……………………………………………… 113
グランドデザイン策定 …………………… 99
契約による相対化 ………………………… 161
契約不適合責任 …………………………… 190
契約目的の不達成の法理 ………………… 15
原告適格（standing） ……………… 72, 137
限定適用データ …………………………… 256
権利の本質論 ……………………………… 163
権利不主張 …………………………… 1, 2, 198
権利付与法 ………………………………… 172
行為アプローチ（conduct-based approach）
 ……………………………………………… 270
行為規制法 ………………………………… 172
公示 ………………………………………… 245
公知技術の組み合わせ …………………… 108
口頭証拠排除の原則（Parol evidence rule）

296　事項索引

.... 91
公平義務 142
コーラー 205
国際会計基準（International Financial Reporting Standards, IFRS） 42
個人情報保護に関するデータ保護指令 257
コスト・アプローチ 62
コネクテッド・インダストリーズ 279
コモンロー（common law） 125
コモンロー上の所有権（legal ownership）
.... 125, 128

さ　行

財産管理機能 136
サブスク 272
サブスク 1.0 273
サブスク 2.0 273
サブスク 3.0 273
サブスクリプション 272
シーズ 98
時効猶予の合意 33
自社の状況（3C 分析） 61
受益者（beneficiary） 125
受託者（trustee） 123
種苗法 237
消極的効力 164
消極的ライセンス（negative Lizenz） 17
消尽アプローチ 239
消尽の迂回 152, 157, 235
消尽の相対化 238
消尽のトリガー 156
商標権 112
消滅的ライセンス（exploding license） 46
将来的不動産権 46
植物の新品種の保護に関する国際条約（Union internationale pour la protection des obtentions végétales, UPOV） 238

所有権留保 214
新規法度 175
人工知能（Artificial Intelligence, "AI"） 249
信託業法改正（平成 16 年法律 154 号） 130
信託財産間取引の禁止 142
信託事務遂行義務 142
信託制度 125
信認義務 142
すべての実質的な権利（all substantial right）
.... 81
請求棄却の申立て（motion to dismiss） 90
生産アプローチ 239
積極的効力 164
積極的ライセンス（positive Lizenz） 17
積極的利用権 13
積極的利用権説 16, 203
折衷説 26, 209
善管注意義務 142
選択権（option） 51
専用権 13
専用権説 13, 174, 178
相違説 25, 208
双方錯誤の法理 15
ソーシャルネットワーク 249
ソフト・ロー 157
存続期間延長登録制度 177, 186

た　行

ターミナルディスクレイマー 61
対価回収機会の保障 240
第三次信託法リステイトメント（The Restatement of the Law Third, Trust） 127
第三者知財補償 192
対人的権利説 8, 203
大陸法 51
ダブル・パテント 188
単純不動産権（fee simple absolute） 47

事項索引　297

単純ライセンス（einfache Lizenz）………… 16
単純利用権 ………………………………… 16
チェリー・ピッキング ……………………… 193
知財商業化 ………………………………… 93
知財商業化プロモーション ……………… 101
知財信託 …………………………… 123, 136
知財信託専門会社 ………………………… 124
知財デューデリジェンス ………… 4, 60, 106
知財ビジネスマッチング ………………… 116
知財ファンディング（IP Funding）……… 113
知的財産の価値評価 ……………………… 63
知的財産の利用に関する独占禁止法上の指針
　…………………………………………… 6
中国サイバーセキュリティ法 …………… 267
中国データ安全法 ………………………… 267
忠実義務 …………………………………… 142
中用権 ……………………………………… 187
著作者人格権の不行使特約 ……………… 27
ディスカウント・キャッシュフロー法（DCF
　法）……………………………………… 62
データ・オーナーシップ ………………… 255
データガバナンス法 ……………………… 258
データベース権（"Sui Generis Right"）…… 257
データ法 …………………………………… 258
デジタルサービス法 ……………………… 258
デジタル市場法 …………………………… 258
デラウェアの法定信託 …………………… 124
転換機能 …………………………………… 136
ドイツ特許法 ……………………………… 15
統一営業秘密法（Uniform Trade Secret Act）
　………………………………………… 265
統一信託法典（The Uniform Trust Code）
　………………………………………… 127
同一説 …………………………… 24, 206
倒産隔離機能 ……………………………… 136
投資事業組合に対する支配力基準及び影響力基
　準の適用に関する実務上の取扱い …… 148

当然対抗 …………………………………… 196
当然対抗制度 ……………………………… 1
独占的ライセンス（exclusive license）…… 81
ドグマの信仰 ……………………………… 288
特許アグリゲーター ……………………… 66
特許オークション ………………………… 2
特許権譲渡 ………………………… 13, 57, 76
特許権譲渡契約 …………………………… 71
特許権信託 ………………………………… 123
特許権利行使主体（Patent Assertion Entity,
　"PAE"）………………………………… 45
特許消尽 …………………………………… 196
特許私掠船（patent privateer）…………… 45
特許法102条1項・2項問題 …………… 150
特許補償 …………………………………… 115
トランズアクション・コスト・アプローチ
　…………………………………………… 63

　　　　　　な　行

ニーズ ……………………………………… 98
二重課税回避機能 ………………………… 136
二重譲渡 …………………………………… 61
二重利得の禁止 …………………………… 240
日本特許法99条 ………………………… 52
ニューサンス・バリュー・アプローチ …… 63

　　　　　　は　行

ハード・ロー ……………………………… 157
排他権 ……………………………………… 13
排他権説 ………………… 13, 175, 178, 179
売買は賃貸借を破る（Kauf bricht Miete）…… 19
ハッカソン ………………………………… 100
発生的将来権（spring interest）………… 47
発生的ライセンス（springing license）…… 45
バリューチェーン分析（VC分析）……… 61
半導体集積回路配置法 …………………… 281
非係争契約（covenant not to sue）…… 2, 198

298　事項索引

非代替性トークン（Non-Fungible Token, "NFT"）……249
額に汗……268
ビッグデータ……249
ビットコイン……249
標準化技術の実施に技術的に必須の特許権（Standard Essential Patent、以下、「SEP」という）……162
標準必須特許（SEP）……241
比例の原則（Verhältnismäßigkeitsgrundsatz）……169
品質保証……115
ファンド型信託……137
不起訴の合意（pactum de non petendo）……18, 205
不作為請求権……196
不作為請求権説……16, 203
不使用取消審判……215
物権的な権利（a right in rem）……260
不法行為法理ステイトメント……265
古信託（ユース、Use）……125
ブレインストーミング……101
ブロックチェーン……249
分別管理義務……142
米国特許実務……7
平成31年改訂審査基準……181
変形（morph）……99
ベンチャーキャピタル……114
防御的解除条項（defensive termination 条項）……226
法的過誤（legal malpractice）……92
法の適用に関する通則法……40, 149
ホールド・アップ……242
保護の間隙……277

ま 行

マーケット・アプローチ……62
マーケット調査……101
マーケティングの4P……68
マイクロソフト事件審決……2
未確定ライセンス（contingent license）……46
三井物産モデル……118
未履行ライセンス……51
民事的救済を図る連邦営業秘密保護法（Defend Trade Secret Act）……265
無効（null and void）……54
メタファ……170
黙示の許諾……153
「モノ」から「コト」へ……236

や 行

約因（consideration）……42, 128
薬剤分包用ロールペーパー事件……213, 273
ヤンキング（yanking）……226
用途発明……110
予備的契約（vorvertrag）……51

ら 行

ライセンス亜種……157
ライセンス交渉……104
利益相反行為……142
連結会社……147
連邦経済スパイ法（Economic Espionage Act of 1996）……265
連邦倒産法……14
連邦倒産法365条(n)(1)項……48

A-Z

access for all……243
Alice/Mayo Test……265
Clouding IP 事件……78
covenant not to sue……2, 5
covenant to sue last……16, 20, 206
De Forest 最高裁判決……12

Defensive Termination 条項 …………………… 226
eBay 判決 ………………………………………… 169
EU 一般データ保護規制 ………………………… 257
Evidence of Use（"EoU"）……………………… 141
FRAND 宣言（Fair, Reasonable and Non-Discriminatory Declaration）……………………… 162
Fuel Automation Station 事件 ………………… 203
In re Lakewood Engineering 事件 …………… 48
In re Spansion 事件 …………………………… 14
In re Storm Technology 事件 ………………… 48
Innovus Prime 事件 ……………………………… 13
Intellectual Ventures I LLC 事件 ……………… 75
Internet of Things（"IoT"）…………………… 249
IPO ………………………………………………… 120
laches（懈怠）…………………………… 36, 220
Letter of Intent（"LOI"）……………………… 51

License on Transfer（"LOT"）………………… 45
license to all …………………………………… 243
MECE ……………………………………………… 276
NFT ………………………………………………… 249
Piece Future モデル …………………………… 119
Quanta 最高裁判決 ……………………………… 9
quasi-dingliches Recht（準物権）…………… 205
SCA Hygiene Products 判決 …………………… 36
Speedplay 事件 ………………………………… 82
Springing License ……………………………… 230
standstill …………………………………… 33, 34, 218
Suffolk 事件 ……………………………………… 76
Textile Prods 事件 ……………………………… 86
TransCore 事件 …………………………… 7, 203
WiAV 事件 ………………………………………… 84

著者紹介

齊藤尚男（さいとう　たかお）

2003 年	同志社大学法学部法律学科卒業 （在学中スウェーデンイェーテボリ大学交換留学 Intellectual Capital Management for Lawyers 専攻） パナソニック株式会社知財部門入社
2007 年	弁理士登録
2008 年	弁理士特定侵害訴訟代理業務付記登録 米国 Amster Rothstein & Ebenstein 法律事務所駐在（〜2010 年）
2016 年	関西学院大学非常勤講師（〜現在）
2017 年	英国知財専門誌 IAM 誌で世界知財ストラテジスト 300 選出 （〜現在）
2021 年	米国弁護士（カリフォルニア州）登録
2022 年	Wiggin and Dana 米国法律事務所 Consulting Counsel 齊藤国際知財事務所開設 Squall IP 合同会社設立 サンコーアセットマネジメント株式会社代表取締役
2023 年	京都大学法学研究科法政理論専攻博士（法学）

ライセンス亜種と知財信託
―― 知財デューデリジェンスにおける特許の価値評価 ――

2024年12月10日　初版第1刷発行

著　者　齊　藤　尚　男

発行者　阿　部　成　一

〒169-0051　東京都新宿区西早稲田1-9-38
発行所　株式会社　成　文　堂
電話 03(3203)9201(代)　FAX03(3203)9206
https://www.seibundoh.co.jp

製版・印刷　三報社印刷　　　製本　弘伸製本
© 2024 T. Saito
☆乱丁・落丁本はおとりかえいたします☆　Printed in Japan
ISBN978-4-7923-3447-5 C3032　　　検印省略

定価（本体6500円＋税）